Dr. Jim Dincalci

CÓMO PERDONAR
CUANDO NO PUEDES

Traducción de Karla Cobb

Título original en inglés:
How to forgive when you can't

Cómo perdonar cuando no puedes,
La guía más avanzada para liberar tu corazón
y tu mente de las ofensas
Primera edición en México, septiembre de 2013

D.R. © 2010 Jim Dincalci
D.R. © Ediciones B México por la traducción
     Traducción de Karla Cobb
D.R. © 2013, Ediciones B México, S.A. de C.V.
     Bradley 52, Anzures DF-11590, México
     www.edicionesb.mx
     editorial@edicionesb.com

ISBN: 978-607-480-429-4

DR. JIM DINCALCI

CÓMO PERDONAR
CUANDO NO PUEDES

La guía más avanzada para liberar
tu corazón y tu mente de las ofensas

Ganador del Living Now Book Award
en Crecimiento personal 2010
otorgado por Independdent Publisher Magazine

Finalista del Book of the Year Award en autoayuda 2009
en los Premios Foreword Reviews Magazine

Finalista del 2010 Indie Book Award en autoayuda 2010
otorgado por Independent Book Publishing
Professionals Group.

VERGARA

BARCELONA · MÉXICO · BOGOTÁ · BUENOS AIRES · CARACAS
MADRID · MIAMI · MONTEVIDEO · SANTIAGO DE CHILE

Felicitaciones al libro y a la labor sobre el perdón del doctor Dincalci:

Es un libro espectacular. Un libro invaluable y de gran necesidad en nuestros tiempos.

—Angeles Arrien.
Doctora en Antropología, autora, maestra

Me hace mucho bien perdonar a otros y a mí misma. El capítulo del *Proceso del poder del perdón* que aparece en este libro ha sido muy profundo. Era la pieza que faltaba para curarme.

—S. Weechie Baker. Maestra, terapeuta

¡Este libro me ha liberado! Sabía que algo andaba mal, pero no podía imaginar qué era. Pude identificar por qué tenía sentimientos de inferioridad y rechazo, y dejarlos ir.

—LeVonder Brinkley.
Doctor, autor, conferencista

No sabía que recibiría regalos más grandes que comprender los conceptos y ser capaz de poner en práctica las ideas. Este libro me ayudó a renovar mi espíritu. Lo recomiendo ampliamente para aplicar las técnicas, que duran toda la vida y que son un esfuerzo bien merecido para mejorar interiormente.

—G. Thomas. Médico

Con el uso de los métodos de este libro, fue fácil soltar esos conflictos que nunca creí poder manejar. El doctor Dincalci incluye una amplia lista de técnicas formales para perdonar, y ofrece herramientas para enfrentar cualquier dificultad que sea una carga en la actualidad para ti.

—DOCTOR ERIC F. DONALDSON. Investigador

Fue impactante ser capaz de trabajar un asunto no resuelto de la infancia tan rápidamente, después de años de usar otras herramientas.

—TRICE BONNEY

El proceso es mucho mas rápido de lo que creí. Para mí lo sorprendente fue que todo proviene del perdón y conlleva a perdonarse a una misma.

—CATE GRIFFITHS

Me dio las herramientas específicas para guiar mi proceso de perdón, con un contenido excelente para resolver cualquier situación.

—DÉBORAH KLASS. Enfermera

No sabía qué preguntas hacerme para analizar mis circunstancias. Ahora tengo un mapa. No aprendí solamente un proceso para perdonar, sino que también perdoné.

—EVAN LLOYD

Gracias por ayudarnos a convertirnos en héroes de nuestras propias vidas. Este libro me ayudó a ver las cosas de otra manera, y me dio herramientas para usar en mis relaciones.

—DEBBI BERTO

Realmente escribió en términos laicos los procesos de cómo perdonar, por lo que puedo explicar y discutir fácilmente sobre el perdón con los demás. Fue más significativo darme cuenta de que tenía algunos mitos sobre el perdón.

—LAURA LUTZ

El perdón es un vínculo que falta en la evolución social, pasando por el corazón individual. La parte acerca de perdonarse a uno mismo es muy significativa, sobre todo en una cultura que valora el egoísmo.

–KIT LOFROOS

Esta obra sobrepasó mis expectativas... El aprendizaje personal fue intenso y profundo.

—HARRIETTE LINN

Me dio una forma de «cómo» procesar una crisis arrolladora con muchas aristas y llevarla hasta un nivel manejable.

—M. ROLEWEI

Este libro es como la pieza faltante de un rompecabezas del amor más profundo, la alegría y la paz. Mi respuesta, en general, fue de emoción, de empoderamiento de una nueva herramienta.

—REN NELSON

Significativo y útil. ¡Intenso e iluminador!

—ELIZABETH BAKEWELL

Es una gran ayuda como base, el resto depende de mí. Define lo que es el perdón y, quizá más importante aún, lo que no es. Me mostró cómo avanzar en el camino.

—DANETTE ELLSWORTH

Casos de éxito de gente que trabaja con pacientes

Ahora estoy capacitada en un nivel profesional para enseñarles a mis pacientes sobre el perdón y guiarlos durante el proceso.

—SALLY LOBB

De hecho, el acercamiento del doctor Dincalci me ayudó a manejar las emociones del pasado y a encontrar la paz interior que tanto buscaba. El libro también me ayudó en mi propia práctica con el manejo de pacientes y estudiantes con quienes trabajo en escenarios clínicos.

—Paulette Mahurin, Practicante de enfermería

Ahora tengo información para ayudar a mis pacientes que están lidiando con el tema del perdón.

—C. Slovonik

Lo recomiendo ampliamente. Los principios del perdón son un proyecto para la autoaceptación y la compasión, y maravillosas herramientas de intervención para profesionales.

—Suzette Dotson

Me dio la información y el proceso para resolver los asuntos pendientes que necesitaban perdonarse. También me será útil en mi trabajo con familias.

—Carol Newman

Aprendí herramientas para usarlas en mi vida personal y también para compartirlas con mis pacientes. Me emocionan las nuevas posibilidades en mi vida clínica.

—J. Bennett Jordan

Adquirí perspicacia y competencia en el trabajo con mis pacientes.

—Jackeline Doyle

Contiene información extremadamente útil enmarcada de manera provechosa. Cada proceso me dio una comprensión profunda.

—Tawny Martin

DEDICATORIA

A mi hija Erica
y a la gente joven del mundo.
Que este libro les ofrezca medios
para un futuro mejor.

A mis padres Grace y Tony,
creo que siempre los extrañaré.

A mi esposa Rita que enriqueció la vida de mi madre,
y a todos aquellos que se hacen cargo de otros.
Que este libro ilumine sus corazones.

A todos aquellos que han llegado al infierno
por un golpe terrible.
Que este libro les ayude a encontrar la paz.

Al final de algunas oraciones hay marcas con números. Son referencias a publicaciones en las que encontré información, o notas que aportan más datos sobre lo que digo. Para ello lee las notas al pie de las páginas.

Los lectores deben saber que los sitios de Internet que se ofrecen como citas y/o fuentes para mayor información pueden haber cambiado o desaparecido entre el tiempo en que el libro fue escrito al que se está leyendo.

PRÓLOGO

Soy director de los Proyectos sobre el Perdón en Stanford y he escrito dos libros muy vendidos sobre el mismo tema: *Forgive for Good* y *Forgive for Love* . Mi obra se usa en todo el mundo para ayudar a la gente a perdonar. Considero que Jim Dincalci es mi colega en esta labor. Es uno de los maestros que no ha figurado en el *New York Times*. Mi trabajo sí se ha mencionado en éste y en otros medios importantes. Esto se debe en parte a que he desarrollado mi labor sobre el perdón al mismo tiempo que he trabajado en la Universidad de Stanford. Jim desarrolló su programa sobre el perdón a través de su experiencia en la vida, su deseo de ayudar y su educación multidimensional. La línea de fondo es que estamos diciendo lo mismo. Predicamos desde el mismo púlpito.

Éste es un muy buen libro sobre el perdón. Es claro, útil y sabio y cualquiera que llegue a este trabajo con una herida o una pena, recibirá ayuda. Recomiendo *Cómo perdonar cuando no puedes* tanto por su contenido como por Jim. Lo conozco desde hace siete años. Desde nuestro primer encuentro, me di cuenta de su sinceridad y su determinación por ayudar a la gente a perdonar. La primera vez que nos encontramos fue antes de dar una plática en una librería cerca de la casa de Jim. Antes de la plática sobre el libro, me contactó para reunirnos y hablamos sobre el perdón durante una cena y una larga caminata.

Cuando nos reunimos la primera vez en Sonoma, California, hablamos sobre el gran mecanismo de defensa sobre el que proyectamos nuestras heridas. Me dijo que el perdón se hace permanente con un procedimiento simple que me pareció fuerte y creativo:

A Desmontar la proyección (perdonar al otro porque nosotros, de manera similar, hemos hecho lo mismo). Luego:

B Perdonarnos a nosotros mismos para que no haya necesidad de proyectar el remordimiento personal en alguien más por medio de la culpa.

Jim es la única persona que conozco que trabajó de tiempo completo sobre el perdón en un escenario universitario, además de los empleados. La última vez que vi a Jim fue en otro lugar y volvimos a hablar sobre el perdón y la vida durante una larga cena. Y nuevamente encontré que estábamos casi por completo en la misma sintonía y que Jim estaba comprometido sinceramente en ayudar a la gente a través del perdón.

Además de una base psicológica profunda, Jim le ha añadido a este libro una dimensión espiritual sin religiosidad. Por lo tanto, pueden usarlo curas, ministros y sacerdotes para ayudar a sus feligreses a perdonar, además de terapeutas, abogados y asesores en general. Como dice Jim en el primer capítulo, se puso a crear un manual para enseñar a la gente a ayudar a otros a perdonar y, desde luego, a perdonar ellos mismos. Le tomó nueve años y ha utilizado todo lo que ha encontrado en sus clases para crear este libro. Jim está consciente de que su visión sobre el perdón ha sido una fuerza impulsora en su vida, y este libro atestigua que ha sido productivo.

No es una *Guía para tontos sobre el perdón*. Es un libro bien pensado y completo, y producto de mucho trabajo y esfuerzo. Es para quien realmente quiere trabajar sus heridas y dejarlas atrás. Y es igual de importante para el profesional que desea ayudar a sus pacientes a perdonar y a vivir su vida más tranquila y satisfactoria.

DOCTOR FREDERIC LUSKIN

AGRADECIMIENTOS

NADIE ESCRIBE UN LIBRO por sí solo. Todas las personas que me ayudaron en éste me son queridas. La trillada expresión: «No hubiera podido hacerlo sin ti» es cierta. Mientras escribía este libro realicé cambios gracias al apoyo de todos ellos. Me siento bendecido de tener esta calidad de amigos, quienes han sido entusiastas y alentadores con el libro.

Agradezco a la doctora Angeles Arrien, cuyo apoyo durante mi psicoterapia y otros temas ha sido invaluable. La influencia de sus enseñanzas sobre la curación intercultural me llevó en 1993 a mi propia transformación del perdón.

Gracias al doctor Fred Luskin, pionero en el tema del perdón, por reconocer la validez de mis premisas originales en el *Proceso del poder del perdón*, y por su estímulo a lo largo de los años.

Agradezco a Loralee Denny, al doctor Ken Lebenson, Karen Grunwald, Rod Williamson y Dee Cseh por su trabajo de formato y edición; a Ginnie Ward, Cate Griffiths y Gayle Shirley por la edición de la última versión del libro; a Ken Urquhart por trabajar en los permisos, y a Chris Many por ayudarme a titular el libro.

Muchas gracias a Tami Dever de TLC *Graphics* por su sabiduría, bendiciones, coordinación y destreza para producir un libro agradable por dentro y por fuera. Felicito a su equipo: a Marisa Jackson por su trabajo estelar en la portada y a Erin Stark por su ojo estético para hacer atractivo el interior.

Agradezco a Terri Gamboa, Jocelyn Callard, Nancy Many y Laura Davar por sus ideas, labor y apoyo en las fases iniciales; a Susan Johnson por darle sustancia a la escritura original al transcribir una de mis clases en la universidad. Gracias al doctor Michael Berkes por contribuir en la planeación del libro.

Les agradezco a Abagayle, Rosie, Chris Loukas, Kokoman y Aeedhah Clottey, y a Kima Douglas por sus historias personales.

Gracias al sinnúmero de personas que a lo largo de los años comentaron: «¡Necesito ese libro!» cuando les dije que estaba escribiendo un libro sobre cómo perdonar. Por ustedes seguí escribiendo.

Agradezco al grupo de escritores del suroeste de Florida, cuyo apoyo fue invaluable cuando pasé por momentos difíciles al escribir, en especial a Hana Whitfield, quien me ayudó a entrar en el grupo y a editar. Un agradecimiento especial a nuestra maestra Ginnie Ward, quien al ser tan entusiasta con mi trabajo inicial, renovó mi propio entusiasmo. Todos ustedes me ayudaron a convertirme no sólo en un mejor escritor, sino en un escritor feliz.

Gracias a mis estudiantes y pacientes a lo largo de los años. Su voluntad y éxito para salir de sus conflictos y encontrar la paz y libertad me hicieron persistir en escribir este libro. Sus historias lo enriquecen.

Un agradecimiento especial para los investigadores sobre el perdón de todo el mundo, que hacen que el perdón sea mejor aceptado en la comunidad científica de la psicología; a los profesionales legales que llaman a su consulta para resolver situaciones dolorosas y a los terapeutas, consejeros espirituales y líderes eclesiásticos de todo el mundo que alientan su uso cada día.

Parte I

Abrirse a una manera diferente

Los primeros pasos para adquirir conocimiento
y habilidad para perdonar

«Hay una verdad elemental cuya ignorancia acaba con incontables ideas y planes espléndidos.

Que cuando uno se compromete definitivamente consigo mismo, también la providencia se empieza a mover.

Ocurre toda clase de cosas para ayudarnos, cosas que de otra manera no hubieran ocurrido jamás.

De esa decisión emana un gran río de acontecimientos, y sucede todo tipo de incidentes nunca vistos para favorecernos y reunir el apoyo material que ningún hombre podría haber soñado alcanzar de esa manera.

¿Eres serio? Busca ese momento. Aquello que puedes soñar, lo puedes lograr. ¡Empieza!

La audacia contiene genio, poder y magia. ¡Empieza ahora!»

GOETHE

LA PUERTA

*«Perdonar es dejar libre a un prisionero y
descubrir que ese prisionero eras tú.»*

DOCTOR LEWIS SMEDES

¿QUÉ ES MÁS IMPORTANTE PARA TI? ¿Ser feliz, tener más amor en tu vida, satisfacción en tus relaciones; alegría en tu trabajo; paz en tu corazón? Todos tenemos estas metas, pero aun cuando las alcanzas, por lo general las vives poco tiempo. Este libro te dirá por qué.

Perdonar es la clave no solamente para alcanzar todas esas metas sino para lograr su permanencia en tu vida. Te daré métodos probados para ayudarte a perdonar hasta aquello que parece imperdonable.

Perdonar es dejar ir el resentimiento, los rencores, las actitudes negativas y las alteraciones que ocupan tu mente, minan tu capacidad de amar y destruyen la paz de tu intelecto. No se trata de poner la otra mejilla para que te vuelvan a lastimar ni de reconciliarte con tu victimario ni de aprobar lo que hicieron. Estas lamentables interpretaciones le han dado muy mala fama al hecho de perdonar.

El perdón es universal, común a todas las religiones y parte integral de la experiencia humana. Es la herramienta más significativa que tenemos en este tiempo de guerra, terrorismo y crisis alrededor del mundo.

La mayoría de la gente que he conocido admite saber que perdonar es algo bueno, pero dice no saber *cómo* hacerlo. Por primera vez en la historia, ahora hemos hecho avances inmensos para aprender a aplicar esta lección atemporal.

Ni la psicología ni la religión moderna abordan el tema adecuadamente. sin embargo, la comprensión de tu mente, tus emociones y tu espiritualidad revelan aspectos vitales de ti mismo que puedes usar para perdonar. La mente permite usar todo el cerebro para controlar sus reacciones al estrés; tus emociones brindan amor, compasión, alegría y sentimiento por la vida y por los otros, y tu espiritualidad puede ofrecerte sabiduría y recursos interiores en tiempos difíciles.

Durante los últimos quince años he acumulado alrededor de cuarenta métodos que la gente puede usar para perdonar. Los he enseñado en universidades, hospitales, iglesias, talleres públicos, escuelas y terapias individuales, y continuamente observo la transformación de vidas.

A pesar de esto, la pregunta para perdonar no sólo es: «¿Qué métodos te ayudan a perdonar?» sino también: «¿Qué te detiene para hacerlo?». Un libro con métodos tiene poco valor si no enfrentas primero los bloqueos de tu mente y de tu actitud que te impiden perdonar, y luego identificas los recursos con los que cuentas para superar tus barreras. Para superar estos bloqueos, propongo métodos efectivos de psicología, religión y de mi propia experiencia al realizar esta labor en las trincheras como terapeuta y como maestro del perdón.

La cuestión del mal

Hay gente que parece muy mala. Gente que no demuestra emoción alguna ni arrepentimiento por la violencia que ha causado, y que probablemente vuelva a generarla y culpe a sus víctimas. Esto no puede negarse. Las cárceles están repletas de ellas.

Puede que hayas sido víctima de alguna de estas personas. Este libro es para ti y tu curación, no para la de ellas.

Etapas y fases del perdón

El perdón es un tema complejo en nuestro mundo y para nosotros como individuos. Cada persona es diferente, y cada una perdonará de manera única y a su propio ritmo. Lo que funciona para ti puede no funcionar para alguien más.

El primer paso es

La voluntad. Sin la voluntad de realizar este trabajo no va a pasar nada. Tú, por supuesto, lo estás deseando de alguna manera o no estarías leyendo estas páginas. Si estás pensando en otras personas que necesitan hacer esta labor, sigue leyendo porque comprenderás por qué la gente no perdona. Con esta comprensión puedes ayudarlos a que deseen dejar atrás sus descontentos.

Algunas personas se darán cuenta de que les resulta más fácil llevar a cabo este trabajo en grupo, algunas otras con una sola persona y otras, junto a un aspecto único de la esencia de la vida.

Al estudiar y enseñar este tema, me he dado cuenta de que perdonar es una habilidad que se desarrolla por etapas con niveles de mayor conciencia cada vez. Observar cómo progresa la gente en estas etapas y fases me ha permitido guiar a muchos de ellos en el proceso de soltar, lo que los libera del dolor que ciertas circunstancias les causaron alguna vez, como tú mismo te darás cuenta.

> «Podemos no saber cómo perdonar, y podemos no querer perdonar; pero el solo hecho de decir que estamos dispuestos a perdonar inicia la práctica de sanación.»
>
> Louise Hay
> en *Usted puede sanar su vida*

En los primeros capítulos aparecen varias preguntas, información y percepciones para que puedas comprender no solamente los aspectos esenciales de dejar ir el resentimiento y el odio, sino también para tener métodos que te ayuden en el camino. Cada sección se construye de la anterior. Muchas veces la gente experimenta alivio de una situación que no ha perdonado simplemente por leer el libro. Aunque a algunos lectores les gusta saltar de un lugar a otro en un libro, yo recomiendo leer éste por primera vez en orden.

El libro está organizado para llevarte por cada etapa con una simple lectura y ejercicios breves, que son básicamente preguntas para tu consideración. Cualquiera de estos ejercicios, que van del más sencillo al más complicado, pueden llevarte al perdón de manera independiente. Además consta de cinco partes:

- Parte I, *Abrirse a una manera diferente*, ayuda a desarrollar conocimiento y habilidad para perdonar.
- Parte II, *Ir más a fondo*, maneja situaciones que son más difíciles.
- Parte III, *La verdad detrás de la resistencia a perdonar*, entra en aspectos que impiden perdonar, para que aumenten el entendimiento y la compasión.
- Parte IV, *Realizar el trabajo*, presenta un modelo de trabajo para aplicar lo que se ha aprendido.
- Parte V, *Después del proceso*, revisa cómo mantener y fortalecer los efectos positivos de llevar a cabo la labor de perdonar.

Si se realizan las sugerencias, las preguntas y los ejercicios, perdonar a otra persona o a ti mismo puede tener resultados sorprendentes. A este trabajo lo llamo «El poder del perdón». Ya que, si bien sirve para una situación aislada, también puede sanar una vida llena de culpa y resentimiento.

Después de asistir a mi primera clase sobre el perdón, un querido amigo me pidió un resumen con los pasos a seguir para perdonar. A lo largo de los años, ningún resumen ha sido adecuado. En su lugar, he encontrado que lo que funciona –avalada por pruebas e investigación– es una serie de preguntas que abarcan todas las bases en una secuencia muy efectiva. Todo el trayecto es el *Proceso del poder del perdón*.

Lo medular en «El poder del perdón» es abandonar tu dolor, tu culpa y tus autorreproches. Perdonarse a uno mismo y sentir autocompasión son la clave para soltar de manera permanente cualquier tipo de malestar. Es necesario perdonarse a uno mismo porque la culpa y la pena te mantienen prisionero de los pensamientos negativos que te convencen de que no mereces algo mejor. SÍ LO MERECES.

Transformación

En julio de 1993, mientras manejaba de regreso a casa entre los altos pinos, me di cuenta de que mi vida ya no valía la pena vivirse. Se veía bien en la superficie. Tenía un hogar agradable al norte de los viñedos de California, una hija encantadora, una maestría como terapeuta y una comunidad de amigos que me apoyaban. Aun así, sentía que había fallado en convertirme en la persona que había soñado ser cuando era joven. Y mi espiritualidad, esencial para mí durante años y fuente de seguridad y paz, ya no estaba.

Había estudiado diferentes métodos de psicología y curación desde 1968 e incluso las había enseñado en la facultad, pero no podía ayudarme a mí mismo. No sabía cómo empezar. Había vivido con enojo, odio y resentimiento durante años y pensaba que eso era normal. Aunque mi vida tocó fondo, no creí que estos sentimientos fueran un problema. Acepté las mismas ideas viejas que comúnmente se usan para justificar el no soltar lo que me habían hecho sentir los muchos traumas y abusos que había experimentado antes en la vida.

En este punto de desesperación, finalmente vi que mi enojo me estaba destruyendo en lugar de ser una fuente de energía efectiva. En mi búsqueda de ayuda, leí la introducción a *Un curso de milagros* de la Fundación para la Paz Interior, y me di cuenta con mayor claridad de que para experimentar el amor divino, que también deseaba, debía perdonar.

De hecho, perdonar *cada* ofensa parecía un camino largo. Entonces surgieron las habilidades que he desarrollado al realizar esta labor interna durante tantos años, y no sólo me ayudaron a entender cómo perdonar a otras personas sino también a mí mismo.

Después de muchas horas de aislamiento, dejé que se marchara cada ofensa y cada trauma que pudiera recordar. Con ellos se fue todo el resentimiento, la furia y el odio que había acumulado en mi vida. El cambio fue milagroso. Regresaron mi felicidad y mi aprecio por la vida. Mi alma se sintió liberada. Irradiaba amor hacia y desde mí, y estuvo presente constantemente durante los siguientes ocho años.

Sobre el libro *A orillas del río Piedra me senté y lloré,* sobre el perdón, el famoso autor Paulo Coelho relata un proceso semejante por el que atravesó:

> Una mañana, yendo desde Death Valley en California hacia Tucson en Arizona, hice una lista mental de todos los que yo pensaba que odiaba porque me habían lastimado. Fui perdonando uno por uno; seis horas más tarde en Tucson, mi alma se sentía tan ligera y mi vida había cambiado para mejor.[1]

BUSCAR LO QUE FUNCIONA

Esto fue el inicio de mi destino por ayudar a otros a soltar su enojo, resentimiento y odio. Cuando empecé a enseñar estos principios en 1996, pensé que podía cambiar el mundo a través del proceso que había experimentado, pero la mayoría de

---

1   Ver Coelho, 1996.

la gente no entendía de lo que estaba hablando. De esta decepción, empecé mi búsqueda para averiguar lo que funciona para ayudar a otros a perdonar.

En el verano del 2000 hice un viaje de dos meses por todo el país en una camioneta con mi encantadora, inteligente y talentosa hija Erica, de trece años de edad. Pasamos un gran tiempo juntos. Partimos de los árboles de copa de California hacia Las Vegas, y exploramos las cavernas de Texas, jugamos en los parques de agua y viajamos hasta Nueva Orleans. Visitamos a los abuelos en Florida, fuimos de buceo a los Cayos de Florida y pasamos dos semanas en la ciudad de Nueva York. Incluso tuvimos la suerte de tener una vista fabulosa arriba en el World Trade Center.

Al final de las vacaciones, antes de regresar a mi trabajo como psicoterapeuta de una escuela en Hawái, pensé en el viaje y me pregunté acerca de mi vida. De súbito, aunque con calma, en mi mente se abrió una visión de la Tierra. La vi como si tuviera la vista de Dios, es decir, observé todo el planeta y a todas las personas alrededor. Mientras observaba, la gente empezó a ayudarse a perdonar una a otra. Lentamente, el amor y la paz llenaron nuestro mundo.

Vi en todo el planeta a una persona ayudar a otra a perdonar, una tras otra, dejando ir sus resentimientos en tiendas de café, oficinas, iglesias, hogares y así sucesivamente. Durante todo este tiempo, escuché: «La Fundación del perdón» y vi centros locales que ayudaban a difundir su actividad sanadora. Finalmente, la Tierra se llenó completamente de armonía y amor. Mientras veía este mundo más brillante, más tranquilo, escuché: «¿Quieres asumir esto?». Como todos en la Fundación, decidí hacer realidad esa visión.

El libro comenzó unos meses después, cuando me di cuenta de que era necesaria una guía completa para aquellos que quieren perdonar y para aquellos que quieran ayudar a otros a perdonar. Mi pasión y misión desde entonces han sido proporcionar todo lo que funciona para ayudar a una persona estancada en su enojo, resentimiento, odio o culpa.

La *Fundación del perdón* fue registrada en 2002 como una organización de enseñanza sin fines de lucro. Esta fundación es la responsable de editar el libro. Sus beneficios se dirigen hacia la visión de un mundo más armonioso en el que una persona ayuda a otra a perdonar.

Seguí dando clases de perdón en universidades y seminarios públicos además de enfocarme en mi terapia privada. Seguí aprendiendo lo que funciona (y lo que no) en el acto de perdonar. He leído toda la investigación, todos los libros y los artículos que he podido sobre el perdón. Después de los primeros tres años de trabajar en el libro, señalé en mis esquemas de clase que mi libro estaría listo en la siguiente temporada. No tenía ni idea que me tomaría seis años más recoger todos los métodos y perspectivas que ayudan a una persona a dejar ir sus conflictos y, luego, en poner toda la actividad de perdonar en el orden que funciona con mayor eficacia.

El *Proceso del poder del perdón* es el sistema más completo disponible en este momento para ayudar a la gente a soltar el enojo, resentimiento y temor que quedan de experiencias hirientes anteriores. Este libro, con sus puntos de vista, estudios de casos y ejercicios, te llevará a perdonar incluso las cosas más terribles. Aunque el libro y el *Proceso del poder del perdón* pueden utilizarse en una situación individual difícil, puede también transformar tu vida al ayudarte a soltar todos tus resentimientos, rencores, odios y molestias conocidas en un tiempo relativamente corto. La actividad sistemática que se encuentra en esta guía te conducirá hasta un perdón completo.

Me refiero al poder del *perdón* porque entrenar ese *perdón* puede renovar tu vida. En todas las clases que he dado ha habido milagros con pacientes de todas las edades, desde niños a ancianos, de todos los niveles profesionales.

En todo el libro se incluyen casos de éxito de la vida real y ejemplos de las diferentes formas que le permiten a una persona perdonar. Agradezco a todos mis alumnos y pacientes. Podrás leer sus historias y aprender lo que funcionó para ellos y lo que puede ayudarte a ti. Para mantener su anonimato, he cambiado nombres y circunstancias exactas; sin embargo, todas las situaciones son reales.

Al final del libro, en la bibliografía, se citan más de 120 referencias de datos e investigaciones.

ENFRENTAR TRAUMAS PROFUNDOS

Si la situación que deseas abordar fue profundamente traumática, debes avanzar lentamente. En su libro *The Forgiving Place: Choosing Peace after Violent Trauma* [*El lugar del perdón: Elegir la paz después de un traumatismo violento*],[2] el doctor Richard Guyton ofrece sugerencias útiles sobre cómo proceder en estas situaciones. Hace años, cuando el doctor Guyton, psicólogo, estaba con un paciente, la policía lo sacó de su oficina para decirle que habían apuñalado brutalmente a su esposa y a su secretaria en su casa hasta la muerte. Antes de poder perdonar, tuvo que manejar su propia conmoción y ser un consuelo y apoyo para sus tres hijos.[3]

El doctor Guyton advierte que el trauma genera circunstancias especiales de choque, dolor y miedo. Puede llevar al agotamiento completo, por lo que es crucial tomar descansos de vez en cuando y volver a la risa y a la alegría de la vida normal, incluso en medio de la aflicción.

Asimismo, en la labor del perdón, no te esfuerces por dejarlo ir todo si no te parece natural. Toma un descanso emocional antes de moverte a la siguiente etapa o incidente. Aceptar dónde estás es crucial en el proceso de curación. En la sanación, descansar, recordar y liberar se suceden por ciclos. Sé

---

2   **N. del T.** Los títulos de las obras que aparecen en este libro se consignan en su idioma original, el inglés, seguidos de una posible traducción al español. Cuando dicha traducción ya exista, solamente se hará referencia al título en lengua española, como en el caso del libro de Louise Hay *Usted puede sanar su vida*.

3   Ver Guyton.

paciente contigo mismo. Con este libro aprenderás métodos para pasar a través de desviaciones tales como la negación, la depresión, el alcohol, las drogas y culpar a otros, hasta que sientas que puedes enfrentar la situación y perdonar.[4]

Más adelante en el libro aprenderás cómo hacerte cargo de los incidentes traumáticos. Sin embargo, recuerda que todos los capítulos anteriores son importantes para obtener el máximo provecho de los posteriores.

> «Si vas a pasar por el infierno, sigue adelante.»
>
> WINSTON CHURCHILL

En resumen

Este libro posibilita el perdón porque utiliza métodos probados de la psicología, las prácticas espirituales consagradas y los recursos y perspectivas que permiten a una persona superar los obstáculos emocionales que impiden perdonar. También trata sobre patrones cerebrales y defensas emocionales para poder obtener un entendimiento más profundo de por qué es difícil perdonar y cómo hacer para que sea más fácil. Leer este libro en orden permite aprender cómo y por qué la mente mantiene ideas perjudiciales.

Tu acción principal es responder a las preguntas formuladas. Luego el dolor de toda la vida se habrá ido y sentirás una libertad que no has experimentado durante años.

> Perdonar es la mejor opción que nos lleva más cerca del ideal humano y divino de amor y paz. Asimismo, no perdonar puede llevarnos a la desesperación.

---

4   Ibid.

El perdón no sólo es necesario espiritual y emocionalmente, sino también socialmente. Podría ser incluso la píldora mágica para muchos males sociales como la violencia y la adicción, especialmente, en situaciones de enojo o culpa.

Perdonar aumenta nuestra capacidad para mantener el control de nuestro pensamiento y alcanzar nuestras habilidades superiores, nuestra conciencia y espiritualidad. Es necesario para la vida misma, porque la capacidad de dejar ir los enojos nos permite seguir siendo parte de un núcleo social y espiritual más profundo y nos permite tener (a nosotros y a los que nos rodean) una vida más saludable y feliz.

Por medio del uso de las perspectivas y métodos de este libro:

- Soltarás la furia, los resentimientos, los sentimientos negativos y las actitudes de mala voluntad.
- Tendrás más tranquilidad y alegría en tu vida.
- Tu vida mejorará porque comprenderás cómo, cuándo y dónde perdonar.

Deseo que tus sueños más profundos se hagan realidad. Deseo que mientras lees estas páginas tengas un viaje gratificante y esclarecedor.

CAPÍTULO 1

CÓMO FUNCIONA

Perdonar es la acción más poderosa para modificar relaciones y sanar tu propia vida. La actitud compasiva sitúa las tragedias y los traumas en un nivel más alto para que puedas mejorar.

He leído que los cazadores atrapan monos pequeños poniendo cacahuates en una jícara con un orificio de tamaño pequeño, justo para que el mono pueda meter su mano. Luego se amarra la jícara a un árbol. Cuando regresan, los cazadores encuentran atrapados a los monos debido a su rechazo por soltar los cacahuates y liberar así sus manos. Esto es exactamente lo que pasa cuando nos aferramos a nuestros resentimientos y heridas no resueltas. Nos aferramos a los pequeños cacahuates que aprisionan nuestra mente y nuestro corazón, evitando así que el amor, la paz y la alegría estén presentes en nuestra vida. Si los dejamos ir, nos liberamos y al mismo tiempo liberamos a quienes nos rodean.

¿Por qué nos aferramos a los cacahuates del resentimiento y del odio, que arruinan nuestras vidas y las de otros? ¿Qué son estos demonios, los patrones negativos de pensamiento y las emociones que evitan que perdonemos? ¿Por qué los escuchamos? Si podemos responder a estas preguntas, tendremos las herramientas para perdonar.

El secreto mejor guardado

Por fortuna, en años recientes se ha visto un desarrollo fructífero de la investigación sobre el perdón. Se han publicado en revistas especializadas cientos de artículos de investigación de médicos, sociólogos y psicólogos. Sobre todo, se han demostrado los considerables beneficios emocionales y físicos del perdón.[5] Mientras tanto, la investigación sobre el cerebro ha encontrado sistemas y patrones que retrasan o evitan que perdonemos. La psicología ha revelado los mecanismos de la mente que mantienen los patrones viejos y las emociones inhibidoras, como el resentimiento y la furia. Hemos obtenido conocimiento sobre cómo funciona la mente y cómo nos sabotea. Finalmente, tenemos las perspectivas y herramientas que nos ayudan a perdonar con mayor facilidad.

Con esta nueva comprensión sobre el perdón y sus resultados reveladores, la psicología en general aún ignora su poder. El doctor Carl Thoresen, profesor de psicología y psiquiatría retirado de la Universidad de Stanford e investigador del Proyecto del Perdón de Stanford, ha llamado al perdón «uno de los secretos mejor guardados», y apunta que él y sus colegas «han encontrado pocas personas que entienden lo que es el perdón y cómo funciona».[6] Siendo unos de los pocos terapeutas, psicólogos e investigadores que defienden la ocurrencia del perdón como algo más que un llanto breve dentro de una jungla de resentimiento y venganza.

¿Por qué es así? Hay especulaciones sobre esto. Pero básicamente, desde mediados de 1800, la mayoría de los psicólogos, en particular Freud, rechazó el control de la Iglesia y sus interpretaciones respecto a la salud mental. Creo, junto con otros investigadores,[7] que la psicología general que compartía esta actitud rechazó el perdón porque estaba asocia-

---

5   Ver Legaree, 2007.
6   Ver Sevrens.
7   McCullough, et al (2000).

do con «la iglesia» y su doctrina. Como resultado, se perdió el perdón como terapia profesional para la comunidad, y así permanece hasta hoy en día.

No es fácil encontrar hoy a un doctor o terapeuta que comprenda el perdón. Una de las razones por las que escribí este libro es para ayudar a los profesionales y a la gente a hacer un mejor trabajo al enseñar a otros a aprender a perdonar.

Debido a que la Iglesia no lo ha hecho mejor a la hora de ayudar a la gente a perdonar, también espero que este libro apoye al clero y a los consejeros pastorales a asistir a las personas para hacerlo. Durante siglos, el clero y los curas han solicitado el perdón sin ofrecer formas claras para lograrlo. Pedirlo no funciona. Lo que funciona es usar los muchos métodos disponibles hoy, que se encuentran reunidos en este libro.

LAS CLASES DE PERDÓN

Para algunos, es más fácil **no** mirar todas las influencias negativas en una situación y decidir solamente perdonar. A esa decisión, que es difícil, yo la llamo *perdón directo*. A veces está influida por la aceptación de una creencia en el Amor Divino y el Perdón, o por la condición no culposa de la Naturaleza. Pero muchos de nosotros no somos capaces de tomar esa decisión directa de perdonar; ni siquiera parece posible.

Si una persona experimenta una emoción fuerte durante una ofensa, perdonar por lo general resulta muy difícil. Decidir perdonar a la ligera te puede llevar a un *perdón falso*, en el que tienes la intención pero aun así sientes resentimiento y de alguna manera buscas retribución. De inicio, si decides perdonar sin pasar por algún tipo de trabajo interno, con frecuencia la decisión debe repetirse constantemente porque la confusión emocional no se ha aclarado.

Hoy, la mayoría de las investigaciones, terapias y consejos espirituales intentan llevar a la persona al punto de decidir perdonar.[8] Este libro y sus ejercicios son para aquellos que no son capaces de tomar fácilmente la decisión. Se dirige a la forma de lidiar permanentemente con el resentimiento y la culpa. Mientras lees, te darás cuenta de que tu malestar se transforma y en su lugar aparece el perdón.

LOS MITOS DE PERDONAR

En un primer momento, varios estudios universitarios significativos sobre el perdón se enfrentaron con las ideas falsas que nos impiden perdonar. En el capítulo 3, he reunido todas esas creencias equivocadas y dañinas que le dan mala fama al perdón y evitan su uso.

Tres de los mitos más perjudiciales pueden hacerte creer que perdonar:

1 absuelve los actos dañinos,
2 causa que te dañen otra vez porque debes «poner la otra mejilla».
3 requiere que te reconcilies con la persona.

En nuestra cultura estamos de acuerdo con estos mitos aunque no sean ciertos. El perdón no absuelve el mal ni las equivocaciones, ni tampoco pide que lastimes. Además, no se trata de reconciliarse si eso es lo que no quieres. En lugar de ello, perdonar requiere de soltar lo que te molesta y daña, y de poner límites a ti mismo y a los otros. Eso te hará sentir seguro.

«El perdón no es el acto erróneo de absolver el comportamiento irresponsable y dañino. Tampoco es poner la otra mejilla superficialmente, lo que nos deja sintiéndonos victimizados y martirizados.

---

8   Legaree, 2007.

En cambio, lo que permite experimentar el presente, libre de la contaminación del pasado, es darle fin a viejos asuntos.»

DOCTOR JOAN BORYSENKO,
Fire In The Soul [Fuego en el alma]

El perdón verdadero libera tu corazón, alma y mente. ¿Una mujer que ha sido abusada debe perdonar a su esposo y dejar que la siga golpeando? ¡Claro que no! En lo que resta del libro, volveremos sobre aquello que funciona y sobre aquello que no, en lo que aprendes *cómo* perdonar situaciones difíciles.

Para sobrellevar estos malentendidos, es útil reconocer que hay dos aspectos opuestos de la supervivencia humana: atacar a quienes nos amenazan –al enemigo– y cuidar a quienes nos son cercanos –familia, amigos, amantes.

Sin embargo, estas categorías no son tan estables como nos gustaría que fueran. En ocasiones se ve como el enemigo a un amigo o a un esposo. Sin perdonar, la categoría «enemigo» sigue aumentando. El sentimiento popular es de aplazar el perdón cuando un amigo se convierte en enemigo, como en un problema legal o en un divorcio.

LA BATALLA DEL PERDÓN

El debate por perdonar o no hacerlo ha existido durante millones de años. Lo que llena las pantallas de televisión y del cine es la venganza y no el perdón. Esto se debe a que en realidad las dos partes del instinto de supervivencia que mencionamos anteriormente son la separación entre nuestro ser más alto y verdadero enfrentado a nuestro ser básico de supervivencia. Ambos son parte de nosotros. El primero nos da nuestra visión superior y nuestras metas de comunidad, paz y bondad. El segundo nos protege al señalar límites, pero cuando se sale de control, nos minimiza, deprime y vuelve vengativos.

Para superar al ser básico de supervivencia, necesitas comprender sus mecanismos de modo que pueda sobresalir en tu vida la parte auténtica y superior de tu ser –esa parte de ti que disfruta la vida, piensa claramente, ama a otros y permanece en paz.

Mi formación sólida en medicina y ciencia me llevó a estudiar las investigaciones recientes sobre el cerebro. Éstas ofrecen una claridad y una comprensión revolucionarias acerca de por qué hacemos lo que hacemos y decimos lo que decimos, particularmente en situaciones de estrés elevado.

Para muchos de mis estudiantes es más fácil lograr por completo el perdón si tienen una comprensión básica de las reacciones del cerebro ante el estrés. Doy esta información porque es crucial para comprender no solamente el perdón sino también lo que sucede en tu vida. Es vital para cualquiera que esté lidiando con gente afectada.

Si bajas al río sin saber dónde se encuentran las dificultades, las rocas, los bancos de arena y los naufragios, esos peligros te harán daño inevitablemente. Este libro es una carta de navegación que puedes usar para surcar las duras aguas de la vida con el fin de llegar hasta un destino lleno de satisfacción.

LOS EFECTOS DEL TRAUMA Y EL EXCESO DE TENSIÓN

A lo largo de los años he encontrado que con frecuencia, cuando alguien no puede perdonar, está sufriendo los efectos de un trauma y/o de una tensión intensa. Necesitas enfrentar estos efectos para poder trabajar el perdón. Perdonar el trauma que se ha cometido en tu contra o que has cometido contra ti mismo es fundamental. Para aquellos que han vivido experiencias terribles y necesitan dejarlas atrás, explico minuciosamente cómo hacerlo en capítulos posteriores.

Estas experiencias terribles pueden haber ocurrido hace años. Sin embargo, puede que todavía tengan efectos profundos en la vida presente. En noviembre de 2007, el noticiario CBS informó que la tasa de suicidios de veteranos de Iraq era dos veces más alta que la de otros americanos. «Son las víctimas de las guerras sobre las que no se escucha muy seguido».[9] La tasa de suicidio es mayor para los veteranos que para otros estadounidenses. La tasa de suicidios de veteranos de Vietnam es superior a las muertes en combate durante esa guerra.[10]

> «Cuando nos lastiman profundamente, no
> nos recuperamos hasta que perdonamos.»

> ALAN PATON 1903-1988
> Escritor/Educador sudafricano

Comprender nuestras reacciones

Existen buenas razones para que existan los suicidios de los veteranos, mitos del perdón, controversia alrededor del acto de perdonar y dificultad para perdonar en condiciones de tensión excesiva. Para entender esto, tenemos que observar cómo funciona nuestro cerebro cuando se encuentra bajo estrés.

Las investigaciones sobre el cerebro en los últimos años han arrojado conocimientos importantes sobre:

- por qué actuamos como lo hacemos,
- cómo el estrés nos hace reaccionar de manera inusual,
- cómo hacer frente a las reacciones bajo estrés, para poder responder más adecuadamente y con control.

La mayoría de la gente sabe que el cerebro es como un procesador de información, el equipo dentro de la cabeza que se

---

9 Ver Noticiario CBS
10 Willson, 1999.

ocupa de los pensamientos y las funciones del cuerpo. Esta comprensión no es suficiente para ayudar cuando se intenta perdonar un comportamiento terrible. En realidad, el concepto del cerebro que tiene la mayoría de la gente obstaculiza el perdón.

El impacto que tienen sobre nosotros las respuestas de tensión en el cerebro no ha sido reconocido en el nivel en que debería. A alguien que ha reaccionado de manera inadecuada– incluyéndote– puede ofrecerle introspección y empatía conocer mejor las reacciones del estrés del cerebro. Este entendimiento y la compasión no justifican las acciones, pero te ayudarán a soltar el malestar para que puedas tener paz en tu mente y en tu corazón.

Perdonamos todo el tiempo para compensar los errores que sabemos nos pueden ocurrir como seres humanos. Nuestras carreteras, ciudades y centros de trabajo funcionan relativamente bien porque la gente es condescendiente. Si no fuera así, tendríamos un caos y una violencia descomunales. Perdonar es una acción normal de la mente humana cuando no se queda atrapada en los sistemas reactivos de nuestro cerebro. Mientras más tensión sentimos, menos propensos estamos a perdonar. A mayor estrés, menor perdón.

Perdonar es esencial para lograr cualquier esfuerzo que involucre a otros. Perdonarse a uno mismo es fundamental para tener éxito en cualquier proyecto personal. Aprender cómo te afectan tus mecanismos de supervivencia te permite mirar de manera diferente las situaciones negativas en tu vida.

Es difícil perdonar cuando una ofensa ocurre al mismo tiempo que las reacciones de tensión del cerebro porque todas las memorias futuras, por ejemplo, la pérdida de un trabajo, una propiedad o un ser querido, se detienen en esa respuesta al estrés. Así, cada vez que la memoria se repite viene una avalancha de reacciones terribles, incluso años más tarde. Naturalmente, deseas evitar esos recuerdos dolorosos.

Sin embargo, el hecho de evitar no te conviene realmente porque el enojo sigue justo bajo la superficie de tu conciencia, pintando la vida con colores negativos. Muchos sucesos que no se han perdonado o resuelto pueden hacer que tu mente permanezca de manera sutil en un estado negativo durante un buen tiempo. Si a eso le añades el estrés continuo de la amenaza de la pérdida del empleo, el hogar, un ser querido, etcétera, podrías caer en una situación muy desesperada. Pero no es así. Perdonar es una salida poderosa. Ya lo verás.

LA GUERRA DE LOS CEREBROS

La investigación sobre el cerebro durante las décadas de los años sesenta y setenta reveló que en nuestro interior hay tres sistemas separados. En general, estas funciones del cerebro en sintonía dan como resultado nuestros mejores pensamientos, felicidad y logros.[11] Funcionan mejor en un ambiente seguro. Esta seguridad le permite a nuestra mente ser una sinfonía en lugar de una zona de guerra. La guerra comienza cuando estamos abrumados por el estrés o el temor.

Durante millones de años, el cerebro primitivo se adaptó y amplió lo que ya estaba allí, en lugar de reconstruirlo todo.[12] Así, todavía llevamos con nosotros las reacciones de nuestros antepasados, y de los mamíferos y reptiles. Esta adaptación de las estructuras del cerebro nos ayudan no sólo a sobrevivir, sino también a tener cualidades sociales importantes e incluso, amor en nuestra vida. Sin embargo, en situaciones de peligro o desesperanza, realmente pueden cerrar nuestro cerebro más nuevo: el neocórtex.

El neocórtex, nuestro cerebro más grande, proporciona el lenguaje, la lógica, la habilidad para analizar soluciones para las dificultades y el perdón. Cuando los sistemas reactivos del cerebro cierran el neocórtex debido a una emergencia de supervivencia, respondemos inmediatamente peleando, hu-

---

11 Ver MacLean.
12 Ver Dubruc, 2002.

yendo o paralizándonos. Y perdemos el pensamiento claro, la capacidad para resolver problemas y para hablar de forma inteligente. En nuestra época moderna esperamos y nos recargamos en todos estos aspectos positivos. En momentos de estrés, estas estructuras reactivas del cerebro influyen de más en nuestro pensamiento, lo cual da como resultado acciones y decisiones lamentables.[13] En la Prehistoria, para poder sobrevivir, teníamos que reaccionar y no pensar en qué hacer o decir. Sin embargo, en la sociedad moderna frecuentemente no son nuestras reacciones de supervivencia las que se necesitan para llegar a un resultado positivo.

Isaac es un tipo fácil de llevar. Cuando alguien se enoja en la oficina, él o ella sabe que Isaac le dará una sonrisa de reconocimiento y le ayudará si es necesario. Sin embargo, cuando le diagnosticaron cáncer a su hija, no solamente su trabajo pagó las consecuencias, sino que él mismo se convirtió en el terror andando; le gritaba a la gente incluso por errores pequeños. La oficina se volvió un caos hasta que se dieron cuenta de por qué Isaac estaba actuando de manera tan diferente. Entonces sus compañeros de trabajo se reunieron alrededor de él y le ayudaron a pasar las semanas difíciles del golpe inicial. Años más tarde, Isaac todavía se avergüenza de cómo reaccionó y aprecia la ayuda de sus compañeros.

Cuando nos enfrentan a una emergencia, nuestras estructuras cerebrales anteriores activan nuestro sistema nervioso simpático y provocan las reacciones específicas que sentimos en el cuerpo como estrés. Además de la típica reacción de estrés con latidos de corazón, músculos tensos, visión de túnel, etcétera, también sabemos que se trata de tensión por nuestras reacciones emocionales, que generalmente son: temor con ganas de correr, enojo con ganas de atacar o indiferencia o confusión con incapacidad para hacer cualquier cosa. Cada persona tiene un umbral diferente al estrés. Cuando llegamos al punto donde se sobrepasa el estrés, nuestro sistema

---

13 Ver MacLean.

nervioso simpático se compromete plenamente. El cerebro instintivo lo mantiene de esa forma hasta que nos sentimos seguros.

Para recuperar tu verdadero ser, debes encontrar la seguridad. Entonces el sistema se calmará. Sin embargo, si la «seguridad» no se encuentra fácilmente en tu lugar de trabajo o en casa, puede ser difícil apagar el sistema nervioso simpático, lo que resulta en los innumerables problemas que tenemos en nuestra sociedad de hoy desde el uso indebido de drogas hasta la violencia. Vamos a pasar por muchos métodos para calmar los ánimos y empezar a pensar y actuar con eficacia y perdonar.

CALMAR EL SISTEMA ESTRESADO

El cerebro «reptiliano» o «de serpiente» son dos de los nombres dados a nuestro cerebro más nuevo por el investigador de los National Institutes of Health,[14] el doctor Paul MacLean, quien trajo a la luz estos cerebros múltiples. El nombre de «cerebro de serpiente» es apropiado porque cuando una serpiente atrapa a su víctima, la envenena o le exprime la vida. Esto es lo que nos pasa cuando esta respuesta de estrés se vuelve crónica en lugar de ser una reacción aislada. El cerebro reptiliano o de serpiente nos tiene apretados, intoxicándonos con miedo o rabia. El perdón es *la elección* clave para ayudarnos a salir de esta reactividad continua.

NOTA: Mientras observas tus inquietudes podrían resurgir sentimientos y puede que desees no continuar. Esto es sólo una cortina de humo ocasionada por el miedo. En la naturaleza, con frecuencia el perseguido lucha contra la caza. Cuando hay situaciones monstruosas del pasado que te cazan sin pie-

---

14 Los Centros Nacionales de Salud son los principales centros de investigacion del mundo.

dad, a veces el ataque es la mejor defensa. Si te has comprometido a eliminar tus demonios y hacerles frente, perderán su poder de asustarte o hacerte daño.

El pensamiento de enfrentar las situaciones más dolorosas a veces se percibe como si te fuera a matar. Pero huir de nuestros demonios, de hecho, les da poder. Los mecanismos de defensa que nos han protegido ahora ponen trabas a nuestros esfuerzos para llegar a estar completamente vivos.

El miedo hace que nuestro sistema de tensiones persista, lo que no sólo nos impide perdonar sino que también paraliza la alegría de la vida. Hoy en día vemos que nos rodea el miedo a la pérdida de trabajo, a gastar, a la pérdida del hogar, a un terrible futuro, etcétera. Todos estos son temores reales. Sin embargo, una vida mejor exige que pasemos por encima del miedo. Ya sea que perdonemos o no, el miedo debe resolverse.

Sabemos que la gente no actúa bien cuando tiene miedo, y que mostrar miedo no te llevará al trabajo que deseas. Mostrar temor no evoca confianza en los demás ni atrae a ninguna persona a querer estar contigo. Algunas personas usan alimentos, drogas y alcohol para mitigar el miedo. Éstas son soluciones precarias y temporales. Hay muchas formas de tranquilizar el miedo sin recurrir al uso de sustancias que de por sí causan más problemas.

La reacción de tensión continua infecta a todo el mundo a tu alrededor. Sabes que para tener cualquier tipo de vida decente, productiva, tus respuestas cerebrales continuas al estrés **deben detenerse**. Por supuesto, pensarás: «¿Cómo?, cuando hay cuentas que pagar, hijos que alimentar, una familia por mantener, etcétera». Entiendo que hay retos. Sólo te recuerdo que tu respuesta al estrés, aunque en apariencia sea normal, no es tu mejor opción y ciertamente no es la mejor opción de nadie alrededor tuyo, especialmente si son niños. Este libro te guiará a través de los cambios que necesitas. Hay esperanza.

Por ahora, recuerda que la complejidad que hay dentro de tu cerebro es mucho mayor de la que puedes notar. Bajo estrés, la racionalidad puede superarse fácilmente por emociones e impulsos fuertes, dando paso a un comportamiento «inhumano». Esto es porque la lógica, el análisis y la resolución de problemas son funciones relativamente nuevas del cerebro. Cuando el cerebro más primitivo –el cerebro reptiliano– ejecuta el programa, habrá dificultades terribles. Vemos el efecto directo de esto en el suicidio, la violencia, las balaceras, el terrorismo y el trauma de guerra.

El perdón ayuda a aquietar la mente temerosa, pero no es fácil cuando hay una toma de control activa por parte del cerebro reptiliano. Puedes recuperar el control sobre el cerebro reptiliano al encontrar un lugar seguro en tus propios pensamientos o en tu entorno.

Hay varias formas de lograrlo: la meditación, la oración, ir a una iglesia, hablar con un amigo, escuchar música tranquila, encontrar la manera de que alguien más cuide a los niños un rato, hacer algo que disfrutes, leer algo inspirador, tomar un baño, hacer ejercicio, etcétera.

NOTA: Sólo toma unos 20 minutos advertir un cambio drástico en la reactividad del cerebro reptiliano.

Escríbelo

Una forma útil para calmarse es escribir cualquier alteración que sientas. Esta simple acción de escribir en papel es un compromiso para ocuparse de tus malestares.

Mientras lees el libro y observas tu vida, inevitablemente surgirán molestias con otros y contigo mismo. Para obtener el máximo provecho de este trabajo, anótalos para que puedas volver a ellos más tarde.

Hay dos razones para conservar estos registros. 1) Tener una lista de los últimos malestares para asegurarte de que te ocuparás de ellos más adelante. 2) Para usar estas memorias durante los ejercicios prácticos y las preguntas. Vendrán situaciones que no has pensado en muchos años. Originalmente, éstas se escondieron como parte de las defensas de tu mente que ayudan a evitar la angustia mental. Sin embargo, si un asunto te molesta, aún no ha sanado. Te seguirá afectando debajo de la superficie de tu conciencia hasta que te hagas cargo de él.

En su libro *Molecules of Emotion: the Science behind Mind-Body Medicine*, la doctora Candace Pert, reconocida investigadora y autora, dice que hay estudios que demuestran que cuando las víctimas de un trauma escriben sobre su experiencia, realmente ocurren cambios fisiológicos.[15]

En un futuro habrá un cuaderno de trabajo que acompañe este texto. Pero por ahora, conserva un diario con todo el trabajo que has hecho con este libro. Tendrás un registro de lo que trabajaste y cómo lo hiciste. Y de lo que te diste cuenta. A veces encontrarás aquí prácticas de escritura como de un diario que puedes llevar a cabo. ÉEste es un trabajo importante para ti, así que compra un diario bonito, uno en el que te gustaría escribir. La escritura te ayudará en este proceso.

EL ÉXITO DE PERDONAR

Dejar ir las ofensas no es algo muy fácil de hacer para la mayoría de la gente, pero todos tenemos la capacidad de desarrollar las habilidades necesarias para perdonar. Como con cualquier otra habilidad, lograr perdonar malestares difíciles requiere de trabajo y práctica. Así que por favor lleva a cabo los ejercicios.

Hay investigaciones que han demostrado que las personas casadas, aquellas con educación superior y las mujeres son más indulgentes. ¿Eso podría ser porque las mujeres viven

---

15   Ver Pert, 1997.

más que los hombres?[16] Las mujeres suelen ser las cuidadoras, las que usan ambos lados del neocórtex, por lo que son más aptas para los sentimientos que los hombres. Sin embargo, es más probable que un hombre sea indulgente si es extrovertido y social.[17] Algunas personas– incluido yo mismo– proponen que los hombres son más analíticos y menos sensibles porque a través de los años ellos han sido los guerreros, y un guerrero para ser eficaz a la hora de matar, debe hacer a un lado sus sentimientos. Señalo esto como un recordatorio de que todos venimos a este trabajo con perspectivas muy diferentes.

Para encontrar la felicidad, debes enfrentar los demonios que te mantienen atrapado en la furia, el resentimiento y el deseo de venganza. El perdón libera estos pensamientos y emociones negativas. Una vez que te libres de ellos, tendrás un mayor control sobre tu energía, pensamiento y capacidad para tomar decisiones que te benefician a ti y otros, decisiones que surgen de las emociones positivas.

Por favor toma en cuenta que: Perdonar a veces no es un camino fácil porque puede abrir recuerdos dolorosos. Por esta razón y debido a la confusión de emociones conectada con el tema, es mejor mantener este trabajo en privado hasta que te sientas seguro de él. En un momento vulnerable, no desearás abrirte a ti mismo a la crítica, burla o a historias sin perdonar de los demás. Por ahora no necesitas estos sentimientos. Maneja tus propios malestares antes de entrar en los de otros.

He conocido gente de la iglesia que predica sobre el perdón, pero realmente no puede perdonar, y ciertamente nunca le dio al tema el respeto o énfasis que merece. Me han dicho que sólo los santos pueden perdonar y tal vez esto era cierto en alguna época, pero las cosas han cambiado. Cualquiera puede perdonar. Haz tu propio trabajo, y quizá otros lo notarán y te preguntarán al respecto.

---

16 Healy, 2007.
17 Biomedicina, 2003.

Es imperativo no decirle a alguien que lo has perdonado a menos que específicamente te hayan pedido perdón en el pasado y no lo habías hecho. Decirle a una persona que la has perdonado a veces puede parecer arrogante. Puedes crear más problemas al decirle que lo has perdonado, porque él o ella podrían haber pensado que no era un problema o no lo ven como una situación que necesitaba perdón. No tienes que decirle lo maravilloso que te sientes por perdonarlo. No se necesitan palabras. Tu cambio de actitud será suficiente, te lo aseguro.

La gente que se opone al perdón lo ve como una debilidad. En realidad, se requiere de un valor extraordinario. «El débil nunca puede perdonar. El perdón es el atributo de los fuertes», dijo Gandhi. Sin embargo, la venganza es lo popular en nuestra cultura, no el perdón. Así, cuando perdonas y se lo dices a la gente, puede haber repercusiones.

Una conocida, cuyo hijo fue asesinado por un conductor ebrio, fue capaz de enjuiciar al hombre por asesinato y no por homicidio. Más tarde, se dio cuenta de que este joven no merecía pasar el resto de su vida en la cárcel, y que tenía una madre que lloraba por él. Su elección de perdonarlo y ayudarlo a salir de prisión causó problemas familiares.[18]

Después de que Sue Norton perdonó a los asesinos de sus abuelos, sus amigos se cambiaban de acera para evitarlo. Aun con esto, ninguna de las mujeres lamenta haber perdonado.[19] Promueve el perdón por todos los medios, pero sólo cuando estés totalmente seguro de sus beneficios y perspectiva.

Perdonar limpia los daños del pasado, ya sea que la herida ocurriera hace treinta años o hace treinta minutos. Nos permite experimentar el momento presente, la única vez que realmente vivimos.

El perdón produce claridad de pensamiento porque elimina los trastornos emocionales que nublan la mente y el cora-

---

18 Potenza 1996.
19 Abagayle 2009.

zón. Con esa claridad, tomas decisiones que son beneficiosas en todos los ámbitos de tu vida.

Como decía Picasso sobre el arte, diré sobre perdonar:

> «Perdonar limpia del alma el polvo de la vida cotidiana».

Escuché la historia de una mujer que manejaba en la autopista cuando un conductor se le cerró intencionalmente y se desvió frente a ella. Se asustó, aunque rápidamente recuperó el control del auto sin que ocurriera accidente alguno. Pero estaba sacudida y trastornada. Cuando se dio cuenta de que les estaba haciendo lo mismo a los demás que iban adelante de ella, decidió dejar su disgusto porque perjudicaba su forma de manejar. Como había practicado el perdón, la mujer abandonó su enojo e incluso rezó una oración. Unos minutos más tarde, el hombre se le cerró a otro coche que a su vez se le cerró a otro y luego a otro. De repente, los coches se estrellaron uno contra otro alrededor de ella. Sin embargo, gracias a su compostura pudo evitarlos y salir ilesa de la carretera. Ella le atribuyó su seguridad a haber soltado el malestar y por lo tanto haber tenido el pensamiento claro. Sabía con certeza que si no lo hubiera hecho así, se hubiera involucrado en la escena del accidente.

Una conversación de Paolo Coelho con un amigo, en el epílogo de su novela sobre el perdón *A orillas del río Piedra me senté y lloré*, dice:

> —Son palabras buenas, pero no sé si soy capaz de perdonar la ingratitud tan fácilmente.
>
> —Es muy difícil. Pero no hay otra opción: si no perdonas, pensarás acerca del dolor que te causaron y el dolor nunca desaparecerá. No digo que tiene que gustarte estar con quienes te hacen daño. No digo que vuelvas a buscar su compañía. No sugiero que empieces a ver a esa persona como un ángel o

como alguien que actuó sin ninguna intención de herirte. Todo lo que digo es que la energía del odio no te llevará a ninguna parte, pero la energía del perdón que se manifiesta a través del amor logrará cambiar tu vida en un sentido positivo.

CAPÍTULO 2

QUÉ ES PERDONAR EN REALIDAD

PERDONAR SIGNIFICA: «Dicho de quien ha sido perjudicado por ello: remitir la deuda, ofensa, falta, delito u otra cosa». [*Diccionario de la lengua española* (*Real Academia Española*)]

Esta definición generalizada hace que perdonar parezca un acto de una sola realización, pero es una forma de aproximarse a la vida. Como dijo el doctor Martin Luther King, Jr.:

> «Perdonar no es un acto ocasional; es una actitud permanente».

Hacer del perdón un acercamiento constante toma algo más que comprender simplemente la naturaleza y práctica del perdón; también debemos superar las ideas falsas o los mitos sobre él (capítulo 3) y reconocer los beneficios que nos inspiran a perdonar (capítulo 4).

Liberar una deuda

La manera más eficaz que he encontrado para explicar y definir el perdón en mis clases y terapias es utilizar el ejemplo de perdonar una deuda financiera, de dejar ir un dinero adeudado.

Dicho de manera simple, **el acto de perdonar es dejar ir lo que sientes que otra persona te debe.**

En una situación dolorosa, perdonar es dejar ir la deuda física o emocional que esperas ver pagada. Cuando perdonas, la persona o grupo ya no te debe lo que querías que te dieran, comprendieran o experimentaran. Ya no te deben el tener que sentir el dolor físico o emocional que has padecido. Puede que incluso los liberes de disculparse porque, en verdad, han logrado ver la situación de una manera diferente. Esto también significa soltar la deuda espiritual de Dios de castigarlos o enviarlos al infierno.

La oración del Padrenuestro en el cristianismo lo dice claramente: «Perdónanos nuestras ofensas, como nosotros perdonamos a quienes nos ofenden». Así como perdonar una ofensa significa soltar lo que se debe, perdonar una injusticia significa soltar el castigo o el pago que creemos que nuestro agresor nos debe.

Esto significa que ya no se busca un «ojo por ojo», pero de la misma forma, no significa poner la otra mejilla para dar lugar a un daño mayor.

> *«Si pusiéramos en práctica el ojo por ojo*
> *y diente por diente, muy pronto todo el*
> *mundo se quedaría ciego y sin dientes».*

MAHATMA GANDHI

Con frecuencia, la gente cambia sus ideas sobre lo que necesita que el agresor piense más profundamente. ¿Tienes una idea de lo que se necesitaría para dejar ir un trastorno particular? El problema es que no lo has recibido y probablemente nunca lo harás. Podría haber muchas razones para esto, pero la conclusión es que puede que tengas que evaluar la realidad de tus expectativas.

Un ejemplo de perdonar una deuda provenía de Luke, un ministro que estuvo en una de mis primeras clases de terapia del perdón: *Enseñar cómo perdonar*. Aunque sabía del valor y la necesidad de perdonar, sus emociones le impedían ir más allá porque alguien había mentido a su congregación acerca de él. Esta mentira provocó una ruptura en su iglesia. Luke necesitaba que el hombre le contara a toda la iglesia que había mentido. Se reía cuando nos decía esto, viendo que el feligrés nunca lo haría porque le parecía que era cierto. Por lo tanto, vio que era bastante tonto seguir esperando una disculpa que nunca recibiría. Agregó que la ruptura, que era una cuestión de lealtad, probablemente habría ocurrido de todos modos porque su estilo era diferente al del ministro anterior.

Al hacer una simple declaración de la deuda, he visto surgir introspecciones. Pero no es un sitio fácil de alcanzar para la mayoría de las personas. Algunas de ellas, especialmente mujeres, tienen la experiencia y la capacidad de mirar más profundamente dentro de sí mismas. Luke, el ministro que mencioné anteriormente, había hecho una cantidad considerable de trabajo interior. Entendió las consecuencias de sus expectativas poco realistas y la miseria que le causaron.

La segunda parte de este ejercicio formula la pregunta: ¿puedes soltar para alcanzar la tranquilidad? Esto es realmente básico para perdonar. Debes estar *dispuesto* a considerar la posibilidad de no conseguir lo que se te debe. Si *no* estás dispuesto a reflexionar en no conseguir lo que esperas, el proceso se estancará.

Esto no significa que no se pueda hacer nada. Sólo significa que el siguiente paso para perdonar debe ser encontrar otra forma de conseguir lo que deseas, una forma que no implique a la otra persona porque realistamente podría nunca cambiar o tener la comprensión o el castigo que deseas.

Cuando perdonas dejas ir el enojo, el odio, los rencores y los resentimientos de tu mente y tu corazón, y defines los límites de tu actitud negativa y autodestructiva. Es un regalo para ti mismo. En situaciones que implican valores de bienestar de la comunidad, la armonía familiar o la reconciliación de la pareja, también es un regalo de un corazón a otro.[20]

Perdonar es un acto de amor. Es una elección personal difícil que alivia a quien perdona de los efectos del dolor, las heridas,

---

20 Véase Legaree, 2007.

el resentimiento y la rabia alrededor de una situación que te causó daño. Implica dejar ir la animosidad y la mala voluntad y requiere salir de una actitud emocional inamovible y limitada para ir hacia un lugar más grande, más profundo de ti mismo. Es un acto de valor porque requiere dejar ir un malestar justificado.

> «Perdonar es renunciar a mi derecho a
> hacerte daño para hacerme daño a mí».

ANÓNIMO

¿Cómo sabes que realmente perdonaste?

La siguiente cita te dice lo que debes buscar y cómo sabes que has perdonado. La he usado durante años con mis pacientes y estudiantes porque es especialmente clara:

> «Sabes que has perdonado a alguien cuando
> él o ella pasan inofensivamente por tu
> cabeza».[21]

REVERENDO KARYL HUNTLEY,
ministro en el Golden Gate Center
for Spiritual Living

Cuando piensas en tu agresor, ¿él o ella pasan con tranquilidad por tu mente, o causan un lío y explotan?

El reconocido autor y teólogo, el doctor Lewis Smedes, dice en su libro *Forgive and Forget: Healing the Hurts We Don't Deserve*:

> «Sabrás que el perdón ha comenzado cuando recuerdes a quienes te han lastimado y sientas el poder de desearles el bien».

---

21 McGinnis, 2006.

Adicionalmente, echemos un vistazo a una definición más precisa y al resultado de perdonar. El notable investigador sobre el perdón, el doctor Robert Enright y el Grupo de estudio de desarrollo humano (1996), definen el perdón como la «ausencia del efecto, juicio y comportamiento negativos hacia el agresor, y la presencia del efecto, juicio y comportamiento positivos hacia ese mismo agresor».[22] Éste es un resultado claro: los sentimientos, comentarios y las acciones positivas hacia el agresor y hacia ti mismo, sin las partes negativas.

Nota: He visto que el perdón sucede con sólo soltar los sentimientos negativos hacia la persona, sin que sientas los positivos, especialmente con las víctimas de abusos y torturas. Pero si han llegado los sentimientos positivos, sabrás con seguridad que has perdonado por completo.

Este mismo grupo de investigación sobre el perdón subraya que perdonarse a uno mismo implica no sólo hacer frente a las injusticias, sino también salir de los pensamientos, sentimientos y acciones negativas contra uno mismo «para sustituirlos por compasión, generosidad y amor».[23] El perdón hacia uno mismo debe provocar sentimientos, acciones y pensamientos positivos; si no es así, se encuentra incompleto.

Preguntas

1 ¿Quién no puede pasar por tu mente sin chocar y explotar? Nota quiénes son estas personas.
2 ¿Qué te debe cada persona?
3 ¿Hay algo que les debes?
4 ¿Qué te tomaría perdonarlos ahora? ¿Y a ti mismo?

---

22 Ver Wohl 2008.
23 Ibid.

- Observa si puedes aclarar lo que tendría que suceder antes de que la persona pueda pasar por tu mente sin remover cualquier sensación de malestar.
- Observa si puedes aclarar lo que tendría que suceder para que tengas compasión, generosidad y amor por ti mismo.

Justicia y castigo

La cuestión de la justicia aparece generalmente cuando consideras el perdón. La gente dirá que no es justo perdonar a una persona porque entonces no habrá ninguna consecuencia por lo que ha hecho. La persona que no ha sido perdonada ha roto las reglas de comportamiento personales, familiares o culturales. ¿Dónde está la justicia cuando has sido agraviado, y aún así tienes que perdonar? Todo esto es cierto. Sin embargo, no debes pensar en perdonar si no tienes una expectativa que incluya un castigo o algún arrepentimiento por el comportamiento del agresor. El problema es el efecto emocional de ese deseo.

Parece una injusticia que una persona se escabulla por ahí habiéndote hecho algo, cuando sabes que no es correcto. Puedes querer darles una lección a los agresores. Sin embargo, ese tipo de pensamiento sigue dejándote con dolor. Aún me falta encontrar a alguien que esté castigando a otra persona y que también esté feliz con su vida. La persona podrá decir que él o ella está feliz de vengarse del agresor, pero al mirar detenidamente encontrarás que no hay alegría en su vida. Cuando una persona quiere castigar y atacar a otro, su cerebro reaccionario es el que la impulsa. La alegría y el amor no son partes de él.

Este castigo puede continuar incluso cuando el agresor ya no está en sus vidas. He conocido gente que aún se molesta con sus padres cuando éstos ya llevan años muertos. Siguen atacando a sus padres en la mente aun cuando el ataque sólo es doloroso para ellos mismos.

«Antes de embarcarte en un viaje de venganza, cava dos tumbas».

CONFUCIO

La cuestión del bien y del mal parece imprescindible. Si sientes que estabas equivocado y el otro tenía la razón, no necesitas perdonar a la otra persona. Cuando te sientes bien y justificas tu enojo, tendrás dificultad en tu vida personal y familiar.

Necesitamos la justicia cuando se han roto los valores, las normas de comportamiento o los principios éticos de una persona, grupo o país. Los ideales, las leyes y reglas mantienen una cultura y sostienen unida a una sociedad. También son el adhesivo de los vínculos familiares y de todas nuestras relaciones.

Cuando una persona o grupo va en contra de nuestros valores o rompe nuestras reglas de comportamiento, ya sea en una relación uno a uno, o en una sociedad, de alguna manera se deja fuera a esa persona o grupo. Cuando la persona o grupo repara esa ofensa de forma suficiente, se produce el perdón, lo que permite volver a la relación social o individual.

En el sistema legal, él o ella puede volver a la sociedad mediante el cumplimiento de una pena de prisión o de servicio público. Una situación personal puede requerir una disculpa o el pago de los daños. Es más fácil perdonar a alguien que ha intentado reparar el resultado de sus acciones. Por ejemplo, podrían reconocer su incapacidad para defender los valores que acordaron entre los dos o con la sociedad.

Perdonar resulta difícil cuando la persona o el grupo no está de acuerdo con sus valores o reglas de comportamiento. ¿Cómo perdonar entonces? ¿Cómo se produce la justicia? ¿Cómo liberar el dolor, el enojo y las heridas cuando no hay disculpa ni reparación, cuando el agresor ve la situación de manera diferente y se siente justificado en lo que él o ella hizo? Para ello tendrás muchos métodos con los cuales trabajar y obtener alivio.

Los efectos de la hostilidad

Las mujeres que obtuvieron una calificación alta en el enojo y la hostilidad tuvieron mayor riesgo de un evento cardiovascular.[24] Se demostró con investigaciones anteriores que las personas que tuvieron ataques al corazón no eran necesariamente del Tipo A[25], sino que aquellas del Tipo A que salieron altas en el cuestionario en la parte sobre la hostilidad,[26] eran del Tipo A. El doctor Dean Ornish, médico y autor de *Amar y sobrevivir*, cita cuarenta y cinco estudios que conectan la hostilidad con la enfermedad coronaria.[27]

Un estudio en la Universidad de Duke mostró que los estudiantes que salieron altos en una prueba de hostilidad estaban en mayor peligro de morir más jóvenes que sus compañeros. En el estudio se concluyó que la mayoría de los estudiantes que eran proclives a enojarse corrían más riesgo que aquellos que fumaban, tenían la presión arterial alta o incluso el colesterol elevado.[28]

Si con frecuencia estás enojado y hostil, aquí hay algo para tomar en cuenta: para tu propia salud y felicidad podrías pensar en abandonar en algún lugar del camino el trabajo de juez y castigador.

---

24 Ver Ciencia Cotidiana, 2007.
25 Los individuos del Tipo A pueden ser descritos como impacientes, conscientes en exceso del tiempo, inseguros sobre su estatus, muy competitivos, hostiles y agresivos e incapaces de relajarse. Generalmente son adictos al trabajo competentes, que hacen múltiples tareas, se ponen límites de entrega y a quienes les molesta el más mínimo retraso. Debido a estas características, los individuos del Tipo A usualmente son descritos como junkies estresados. Tomado de Wikipedia.
26 Ver Brehm.
27 Ver Smalley p 91.
28 Investigación del doctor Redford Williams. Ver Goodier.

Puntos importantes
para un perdón efectivo

Siempre atiende a esto...

Los pequeños cambios de sentimientos y de actitud. El descubrimiento más importante que he encontrado en el trabajo del perdón es la rapidez con la que puede ocurrir. Mientras haces este trabajo, encontrarás que habrá cambios pequeños en el corazón y el pensamiento. La energía positiva acumulada de estos pequeños cambios permite una transformación. Si sientes alivio mientras trabajas en una pregunta, eso puede ser suficiente por el momento. Toma un descanso o ve a la siguiente acción.

A estos cambios de sentimiento y actitud los llamo «cambio de sentido». Es una sensación de calidez en el área del pecho, una apertura de tu corazón, con una relajación de los músculos alrededor de las costillas y la garganta, muchas veces con un entendimiento. Es como el «cambio sentido» que el doctor Eugene Gendlin describe en su libro *Focusing*. Es un pequeño movimiento del corazón volviendo a ponerse en sintonía.[29]

Todo el secreto es un sentimiento de «ahhh» y con frecuencia una sonrisa, una sensación de alivio. Esto podría deberse a un pensamiento compasivo sobre la persona, o al entendimiento de la misma. Si miras más de cerca el cambio, verás que de alguna manera se trata de un cambio de actitud hacia la persona. Ese pequeño movimiento suele ser suficiente para cambiar tu día completo, o, incluso, toda la vida.

Con cada cambio de sentimiento, recuperas la energía de vida que estaba atada en el malestar emocional. Al mirar diferentes áreas de tu vida, comprendiéndolas y perdonando, recuperas tu energía vital. Este proceso se hace más fácil y más rápido porque esta energía adicional aumenta tu vida y tu capacidad para perdonar, vivir, amar y sanar.

---

29 Gendlin, 1981.

*«El perdón no cambia el pasado,
pero amplía el futuro».*

PAUL BOESE 1668-1738
Médico botánico holandés

EL PRIMER ASPECTO ESENCIAL

A lo largo del libro revelo las acciones esenciales para realizar este trabajo. El principal es: **tener la mejor visión posible y el objetivo que sientes para ti mismo al que puede conllevar el perdón**.

Sin este incentivo, puede ser demasiado difícil mirar lo que te molesta y probablemente te rendirás. No obstante, lo harás bien si tienes para ti mismo un ideal alto y un resultado.

En mi propia experiencia con el perdón, suelo tener que elegir la fuerza más alta de mi visión. En mi propia curación, me preguntaba, debido a que mi meta más elevada era experimentar el amor incondicional de Dios: «¿Estoy dispuesto a dejar que esto se vaya para experimentar el amor incondicional?». Funcionaba todo el tiempo. Sentía cada vez a través de mí el flujo del alivio en mi corazón y la alegría.

Establece tu visión y objetivo al preguntar:

1   ¿Qué quiero en mi vida con este trabajo del perdón? ¿Experimentar la sanación? ¿Más amor? ¿Tranquilidad y paz? ¿Amor divino? ¿Una conexión más profunda con Dios?
2   ¿Que me inspiraría a dejar ir esta inquietud?
3   Aparte de mí, ¿quién se beneficia de mi perdón?

Preguntas diarias: Para ayudarte en este momento, he incluido un ejercicio utilizado por los cristianos durante siglos:

«Perdona nuestras ofensas, así como nosotros perdonamos a los que nos ofenden».

No necesitas avanzar más en este libro si puedes aplicar esa oración ahora mismo. Sin embargo, pocos son capaces de hacerlo. Así que analicemos esta idea.

1 ¿Qué te debe esa persona? ¿Una disculpa? ¿Un dolor humillante en su estómago? ¿Colgarse de sus dedos del pie durante tres días? ¿Qué lo venzas hasta la muerte con los puños? ¿Un choque eléctrico?

2 ¿Qué castigo necesito verlo tener? ¿Qué es lo que esperabas, no obtuviste o no esperas recibir? Eso es tu deuda contigo. [Si trabajas en perdonarte a ti mismo por algo, buscas aquello que le debes a otro o a ti mismo].

3 En este punto, anota qué te debe la persona o el grupo (o qué le debes a ellos). Nadie va a leer esto más que tú, así que déjalo salir. Puedes ser tan vil y tan cruel como quieras.

4 Después de que hayas escrito todo lo que quieras, revisa y mira si ésta es la justicia que deseas. ¿Cómo te sientes? Luego pregunta:

 a) ¿Cuál es la probabilidad de que el castigo o el cambio de comportamiento que me gustaría suceda?

 b) ¿Cuánto tiempo voy a esperar para conseguirlo?

 c) ¿Estoy dispuesto a dejar ir esto que me molesta?

LA BARRERA MÁS GRANDE PARA PERDONAR:

Sentirse agobiado. Esto ocurre con frecuencia por tratar de perdonar mucho al mismo tiempo. El objetivo del *Proceso del poder del perdón* es perdonar todo lo que necesitas en tu vida, no sólo una cosa. Ésta es la forma de hacerlo con éxito: *separa la situación.*

Lo primero que hay que hacer en una situación que te consume es separarla en pedazos más pequeños, manejables. Intentar meterse de una sola vez un plato entero de comida en la boca y tratar de tragarlo es demasiado. Toma trozos del tamaño de un bocado. Lo mismo sucede con perdonar. Mira una situación difícil y ve cómo puedes descomponerla en partes más pequeñas y más manejables.

El malestar de Tom con un contratista de construcción le implicó escribir todas las cosas perturbadoras que hizo el contratista. Se dio cuenta de que esto lo calmó. Fue hasta entonces que pudo sentarse con el hombre y llegar a un entendimiento.

A veces escribir todas las experiencias negativas a la vez es demasiado. Marjory se molestó con varios doctores por el mal manejo de su caso. Se molestó demasiado al escribir todos sus enojos. Tuvo que elegir a un médico a la vez, anotar sus malestares con ese médico y, a continuación, perdonar cada cosa que pasó. Después de eso, tuvo que tomar al siguiente médico y seguir el mismo método. Al final, su enojo y su temor subyacentes a los médicos se habían ido y fue capaz de someterse a un procedimiento que ayudó a su curación.

Tratar con grandes organizaciones

Si tienes dificultad para perdonar a grandes instituciones u organizaciones, es porque te abruma la magnitud de los ofensas. De nuevo, separar la situación en pedazos del tamaño de un bocado hace la diferencia. No trates de comer la vaca entera de una sola vez.

Cuando intentas ocuparte de las ofensas cometidas por alguna entidad grande como los gobiernos, las organizaciones, corporaciones, iglesias, etcétera, no logras nada si mantienes un pensamiento general de «ellos». Piensa en situaciones específicas y después, en cada persona del suceso desagradable.

Cuando llegas a las características específicas de una situación, te acercas a la verdad. Cuando trabajas en las ofensas, es necesario abordar todas las piezas pequeñas para lograr el perdón completo.

La gente forma y administra las organizaciones, los movimientos, las iglesias, las sociedades, los grupos políticos, gobiernos, etcétera. *La gente necesita perdonar.* Así, derriba los malestares al pensar quién representa a esa organización. Al pensar en uno, otros vendrán a la mente.

Trabajé con una mujer que había estado en un culto durante muchos años. Finalmente pudo dejar ir sus enojos enlistando todas las ofensas que había pasado en el transcurso de sus años en el culto. Al principio, pensó que escribir todas las ofensas sería demasiado agobiante, pero se dio cuenta de que es más abrumador dejar arder esos enojos en el oscuro mar emocional del subconsciente, que puede crear tormentas terribles en nuestra vida cotidiana. En lugar de dejar que estos malestares nadaran alrededor de su mente bajo la superficie de su conciencia, empezó a escribirlos. Para su sorpresa, comenzó a sentirse mejor.

Sin embargo, esta sensación de mejoría es sólo un buen comienzo. Al final, debe suceder que perdones esas molestias.

Comisión de la verdad y la reconciliación

En 1995, cuando Sudáfrica trataba de forjar la paz después de muchos años de un gobierno racialmente opresivo, se creó una *Comisión de la verdad y la reconciliación* para considerar la amnistía para los perpetradores de crímenes cometidos bajo el reinado del *apartheid*. El gobierno democrático no dio una amnistía general de perdón porque sabía que no iba a funcionar. Los comisarios concedieron amnistías, persona por persona, a los que llegaron antes que ellos. Hubo enfrentamiento por parte de las víctimas y confesiones de culpabilidad.

El documental *Long Night's Journey into Day: South Africa's Search for Truth & Reconciliation* representa hábilmente parte del trabajo de la Comisión. En el año 2000, recibió el Premio del Festival de Cine de Sundance al Mejor Documental.[30] Este modelo de Amnistía se ha utilizado bajo diversos nombres en otros once países que han salido de periodos de disturbios internos, guerras civiles o dictaduras.[31]

Perdonar asuntos graves

Detrás de los amplios asuntos de la historia o en el mundo que no te gustan, el del racismo, por ejemplo, hay en tus pensamientos una persona o grupo de personas que representan esa injusticia. Puede que tengas que relajarte y observar tu propio pasado para encontrarlos.

Marion trataba de perdonar a la Iglesia católica por las atrocidades cometidas contra las mujeres durante la Inquisición en la Edad Media. Tuvo ese malestar hasta que se dio cuenta de que las imágenes que tenía de los inquisidores eran las de hombres oscuros y siniestros vestidos de negro. Sabía que tenía que perdonar a esos sacerdotes. Esto la llevó por una travesía para comprender la mentalidad de los sacerdotes de la época. Pudo soltar su malestar gracias a ese entendimiento.

Para perdonar a los nazis alemanes, Jacob pensó en cada soldado y partidario nazi que había encontrado en su vida y ofreció por ellos una oración de perdón individualmente hasta que sintió que había acabado con cada uno. Como con ciertos guardias resultaba difícil, rezó hasta que sintió consuelo. Con otros, pudo ver cómo se encontraban inmersos en mentiras sobre los judíos. Después fue capaz de abandonar su enojo. Aunque fue un proceso largo para él, se dio cuenta que después de un tiempo todo se volvió más sencillo.

---

30   Ver Reid, 2000.
31   Ver Wikipedia-TRC, 2006.

Margaret vivió una demanda legal especialmente difícil. Después de varios años y abogados, y ninguna resolución, estaba muy perturbada y casi se desmorona. Al mismo tiempo que necesitaba seguir con su vida, no podía perdonar al sistema legal, y mucho menos a la persona contra la que tenía la demanda. Pasó por el *Proceso del poder del perdón* durante varias sesiones de asesoría, con el cual pudo perdonar a cada representante legal que recordó de ambas partes de la demanda. Después de la serie de sesiones de perdón, tuvo una nueva perspectiva que le permitió perdonar a la persona y resolver la demanda rápida y satisfactoriamente.

LA PREGUNTA ESENCIAL

Con frecuencia, separar una situación formula una pregunta esencial sobre lo que sucedió o sobre las personas involucradas. A menudo, responder a esa pregunta conlleva la observación de todas las piezas de la situación y el perdón de cada persona involucrada, hasta llegar a una resolución completa.

A Gilbert y Kaitlin les tomó un año después de su divorcio sentarse y hablar sobre lo que había sucedido. Ambos compartieron su experiencia. Gilbert encontró que realmente sólo tenía una pregunta: «¿Por qué te quedaste conmigo cuando yo era tan terrible para vivir y nuestra vida era tan mala?». La respuesta de Kaitlin le sorprendió: «Eso no importaba. Los niños estaban muy bien. El lugar era bonito. Y no eras tan malo como piensas». Para cualquier otra persona, esa pregunta tendría una respuesta completamente diferente.

Gilbert tuvo suerte. No siempre se tiene la oportunidad de tener una respuesta directa a la pregunta esencial. Hablar con alguien sobre tu malestar ayuda, en especial si es alguien que nos permite comprender mejor sin tener que estar de acuerdo contigo necesariamente.

Perdonar a Dios

«¿Cómo perdonar a Dios por permitir las terribles atrocidades que la gente se hace una a la otra todos los días? ¡Yo no puedo y no voy a perdonar a un dios que permite la brutalidad y la destrucción de pueblos y culturas en su nombre!» —exclamó Harvey. Para resolver este conflicto con la divinidad, tuvo que revisar dónde y cuándo había aprendido sus conceptos de Dios y su labor como tal.

También tuvo que mirar las atrocidades que se le atribuyen a Dios. En medio de este cuestionamiento, Harvey vio alrededor del salón moviendo la cabeza y diciendo: «Esto no se trata de Dios sino de las acciones de los hombres que temen y odian. ¡Y que incluso piensan, muchas veces, que están haciendo el bien! Dios no hace estas cosas, las hacemos nosotros. No hay nada que perdonarle a Dios».

Perdonar a Dios parece egocéntrico, y así es. Precisamente por eso necesitamos perdonar. Nuestra perspectiva siempre es egoísta cuando miramos sólo desde nuestros propios ojos.

El perdón requiere que caminemos en los zapatos del otro tanto como podamos. Esto incluye los zapatos de Dios, si queremos perdonarlo. Esto a menudo requiere revaluar al Dios de nuestra infancia. Observar nuevo antiguo concepto de Dios puede conllevar a una profundización de nuestra fe y, en ocasiones, de humildad.

Adam, un joven oficial de policía, puso su lista de quejas en Dios cuando pasó por una crisis personal. Se sintió mejor, pero esto lo llevó a una pregunta básica de Teología. Le dijo a su cura: «Dios debería cambiar las mentalidades atrapadas en los malos caminos». Mucha gente se ha formulado esa profunda pregunta sobre la naturaleza de Dios y del hombre.

Más adelante, Adam me dijo: «Estaba bloqueado cuando mi párroco me preguntó sobre la importancia del libre albedrío. Finalmente, en nuestra discusión, comprendí que sin libre albedrío sólo somos robots cautivos. Nuestro libre albedrío nos da la vida». Con este entendimiento vinieron el perdón y la comprensión inmediatas.

Ejercicio diarios: Como harías con cualquier otro gran malestar, para perdonar a Dios necesitas:

1 separar la situación o malestar,
2 en listar todas las cosas perturbadoras que sientes que Dios ha hecho, y luego
3 responder las preguntas esenciales que surjan.

Ahora, dedícate un tiempo a mirar tus malestares y observa si puedes hacerles frente hasta donde sea posible.

EL PRIMER OBSTÁCULO

Al comprender:

- qué es el perdón;
- qué necesitas soltar para perdonar;
- cómo atravesar la barrera más grande,
- cómo llegar a la comprensión esencial de los cambios pequeños, y
- cómo enfocar la visión superior de ti mismo.

Has pasado el primer obstáculo para perdonar.

No se espera que perdones tan pronto, aunque algunos lo hacen. Si tienes que hacerlo así, sigue trabajando con las siguientes personas que hay que perdonar.

La investigación inicial sobre el perdón se dio en las universidades, en las clases de entrenamiento del perdón. Los estudiantes aprendieron qué era y qué no era el perdón. Con frecuencia se obtuvieron resultados significativos de perdón sólo por medio de este paso. Aquí estás haciendo mucho más que eso.

«Debe quedar claro que con seguir cargando un corazón lleno de amargura **no conseguirás lo que quieres**. Ahí radica el poder del perdón. En realidad algo sí te sucedió, pero aun así, debes abandonarlo en beneficio de ti mismo y seguir adelante».

DOCTOR PHIL MCGRAW.
Psicólogo de televisión, tomado de su libro *Uno mismo importa*

CAPÍTULO 3

LOS BLOQUEOS PARA PERDONAR

LOS MITOS DEL PERDÓN

ADEMÁS DE LAS REACCIONES de tensión del cerebro, la gente se resiste a la idea de renunciar a sus enojos debido a malentendidos persistentes sobre el perdón, a los que llamo Los *mitos del perdón*. Lamentablemente, estos mitos continúan aun cuando sabemos que no son verdaderos. Éstos son algunos de los más comunes. No aparecen en un orden específico de relevancia, pues es importante tomarlos en cuenta todos.

Mito 1: La persona ya falleció o ya no está presente, ¡así que no es necesario perdonar!

Podrías pensar: «lo que no se ve, no se siente». Pero si todavía cargas con emociones e ideas inquietantes, entonces la herida sigue viva en ti. De cierta forma, albergar cualquier resentimiento grande o pequeño afecta tu vida y tus interacciones con las personas. Aunque el perdón puede ser un acto de compasión por alguien que ya no está en tu vida o que ha fallecido, librarte de la tortura autoinfligida de odio y de ira es primordial. Muchas veces he tenido estudiantes y pacientes que perdonan a sus padres que ya se han ido hace mucho tiempo, y después experimentan cambios importantes en sus vidas. Luego de que en uno de mis grupos de perdón una mujer en sus cuarentas perdonara a su padre por abusar de ella en la infancia, desapareció el dolor que había sentido en sus piernas durante años.

Mito 2: ¡No tengo que perdonar porque ya no quiero verlos nunca!

Perdonar no significa reconciliarse. La reconciliación, que es el reencuentro de dos partes irritadas, no es necesariamente el resultado del perdón. Una persona puede perdonar y aun así decidir protegerse a sí misma de una conducta abusiva no volviendo a ver más a la otra persona.

Para que suceda una reconciliación verdadera, debe perdonarse la ofensa. Una amplia investigación con parejas que han experimentado infidelidad atestigua el poder curativo y positivo del perdón.[32]

En cuanto a la reconciliación, Rick Warren, el destacado pastor y escritor que dio la oración en la ceremonia inaugural de Barack Obama en 2009, nos dice que la Biblia enseña que hay tres cosas esenciales para reanudar una relación que se ha roto: el arrepentimiento, la restitución y el restablecimiento de la confianza. «De hecho», subraya, «la confianza es algo que se reconstruye en un lapso de tiempo. Ésta debe recuperarse».[33]

Mito 3: Si perdono, aprobaré o justificaré la ofensa

Perdonar no es aprobar un mal comportamiento ni justificar una ofensa. Como señala el doctor Fred Luskin en su excelente libro *Forgive for Love: The Missing Ingredient for a Healthy and Lasting Relationship*, si aprobamos, pensamos que lo que se hizo está bien, por lo que ya no es necesario perdonar. Es necesario

---

32 Ver Gordon et al., 2000.
33 Ver Warren, 2006.

perdonar cuando de alguna manera sentimos dolor y aflicción por cómo nos maltrataron.[34] La familia de un drogadicto puede perdonarlo por su comportamiento, pero eso no aprueba que use drogas indebidamente y con seguridad hará todo lo posible para detenerlo.

Aunque se puede perdonar a un niño por romper algo, eso no significa que los padres aprueben lo que hizo. De hecho, el niño podría aceptar una consecuencia apropiada para su edad. Sin embargo, para que el niño aprenda, el resultado se enseña con amor y comprensión. Mostrar enojo sólo infunde miedo y fomenta el resentimiento. Hay estudios que demuestran que marcar las consecuencias sin enojo es más eficiente.

Cuando trabajé como psicoterapeuta en una escuela, muchas veces observé que los padres se sentían culpables ante la posibilidad de herir los sentimientos de sus hijos y de la posibilidad de perder así su amor y aprobación, por lo que no aplicaban la consecuencia firmemente y, por lo tanto, el niño no aprendía la lección. Idealmente, cuando se rompe una regla, hay una consecuencia preestablecida que se comprende. Nuestro sistema jurídico se basa en este proceso.

Mito 4: Lo he intentado, pero no puedo

Puede haber muchas razones por las que no puedas perdonar, pero eso no significa que no se pueda hacer. No sólo estás adquiriendo ahora las herramientas para intentarlo otra vez, sino también para lograrlo. A veces una persona perdona y luego se arrepiente. Esto ocurre por las reacciones del cerebro. Con la ayuda de este libro ya no te arrepentirás de haber perdonado y tendrás mucho mayor control sobre las reacciones de tu cerebro.

---

34   Ver Luskin, 2007.

Mito 5: ¡Estoy muy enojado! (¡O demasiado lastimado!)

Para perdonar es esencial estar consciente de tus sentimientos. Puedes ver los efectos de las emociones excesivas en la violencia que causa el enojo. Toda tu fisiología entra en tensión cada vez que sientes furia y hostilidad, lo que activa las reacciones del cerebro.

Permitir que la ira y el resentimiento por no perdonar persistan es una solución temporal que no funciona. No es lo mismo ser asertivo y estar enojado. Puedes aprender a establecer límites sin enojarte.

La capacidad para establecer límites sin enojarse proviene de una perspectiva de fortaleza y de paz opuesta a la de la ira y el resentimiento. Perdonar lleva su propio tiempo. Para hacer un trabajo útil necesitas tranquilizarte. Hay formas útiles para serenarse como la meditación, el tai chi, la oración, la contemplación, un masaje, el yoga, hacer ejercicio o hablar con amigos.

Sentimientos bajo la superficie

Tomar conciencia de otras emociones dejando de lado la emodicón dominante te ayudará a lidiar con cualquier tipo de inquietud. Una persona se enfada muy frecuentemente por algo que ocurre. La emoción predominante cuando colaboré en grupos de hombres abusadores ha sido la ira. Sin embargo, siempre observamos que el enojo de estos hombres era la emoción superficial más fácil.

Mike se dio cuenta de esto cuando trabajamos el enojo hacia su novia. Sabía que la controlaba con su enojo. El comportamiento central en la mayoría de los mamíferos para establecer el dominio es mostrar ira, y entre nosotros no es diferente.

Un día, Mike estaba extremadamente enojado con su novia Susan por algo pequeño que hizo. Como dijo más tarde, «No fue realmente nada». Sin embargo, él se levantó y rompió algo en lo que estaba trabajando. Por supuesto, en su mente la culpa era de ella. Siguió y siguió insistiendo en eso en nuestro grupo de control de ira.

Uno de los hombres del grupo, Nick, recordó que un amigo de Mike había muerto dos semanas antes. Nick sabía muy bien que la ira era la primera respuesta a las situaciones emocionales de muchos hombres. Por otra parte, sabía que debajo de la cólera siempre hay emociones más profundas. Por lo tanto, le preguntó a Mike si su enojo no era realmente por la muerte de su amigo y no por el error de su novia. Los ojos de Mike se nublaron cuando notó esa posibilidad. El dolor realmente estaba ahí. El enojo hacia Susan desapareció por completo. Más tarde contó, incluso, que era más fácil hacerle frente a la ira que al sentimiento de pérdida y tristeza por la muerte de su amigo.

Esto lo hemos visto frecuentemente en los grupos de control de ira. Como resultado, llamé, a la ira en estos hombres, *emoción falsa*. El enojo era demasiado fácil para ellos. Cubría emociones más profundas, más incómodas.

En el trabajo del perdón, a menudo hay una emoción debajo de la ira. Al contactar con esa emoción, quizá miedo o dolor, se producen cambios. Asimismo, el enojo no es una emoción aceptable, lo cual ocurre más en el caso de las mujeres; pero ser consciente de la ira bajo la superficie puede ser lo que genere el movimiento hacia su resolución.

Mito 6: ¡No se lo merecen!

Podrías creer que una persona no merece el perdón. Puedes estar en lo cierto, tal vez no lo merece. Sin embargo, eres una persona que perdona para ti mismo, para tu beneficio y para tus relaciones. He visto a gente compasiva perdonar a una persona que no lo merece por pensar que esa persona necesitaba amor en alguna parte de su vida. De hecho, el doctor Everett Worthington, notable investigador y autor sobre el perdón, incluye como uno de sus pasos para perdonar dar «el regalo del perdón».

Observemos el efecto de este regalo en una historia real que me contó Aeeshah Ababio-Clottey, una de los autores de *Beyond Fear. Twelve Spiritual Keys to Racial Healin*. La historia ocurrió en Ghana, en la ciudad natal de Kokoman, esposo de Aeeshah y coautor de ese libro.

Había un chico problemático que molestaba a otros niños en la escuela. Obviamente, a todo el mundo le disgustaba. El director decidió castigarlo enfrente de todos ante la asamblea de la escuela para que los otros niños sintieran que se había hecho justicia. La hermana de Kokoman era maestra en la escuela y había enseñado acerca del perdón a todos sus estudiantes. Cuando el chico difícil y el director estaban al frente, los estudiantes de la clase de la hermana de Kokoman empezaron a corear: «¡Perdónelo!». De pronto toda la escuela estaba coreando la palabra «¡Perdónelo!». El director se detuvo y dejó que al niño abandonara el lugar.[35]

La historia no termina ahí. El acto amoroso de los niños hacia el niño problemático lo transformó. Se convirtió en una persona más amable y en un buen estudiante. Ese acto de compasión cambió la situación en la escuela. En años posteriores, los Clottey escucharon esta historia de primera mano del hombre en el que se convirtió ese chico. Trabajaba para el Centro de Sanación Actitudinal en Ghana.

Los Centros de Sanación Actitudinal que se encuentran alrededor del mundo promueven el perdón como uno de sus principios de curación. Estos principios han ayudado a personas durante más de treinta años. En el Apéndice E se pueden consultar estas guías de gran alcance. Los fundó el reconocido psiquiatra, el doctor Jerry Jampolsky. Él y su esposa, la doctora Diane Cirincione, han escrito muchos libros excelentes de sanación que hacen hincapié en la importancia de perdonar.[36]

---

35 Ver Clottey 1999.
36 El libro de Jerry sobre sanación actitudinal es *Enseña sólo amor*.

> «Tu actitud lo es todo y determina cómo experimentas cada aspecto de tu vida. No siempre puedes controlar lo que te sucede en el mundo, pero muchas veces al día puedes determinar cómo reaccionar ante él por tu actitud».

DOCTOR JERRY JAMPOLSKY Y
Doctora Diane Cirincione

Mito 7: Sólo quiero olvidarlo

> «En el acto de perdonar no se les pide a las personas que olviden. Por el contrario, es importante recordar, por lo que no debemos dejar que vuelva a ocurrir tales atrocidades. El perdón no significa la aceptación de lo que se ha hecho. Significa tomar seriamente lo que ocurrió y no minimizarlo; extraer el aguijón de la memoria que amenaza toda nuestra existencia».

REVERENDO DESMOND TUTU[37]
del libro No Future Without Forgiveness

Olvidarse de una ofensa podría no ser perdón sino negación. Los resultados nocivos de esta negación incurren insidiosamente bajo la superficie de tu mente. Recuerda: sabes que has perdonado a alguien cuando pasa con tranquilidad por tu mente.

El connotado cura Rick Warren nos recuerda que la intención del perdón no es olvidar. Destaca que «la única manera en la que realmente se puede olvidar algo es redirigiendo la atención hacia otra cosa».[38]

---

37 Ver Tutu, 1999, p. 271.
38 Ver Warren, 2006.

Perdonar permite que la ofensa se desvanezca de la mente porque ya no se efectúa debido al enojo y se puede reenfocar en los aspectos positivos de la vida.

Mito 8: Antes de perdonar, ¡necesito una disculpa!

Puedes esperar siempre y no conseguir la aceptación de culpabilidad que buscas. La persona que causó la ofensa puede tener una perspectiva diferente de lo que ocurrió y sentir que no es necesario ofrecer una disculpa. De hecho, hasta podría estar esperando una disculpa de tu parte. Si eres capaz de dejar que el malestar se vaya, perdonando, recuperarás tu propia felicidad y tranquilidad y no dependerás de las acciones de la otra persona. Y dejarás de ser su víctima. Incluso si te ofrecen una disculpa, ésta no sería sincera si llega por insistencia tuya. Perdona sin esperar disculpas y ahórrate tiempo, energía y dolor.

Mito 9: ¡Hay tanto por perdonar!

A veces, es demasiado difícil perdonar a una persona porque hizo demasiado daño. Aquí se aplica el principio mencionado en el capítulo dos. Analiza la situación. Haz una lista de todas las ofensas que esa persona cometió.

Anna Marie dijo que salió «maltratada y rota» de su matrimonio. «Es imposible para mí perdonar los años de abuso que sufrí por parte de mi esposo». Su rabia le duró seis años. Cualquier mirada o comentario equivocado por parte de cualquier hombre hacía que ella lo atacara verbalmente por su falta de respeto. Por supuesto, la gente la evitaba.

Los pocos amigos que aún conservaba le dijeron que tenía que perdonar y seguir adelante con su vida, razón por la cual vino a mi clase. «¿Cómo perdono tantos años de dolor?», preguntó. Primero, su tarea fue anotar cada herida realizada por su marido que podía recordar, y entonces empezar a perdonar las heridas pequeñas. Estaba decidida a hacerlo porque no le gustaba la persona en la que se había convertido. Alcanzó la tranquilidad en mucho menos tiempo de lo que había pensado.

Preguntas: Si tienes dificultad para perdonar, observa si la circunstancia es demasiado grande. Dedica un tiempo a separar la situación en niveles más pequeños y luego perdona a cada persona involucrada.

¿Para ti hay alguien o algún conjunto de personas que representan una organización? a esto lo llamo «encontrar los *quiénes*».

Aquí hay más preguntas que te ayudarán a encontrar más información sobre la situación general.

1 ¿Quiénes son las personas en las que piensas cuando miras esta situación inquietante?
2 ¿Qué es lo qué hacían que te molestaba?
3 ¿A qué se parecen sus rostros? ¿Qué hacían específicamente?
4 ¿Cada persona se parecía a «ellos» haciendo lo mismo?
5 En tu experiencia, ¿todos «ellos» han actuado de la misma manera?

Mito 10: ¡No puedo perdonarlos porque lo siguen haciendo!

Si una persona sigue lastimando intencionalmente tus sentimientos o, incluso, sin la intención, por falta de costumbre o porque no sabe hacer algo mejor, aun así puede ser beneficioso perdonarla, aunque, sin duda, sea más difícil. Perdonar limpia el efecto de las heridas aun si el hecho ocurrió hace quince minutos, o si se repite en los siguientes quince.

El abuso físico es una situación completamente diferente. Debes protegerte. También debe detenerse el abuso emocional. Pero si no hay ninguna opción, y a veces no la hay, el perdón puede ayudar. Por ejemplo, el doctor y autor inspiracional Bernie Siegel, nos dice en su libro *Prescription for living*: «el perdón está en el centro de una vida sana y feliz. Perdonar protege las relaciones. También protege a la persona que perdona».

El doctor Siegel relata la historia de Ruby Bridges, la primera niña afroamericana en integrarse en una escuela primaria del sur, que el psiquiatra y autor Robert Coles cuenta en su libro *Children of Crisis: A Study of Courage*.

En 1960, los mariscales federales tuvieron que escoltar diariamente a Ruby a través de una multitud de adultos que escupía sobre ella y la llamaba con nombres terribles. El doctor Coles estaba perplejo por el sorprendente hecho de que esta niña de cinco años no parecía estar emocionalmente dañada por el calvario. Descubrió que Ruby rezaba a diario y le pedía a Dios que perdonara a sus perseguidores.[39]

Abandonar una inquietud, aunque esté ocurriendo en el presente, también implica perdonarse a uno mismo. Si te niegas a ser respetuoso contigo mismo, te quedas encerrado en un ciclo de «lo que va, viene de vuelta». De esta manera seguirás aceptando lo que has recibido. Para cambiar la situación, tienes que actuar y detener el ciclo destructivo alejándote del abuso tú mismo. Este trabajo interior puede requerir de ayuda profesional.

En un grupo de perdón con adolescentes, platiqué con Cristy, y de buena amiga del pasado que divulgó rumores lascivos sobre ella. Su vida se había deteriorando porque se deprimió debido a lo injusto de la situación. No podía soltar su herida. Cuando realizamos el proceso de perdón, su actitud hacia la otra chica cambió. Incluso su lenguaje corporal cambió. Esto provocó que enviara un mensaje no verbal diferente en la escuela. Empezó a sentirse ya no como una víctima. No sólo se sintió mejor; también la ex amiga percibió que su actitud era más llevadera y que sus ataques retrocedían. Por

---

39 Siegel, 1999.

último, Cristy perdonó a su antigua amiga y, en consecuencia, mejoró su relación con su novio y con otras personas.

Mito 11: ¡Si perdono me agredirán otra vez!

El miedo mantiene en funcionamiento el sistema reactivo del estrés. Es cierto que «el amor es abandonar el miedo»[40] porque ambos no pueden coexistir. Cuando nuestro sistema de supervivencia se activa por el miedo, lo que consideramos funcionamientos «superiores» se van y sólo nos concentramos en salvar nuestra vida. Esta autoprotección es importante, pero puede ser un bloqueo fuerte para perdonar, sobre todo si tememos que nos vuelvan a agredir, lo cual es una gran barrera para perdonar, como mencioné en el capítulo uno.

Perdonar no significa poner la otra mejilla para permitir que la ofensa ocurra de nuevo. El significado original de las palabras de Jesús «ofrecer la otra mejilla» consistía en demostrar la fuerza de su fe. El significado más amplio de estas palabras incluye el perdón, pero no se limita a ello.

La controversia alrededor de esta declaración ha dañado su uso injustamente. Puedes perdonar a alguien por completo y estereotiparlo. Asimismo, puedes perdonar a un socio de negocios por hacer algo perjudicial y advertirle que si esto sucede otra vez, puede terminarse la relación comercial.

Si perdonas, el miedo a ser lastimado otra vez es real, pero cuando el temor es lo que impulsa tu vida, sólo actúas de acuerdo con tu supervivencia básica. Como mencioné en el capítulo dos, el miedo debe controlarse. Esto puede requerir de ayuda externa. Ayuda como la meditación, la oración y la fe. También alivia pasear por la naturaleza o escuchar tu música favorita. Hay muchos métodos en este libro que te pueden

---

40 Esta línea proviene del título de un pequeño libro inspiracional popular en las décadas setenta y ochenta, escrito por el doctor Jerry Jampolsky.

ayudar. Cuando calmes el miedo por un momento, practica el perdón. Haz todo lo que puedas para ayudarle a tu mente temerosa y conservadora. Recuerda, puedes perdonar y establecer límites para que no te vuelvan a lastimar.

La principal queja y temor sobre perdonar a un compañero abusivo en casa proviene de la preocupación real de que la persona maltratada traerá al abusador de nuevo a su vida y la violencia volverá a repetirse.

Cuando una persona realiza una labor de perdón, generalmente el amor regresa a la relación. Cuando esto sucede, el compañero vuelve con la persona abusiva sintiéndose aliviado. **ADVERTENCIA**: Frecuentemente se abusa otra vez de la persona que regresa porque el abusador no ha completado el trabajo interno y externo de su propio enojo. Si no trabaja con esa rabia, es probable que el abuso ocurra de nuevo.

Sean hombres o mujeres, los abusadores no reconocen que sus víctimas no son la causa de su furia y que no merecen ser lastimados.

Los abusadores necesitan aprender métodos que les ayuden a mantener la calma en situaciones de estrés debido a que son irritables y explotan rápidamente. Estar con una persona abusiva en circunstancias tensas no es del todo seguro, hasta que adquiere estas habilidades. Si quieres estar con una persona que abusa físicamente, asegúrate de que ésta esté en un programa extenso de control de ira, y no sólo en un cursillo de tres meses, una noche por semana.

En realidad, una persona de la que se abusa en una relación puede acabar fácilmente con el vínculo si realiza un trabajo profundo de perdón. En el libro *Anatomy of Peace* editado por el Instituto Arbinger, una mujer narra la historia de un marido distante y abusivo, que la visitaba frecuentemente para ver a su hija, pero que en realidad estaba tratando de volver con ella. En una ocasión ella estaba convencida de que él estaba a punto de suicidarse, y se alegró con la perspectiva de que él saliera de su vida. A la mañana siguiente, el hombre regresó muy consternado. Había intentado suicidarse, pero un apagón inesperado lo distrajo.

Quiso convencerla de que era una señal de que debían permanecer juntos. Ella se puso furiosa y decidió ser tan mala como se necesitara para llevarlo otra vez hasta un estado suicida.

Esta mujer, que realizó una labor de perdón, estaba impactada por su propio deseo de incitar a otro ser humano al suicidio, sin importarle lo cruel que él había sido con ella. Brotó la compasión y lo abrazó para consolarlo. También fue capaz de ver que era prisionera de la idea de que sentir amor por él significaba que tenía que quedarse en la relación. Cuando se dio cuenta de que perdonar e, incluso, amar, no requería eso, pudo liberarse de su enojo y resentimiento, y con ello, de su apego a la relación.[41]

En general, he encontrado que perdonar es la herramienta más eficiente para bajar el umbral de la irritación. Con frecuencia, detectar un daño acelera la indignación. Para una persona abusiva, esa herida es mucho más profunda que el malestar actual. Lidiar con el dolor del pasado disminuye el nivel de ira en las personas que se enojan con rapidez. Curar las heridas requiere de una labor de fondo. Si una persona abusiva no está dispuesta a trabajar en su rabia, probablemente abusará de nuevo.

Perdonar no significa dejar que la persona entre en tu vida para abusar de nuevo. Una persona puede perdonar a un abusador y aun así poner una orden de restricción ante la policía para protegerla a ella y a los niños involucrados. Un abusador tiene que aprender a autocontrolarse sin importar lo emocionalmente molesto que esté. De hecho, limitar el comportamiento perjudicial ayuda al abusador porque éste se encuentra atrapado en las reacciones de tensión del cerebro. El abusador crónico necesita aprender a tener una práctica y una disciplina interna continua para permanecer por encima del cerebro reptiliano.

Cuando una relación ha llegado al punto del abuso físico o emocional, está en serios problemas. **Se necesita ayuda ex-**

---

41   Ver Arbinger, 2006.

terna. Es urgente ajustar los límites para controlar el abuso. Trabajar en una relación de violencia doméstica requiere al menos de un psicoterapeuta entrenado específicamente en esta área. **No es un trabajo que se realice solo**. Los grupos de abuso, violencia doméstica y control de la ira funcionan, no sólo porque enseñan buenos métodos, sino también porque el abusador debe aprender a encontrar otras formas para tener satisfacción en su vida a sólo buscarla a trvés de su cónyuge o pareja. Y, por supuesto, para que la persona maltratada pueda estar segura.

Mito 12: Dios se hará cargo de ellos, no yo

Es falso que no tengas que hacer nada, pues todavía sentirás como te afecta el malestar mientras esperas un castigo divino para la persona. Esto no evitará la molestia.

Aunque podemos especular sobre cómo Dios puede juzgar a alguien, en realidad, no podemos conocer la perspectiva de Dios sobre una situación porque somos incapaces de tener la visión de 360 grados de Dios sobre esa persona o situación. No podemos ver el pasado, o a menudo, la situación actual de la persona que decidió hacer lo que hizo. No podemos saber toda la dinámica que envuelve su vida. A veces no vemos las fuerzas que intervienen en nuestras vidas y que nos llevaron a tomar una decisión particular. Así, todo lo que realmente podemos hacer es nuestro propio trabajo y que Dios haga la obra de Dios. En nuestra propia vida, el perdón *depende* de nosotros.

Por supuesto, puedes pedir ayuda divina. Puedes hacer oraciones para perdonar o meditar sobre la persona que solicita una revelación. Puedes hacer mucho con la ayuda interna que siempre está disponible para ti. A lo largo del libro se presentan muchas maneras para obtener esta ayuda y utilizarla.

- **Observa** tu concepto actual de Dios para ver si tu perspectiva todavía está influida por puntos de vista de la infancia que ya no son exactos.

Resumen de los mitos del perdón

Hay supuestos sobre el perdón que no son correctos y causan problemas cuando las personas intentan perdonar a otra persona. Cuando miramos lo que es y lo que no es el perdón, revelamos estos mitos. El perdón:

- No es tolerar un mal comportamiento, justificar una ofensa ni poner la otra mejilla.
- No es reconciliarse con la persona insultante.
- No es decir «Si no lo veo, no lo siento».
- No depende de una disculpa.
- No depende de que la otra persona esté viva o en contacto contigo.
- No depende de si el otro se lo merece.
- No es darse por vencido, ni buscar la salida fácil a una situación.
- No es olvidar ni falta de responsabilidad.
- No depende de una creencia en Dios.

Mitos para detectar el perdón: Para ayudarte a perdonar, realiza este ejercicio.

- Trae a la mente una situación tu vida en la que no has logrado perdonar a otra persona.
- Mira y comprueba si en tu camino de ser capaz de perdonar hay uno de los mitos del perdón. Anótalo.

1 ¿Disipar ese mito te permitiría ver la situación desde una perspectiva diferente?
2 ¿Podrías perdonar a la otra persona ahora?

¿Dios es un bloqueo para perdonar?

El concepto de Dios o de un poder superior es una fuerte influencia sobre la gente para perdonar. Algunas personas están capacitadas básicamente para ver a Dios como juez y condenador. Con esta perspectiva, pueden justificar su condena y los daños a los demás. También se condenan a ellos mismos, lo que después justifica su propio sufrimiento, depresión y falta de paz, amor y perdón.

Menciono esto porque las personas con este concepto negativo pueden tener dificultad para perdonar hasta que cambian su idea de Dios y de sí mismos. Si tienes sentimientos de indignidad, perdonarte a ti mismo será un área vital para trabajar. Será crucial para ti obtener compasión y comprensión.

Perdonarse a uno mismo

Hay un problema con el principio «Ama al prójimo como a ti mismo». Si no sientes amor alguno por ti mismo, entonces por lo general no tendrás amor para darle a nadie. Para ser honesto, este principio en su sentido completo sería recuperar primero la autoestima, el amor y la dignidad. Esto lo puedes lograr al perdonarte a ti mismo.

Como dice Paulo Coelho:

> «Pon atención a cada momento porque la oportunidad —el "momento mágico"— está a nuestro alcance, aunque lo dejamos pasar porque nos sentimos culpables».[42]

Utilizo la frase «al perdonarte a ti mismo» porque no siempre puedes realizar tu propio proceso de perdonar. Tienes que ver cómo se siente.

---

42 Coelho, 1996.

A veces necesitas hacer las paces por lo que hiciste, como en los programas de doce pasos. O bien, puede ser que necesites voltear hacia un poder superior y pedirle ayuda para liberar tu corazón atormentado.

Para obtener el perdón de su padre muerto por la forma en que lo trató durante años, Simon le hizo diariamente un ritual del judaísmo. Al cabo de dos meses, sintió un cambio significativo. Continuó este ritual porque le siguió ayudando a profundizar su conexión con la vida, el amor y con Dios.

Ruth sintió que su furia en los últimos meses de su madre era imperdonable. A pesar de que conocía el proceso del perdón, no podía encontrar consuelo. Mis sugerencias no fueron útiles. Su elección fue rezar regularmente en una catedral preciosa. A pesar de que no era católica, su madre sí lo era. En un servicio al que asistió, dijo: «Sentí un cambio adentro y el amor y el perdón de mi madre».

A veces necesitamos **obtener** el perdón de aquellos que hemos lastimado para sentirnos bien con nosotros mismos. Esto a menudo conlleva al menos una disculpa. En su libro *The Power of Apology: Healing Steps to Transform All Your Relationships*, Beverly Engel nos regala un método sutil de tres pasos para ofrecer una disculpa significativa:[43]

1 Manifiesta tu pesar por haber causado la situación.
2 Acepta la responsabilidad de lo que hiciste.
3 Ofrece una manera de reparar el daño, quizás una promesa o una acción.

El libro de Beverly ofrece muchas ideas útiles sobre cómo llevar a cabo estos pasos.

Para algunos, perdonarse a uno mismo podría significar mirar profundamente a la propia familia de origen para obtener cierta objetividad. Para otros, recuperar la autoestima puede ser un regalo o un trabajo por una causa que consideran impor-

---

43 Engel, 2001.

tante. No sabrás qué funciona hasta que estés en el proceso. A veces, la acción más poderosa que puedes hacer para perdonarte a ti mismo es pedir sinceramente ayuda espiritual.

En el Apéndice C hay una oración utilizada por el doctor Masaharu Taniguchi, fundador de un movimiento espiritual en Japón llamado Seicho-NO-IeNO-IE. Aunque la oración proclama la reconciliación, se trata realmente de obtener el perdón hacia uno mismo. Pruébalo.

¿Es cierto que sólo Dios perdona?

Algunos grupos religiosos enseñan que las personas son incapaces de perdonar porque los seres humanos son intrínsecamente malos y, por lo tanto, sólo Dios perdona. Sin embargo, veinte años de investigación demuestran que la gente de todos los estilos de vida, religiosos o no, perdonan regularmente tanto para su beneficio como para el de otros. Las personas sin ninguna orientación religiosa pueden disfrutar tanto como una persona religiosa de los mismos beneficios positivos de soltar los antiguos odios y resentimientos.

He trabajado con ateos y gente de muchas diferentes religiones, y todos han experimentado cambios radicales en sus vidas a través del perdón. Perdonar es un movimiento de la mente y el corazón hacia la compasión, la bondad y amor. Es una acción de paz, lo que resulta en gozo para quien perdona, independientemente de sus creencias religiosas.

«Sólo Dios perdona» puede ser una excusa utilizada por el clero incapaz de ayudar a la gente a perdonar. Mientras que históricamente, Jesús trajo un gran enfoque sobre el tema, ya no es cierto que la Iglesia (y Dios, por extensión) tiene el control exclusivo del perdón. Eso es una falsedad que sigue permitiendo que se condene al perdón incluso hoy en día. El perdón se da de cualquier persona a otra, y cualquiera puede ayudar a otro a perdonar. Contamos con los métodos y el esquema de cómo utilizarlos. Sólo tenemos que hacerlo.

Jean, una de mis estudiantes, psicoterapeuta y atea, se ofendió mucho cuando dije que a las personas con una formación religiosa les es más fácil perdonar. Citó casos de personas cercanas a ella supuestamente religiosas que eran bastante implacables. Conocía a muchas personas y pacientes sin perspectivas religiosas que eran gente amable e indulgente. Incluso, ella había perdonado un terrible abuso de su pasado. Las personas que se crían con gran amor y bondad llevan esto a su edad adulta.

Sin embargo, si sientes que no te criaron con suficiente amor, éste podría ser el momento para dejar ir ese malestar. No importa lo que te haya sucedido, tú tienes la capacidad de encontrar a Dios adentro y alrededor de ti para recuperar cualquier amor que hayas podido perder en el pasado. Perdonar es una buena manera de hacerlo.

Conciencia de los sentimientos

En el Mito 5 hablamos sobre los sentimientos debajo de la superficie, y sobre la falta de conciencia de otras emociones referentes a una situación que puede hacer que evitemos perdonar. Cuando cargamos heridas y traumas añejos, éstos nos afectan debajo de la superficie de la conciencia en nuestra mente subconsciente. ¿Has estado manejando tu auto y de repente notas que tu cuello te duele y está tenso? Un minuto antes no parecía molestar. Sin embargo, cuando lo piensas bien, te había estado doliendo durante un tiempo, pero no lo habías hecho consciente. Sientes el dolor una vez que te das cuenta de que has acumulando tensión. Sólo entonces puedes actuar para aliviar el dolor.

Nuestro subconsciente nos protege del dolor emocional de viejas heridas al ponerlas fuera de nuestra conciencia. Aunque los antiguos sucesos pueden estar fuera de nuestra conciencia, todavía pueden perjudicarnos. Pueden aparecer como síntomas físicos, irritabilidad o enojo general, que puede explotar y causar daños graves en nuestra vida. Estas viejas lesiones y las actitudes negativas derivadas de ellas seguirán afectándonos destructivamente en las formas como interactuamos con el mundo.

Tener conciencia de nuestras emociones es una llave para soltar la inquietud. Recuerda, si no eres consciente de ellas, no puedes enfrentarlas. El solo hecho de hallar la emoción debajo de la superficie de una circunstancia sin perdonar como la tristeza, el dolor o la pena, puede modificar la reacción drásticamente.

«Aquí estoy, a mis 42 años, ¡y nunca supe que teníamos tantas emociones!», se quejó Jake en un grupo de control del enojo después de recibir una lista de emociones. «¿Por qué no me han mostrado esto antes? ¿Por qué no enseñan esto en la escuela?», preguntó. Yo estaba sorprendido por su declaración y a través de los años hemos suministrado listas de emociones para ayudar a la gente a ver exactamente lo que están sintiendo. Véase el Apéndice D.

Puntos valiosos para recordar sobre los sentimientos

- Perdonar no es sólo un procedimiento intelectual. Surgirán sentimientos fuertes.
- Los sentimientos son la puerta de entrada para perdonar.
- Por lo regular, los sentimientos contienen varias capas, especialmente de rabia. Con frecuencia los sentimientos de miedo y de dolor conllevan enojo.
- Evitar los sentimientos difíciles es normal pero no es útil en esta labor. No se puede dejar ir algo que está oculto.
- Se necesita honestidad y valentía para estar dispuestos a sentir lo que está debajo de la superficie y no resistirse.

Ayuda en la toma de conciencia de tus emociones: En el Apéndice D, podrás encontrar el tema *Cómo estamos propensos a sentirnos cuando nuestras necesidades no están satisfechas*. También he incluido los *Sentimientos propensos a estar presentes cuando nuestras necesidades están satisfechas*. Se trata de la excelente labor de comunicación del doctor Marshall Rosenberg, autor de *La comunicación no violenta: Un lenguaje de vida*. El doctor Marshall encontró que las personas se comunican mejor y son mejor escuchadas por otros cuando expresan la emoción que les está afectando en el momento.[44] Recomiendo ampliamente su libro y su labor.

Aquí hay algunas cosas que hacer te ayudarán a entender lo que puede estar sintiendo que no sea la típico ira, herida o resentimiento. A menudo por conocer la emoción más profunda o más precisa, las personas son capaces de comprender mejor la situación.

1 Piensa en la inquietud en la que estás trabajando.
2 Recorre la lista del Apéndice E: *Cómo estamos propensos a sentirnos cuando nuestras necesidades no están satisfechas.*
3   Observa cómo cambia la experiencia cuando te tropiezas con los sentimientos involucrados en esta situación.
4 Escribe sobre ello en tu diario y observa si nada ha cambiado para ti con respecto a la situación.
5 Recorre otra vez la lista del Apéndice E: *Sentimientos propensos a estar presentes cuando nuestras necesidades están satisfechas*. Observa cómo te sientes mejor pensando en estas emociones. Realiza lo anterior en cualquier momento para sentirte mejor.

EL SEGUNDO OBSTÁCULO

Al identificar las principales barreras para perdonar y estar consciente de las emociones en la superficie, has pasado el segundo obstáculo para el perdón. Sabes cuál es la mejor forma de manejar una situación difícil y has aclarado los malenten-

---

44 Ver Rosenberg, 1999.

didos al respecto. Esto podría no haber traído la justicia o la satisfacción que buscas, pero para muchos esta información es suficiente para perdonar. Espero que hayas logrado algún alivio a través de la comprensión y la toma de conciencia.

«Cargar con un rencor es como ser picado a muerte por una abeja».

WILLIAM H. WALTON

CAPÍTULO 4

LOS BENEFICIOS COMPROBADOS DE PERDONAR

LA MENTE SE TRANSFORMA AL PERDONAR

Cuando liberas la amargura del pasado se vuelven más disponibles la energía física, mental y espiritual. La cantidad de energía vital que regresa depende de la cantidad de energía que gastaste aferrándote a resentimientos pasados, y de cuánto te llevó el proceso de dejar ir.

Cuando sientas más energía por medio del perdón, te darás cuenta de que en realidad se necesita más energía para el cerebro inferior que para tu corazón y el neocórtex, tu cerebro más nuevo. Cuando se libera la energía atrapada en los cerebros inferiores, el mundo, de hecho, tiene un aspecto distinto. Abordaremos esto más adelante, pero por ahora observa todos los extraordinarios resultados de perdonar.

RESULTADOS DE LA INVESTIGACIÓN

Algunas investigaciones realizadas en universidades prestigiosas demuestran que perdonar reporta resultados como un incremento del funcionamiento cardiovascular y una baja en la presión arterial y el ritmo cardiaco. Los resultados también incluyen un aumento en el bienestar psicológico y emocional, menor ansiedad y estrés, reducción de la depresión y la desesperanza,[45] menos ira, más confianza y mayor autoestima.

Cuando permanecen por mucho tiempo, los rencores y resentimientos dañan el corazón y los vasos sanguíneos. Todos los grupos de mayor edad reportaron estos efectos. Los beneficios se mantuvieron mucho tiempo después de terminar el entrenamiento del perdón. En el bienestar a corto y a largo plazo, quienes perdonaron más tuvieron menos enfermedades crónicas y síntomas físicos de la enfermedad y más vitalidad y resistencia emocional. Parece que no hay ningún resultado negativo en aprender a perdonar.[46]

En su exitoso libro *Forgive for Good, A Proven Prescription for Health and Happiness*, el doctor Fred Luskin del Proyecto del Perdón en Stanford, nos dice que los investigadores han encontrado que la sola idea de perdonar a alguien les permitió a algunas personas sentirse mejor psicológica y emocionalmente. Por el contrario, si los participantes del estudio se imaginaron a sí mismos sin perdonar, tuvieron reacciones negativas como la presión arterial alta. La sola idea de perdonar es útil.

Luskin también menciona que la investigación sobre el perdón ha revelado estos resultados generales:[47]

- Las personas que tienden más a perdonar presentan menos síntomas de estrés y problemas de salud.
- No poder perdonar puede ser más significativo que la hostilidad como factor de riesgo para las enfermedades del corazón.
- Incluso las personas con pérdidas devastadoras pueden aprender a perdonar y sentirse mejor psicológica y emocionalmente.

---

45 Ver Toussaint, et al., 2008.
46 Ver Luskin, 2000.
47 *Ibid.*

- Por otro lado, las personas que culpan a otros por sus problemas tienen una mayor incidencia de padecimientos como el cáncer y enfermedades cardiovasculares.

Se ha demostrado con estudios científicos que la capacitación en perdonar:[48]

1. sana las relaciones;
2. aumenta la esperanza, el crecimiento personal y la confianza en uno mismo;
3. disminuye la depresión, la ira y la ansiedad;
4. mejora el bienestar espiritual, la compasión y la calidad de vida.

RESULTADOS DE LA TERAPIA DEL PERDÓN

Los doctores Robert Enright y Richard Fitzgibbons tienen un libro de texto sobre los beneficios de la terapia del perdón llamado *Helping Clients Forgive: An Empirical Guide for Resolving Anger and Restoring Hope*. Sus estudios muestran que la terapia del perdón puede ser benéfica para el tratamiento de:[49]

- Trastornos de ansiedad, incluyendo el trastorno generalizado de ansiedad, el trastorno de ansiedad por separación, trastorno de pánico, fobia social. Trastorno por estrés postraumático (TEPT)
- Depresión, incluyendo el trastorno bipolar.
- Niños con trastornos de conducta, comoel trastorno de oposición desafiante, el trastorno de hiperactividad con déficit de atención (THDA) e impulsividad.
- Abuso de sustancias y trastornos de la alimentación.

---

48 Ibid.
49 Ver Enright, et al., 2000.

- Trastornos del control de impulsos como juegos de azar, piromanía y cleptomanía.
- Trastornos de la personalidad como paranoia, personalidad limítrofe, histriónica y narcisista.
- Cualquier condición en que se involucra un enojo intenso.

Aumento de energía y espíritus elevados

Las situaciones sin perdonar pueden causar depresión y mantener baja tu energía de vida. Los enojos y resentimientos no permanecen sin esfuerzo en tu mente. Estás invirtiendo tu propia energía vital en pensamientos incómodos. Cuando los dejas ir, recuperas entusiasmo y vida.

Hace unos años, en un tranquilo viaje de verano por Estados Unidos, decidí revisar mi vida año tras año con el uso del método del *Poder del perdón* para eliminar cualquier malestar que aún quedara. Revisé a todas las personas que había conocido y todos mis sucesos negativos. Si notaba un disgusto, lo miraba, aplicaba el trabajo de este libro y lo dejaba ir. Estaba sorprendido de cuánto aumentaba mi energía cada día. No sólo disfruté el viaje más de lo que esperaba, sino que también me abrió a una visión profunda de mi vida una semana después.

Los vendedores que tomaron un taller de un día sobre el perdón y la competencia emocional, y mantuvieron asesorías telefónicas regulares sobre el mismo tema durante un periodo de seis meses, vendieron dos veces y media más que sus compañeros de trabajo que no tomaron ningún entrenamiento.[50]

Cambios en otros

Hace años, la hija de una amiga y el novio de su hija fueron asesinados despiadadamente. Se encontró al asesino, lo con-

---

50 Luskin, 2007.

denaron y lo enviaron a prisión. Mi amiga Aba Gayle, quien se sintió miserable durante años, dijo por fin: «Simplemente no puedo odiar así». Necesitaba saber por qué el asesino lo había hecho, así que fue a la cárcel para encontrarse con él. Al escuchar su historia, se dio cuenta de que tenía que perdonarlo. Con el tiempo, hizo amistad con él. Aunque nunca intentó sacarlo de la cárcel y siempre supo que había matado a sus seres queridos, su humanidad la conmovió.[51]

Su comprensión lo transformó a él. Mientras ella lo visitaba en el corredor de la muerte, también fue a hablar con otros internos. Trató de no verlos como ellos se veían a sí mismos, o como otros los veían. Todos estos hombres querían estar en su presencia, y todo porque aprendió a perdonar.

RELACIONES MÁS FELICES

Perdonar mejora las relaciones porque puedes estar presente emocionalmente y comunicarte en un nivel más profundo de amor. En las relaciones íntimas, tú y tu pareja están más en sintonía . Pueden llegar pensamientos de amor para liberar más fácilmente los enojos. Cuando hay un disgusto, en lugar de haber una defensa rotunda de la propia posición, hay más compasión por el otro.

Mi querida amiga Kima me envió esta nota después de que le pregunté cómo ella y su esposo Michael habían logrado permanecer tan felices en su matrimonio durante 35 años. Cada vez que iba a hablar con ellos, decían: «¡Nuestra relación nunca había estado mejor!». Esto es lo que escribió:[52]

Después de varios años juntos y sin que las cosas funcionaran bien, pasamos muchos días repasando las situaciones en las que nuestros sentimientos

---

51 Comunicación personal.
52 Comunicación personal.

se encontraban lastimados. Observamos nuestra relación desde todos los ángulos, hablamos sobre cada uno de nuestros problemas y los dejamos ir. No eran cosas graves, pero cuando se acumulaban, causaban grandes daños. De ese trabajo de perdón, hemos podido construir una plataforma sólida para nuestro matrimonio.

Por lo tanto, quiero decir que cuando se trata de parejas, lo que queda sin decir puede ser una picadura lasciva para el futuro, especialmente si a una persona le parece tonto o embarazoso. Esas cosas surgen más tarde para dañar la relación.

Fue un trabajo intenso, difícil de llevar a cabo sin ayuda para las parejas. Michael era psicoterapeuta. Ambos conocían el valor de hacer este «trabajo de limpieza». Yo recomendaría que inicialmente se tuviera un consejero que ayudara a tener ese nivel de comunicación.

Resultados positivos con los niños

Paul estaba muy enojado después de su divorcio. No mostraba el amor hacia sus tres hijos porque le recordaban el doloroso divorcio y sus problemas financieros. No actuaba racionalmente o con ternura hacia ellos. Por supuesto, no quería estar a su alrededor. Pero Paul no veía cómo estaba creando una separación.

Por suerte, su novia lo llevó a una clase de perdón. En ella, finalmente fue capaz de ver su responsabilidad por el alejamiento de sus hijos. Un mes más tarde, en su resumen de la clase, dijo que fue capaz de recrear un vínculo amoroso con ellos en lugar de culparlos a ellos y a su ex esposa.

Manejo del matrimonio y las relaciones nuevas

Las estadísticas demuestran que los segundos y terceros matrimonios no tienden a tener más éxito que los primeros. Como con las computadoras, los antiguos programas de los padres y las relaciones fallidas siguen en nuestro *sistema operativo* consciente, interrumpiendo en la nueva relación hasta que se *corrompa*. En realidad, los problemas aumentarán hasta hacer que el sistema se bloquee en otra relación de ruptura o en un problema de salud.

Le debes a cada nueva relación o esfuerzo de vida la búsqueda y limpieza de cualquier cosa que pueda contaminarla. El perdón presenta una oportunidad para cambiar los patrones familiares destructivos.

Para instalar un nuevo sistema operativo, tienes que desinstalar el antiguo. Se hace lo mismo con el *Poder del perdón*. Para *instalar* un mejor sistema interno para mayores posibilidades de felicidad, suprime los viejos resentimientos y agravios tanto como puedas. Mira el *Proceso del poder del perdón* como un programa antivirus, que elimina los incidentes perjudiciales que arruinan tu vida.

Curación física

Un investigación publicada en la *Revista de Psiquiatría General* demostró que las interacciones maritales hostiles reducen la velocidad de la cicatrización de las heridas físicas y ocasionan el aumento de una proteína inflamatoria en la sangre. Estos datos también muestran que las «relaciones hostiles o ásperas afectan la salud y el funcionamiento fisiológico».[53] De manera crónica, los niveles altos de esta proteína «hostil» pueden contribuir a causar enfermedades

---

53 Kiecolt-Glaser, *et al.*, 2005.

cardiovasculares, artritis, ciertos tipos de cánceres y otros padecimientos.[54]

«Hay que algo llamado "la fisiología del perdón". No perdonar los errores de otras personas es perjudicial para la salud».

DOCTOR HERBERT BENSON, autor renombrado, investigador y director del Instituto de Medicina Mente/Cuerpo

Julia vino a un grupo de perdón semanal durante dos meses. La vida fue mejorando para ella, pero todavía tenía problemas para perdonar el abuso que sufrió de niña. En la cuarta semana, el grupo le dio a Julia toda la tarde para trabajar en los asuntos que aún tenía con sus padres, que habían muerto hacía diez años. Ella se sintió bien después de la sesión. Dos o tres semanas más tarde manifestó que su dolor de rodillas, que había tratado durante años, se había ido. Dijo que todo se había ido esa noche cuando finalmente perdonó a su padre.

Cuando Hank se sentía terrible y sin esperanza debido a una fiebre y un dolor de garganta, decidió explorar un enojo no resuelto que podría haber causado la enfermedad. Después de buscar sólo durante unos minutos, dijo: «Me acordé de que en el trabajo un asistente había exigido un salario igual al mío a pesar de que no tenía los años de experiencia ni la capacidad. Estaba muy molesto con él». Hank usó el proceso de perdón descrito en el taller.

Más tarde señaló: «Cuando me di cuenta de que el chico simplemente estaba siendo él mismo y realmente necesitaba un aumento, me sentí bien por él y, de repente, el dolor de garganta empezó a desparecer y la fiebre a descender. Mejore en menos de tres horas. Fue increíble». Aunque este resultado

---

54 Ver *Edad real*, 2006.

es inusual, es evidente que dominar el perdón puede ayudar a mantener una mejor salud.

Chris Loukas

Hasta los efectos devastadores de un trauma se curan más rápido si se perdona, a veces de forma milagrosa. Chris Loukas, un hombre profundamente espiritual y viejo amigo, vive el perdón. Una noche, hace años, un conductor ebrio chocó con la camioneta de Chris. Estuvo en estado de coma durante seis semanas, con múltiples fracturas. Cuando recuperó la conciencia, los médicos le dijeron que nunca volvería a caminar.

Con las oraciones de mucha gente y perdonando al joven que lo golpeó, pudo caminar nuevamente.

Cuando se recuperó, Chris no sólo trabó amistad con el muchacho que causó el accidente, sino que lo trataron como a un hijo, le ayudó a dejar el alcohol y a encontrar trabajo. Chris no guardaba ningún resentimiento. Su actitud de perdón no sólo facilitó su recuperación física, también le dejó tranquilidad.[55]

Después de mis talleres, algunas personas quedan tan convencidas de los beneficios del perdón, que comprueban que no han perdonado cuando aparecen los primeros síntomas de una enfermedad. En ocasiones los síntomas ceden rápidamente y a veces desaparecen dentro de unas horas de realizar esta acción.

Cuando te encuentras enfermo, pregúntate:[56]

1 ¿Cuándo empezó?
2 ¿Qué estaba pasando en mi vida en ese momento?
3 ¿Que necesito perdonar?

---

55 Ver Loukas 1995.
56 Ver Allen 2009. Judy Allen escribió un libro sobre su experiencia con el cáncer, titulado: *Las cinco etapas para sentirse bien*.

Esperanza

La desesperanza, que es un sentimiento de inutilidad y expectativas negativas sobre el futuro y las metas personales, también es un factor que contribuye a la depresión. Hay investigaciones que han demostrado que la desesperanza está fuertemente relacionada con los sucesos cardiovasculares adversos.[57] Después de que el actor Christopher Reeve, paralizado desde el cuello hacia abajo después de que un caballo lo arrojara al suelo, siguió siendo durante varios años (hasta su muerte) una personalidad vital y un activista vigoroso en la investigación sobre la médula espinal. Aunque se sentía como una carga física para otros, dio fe de su constante buen humor y ganas de vivir hasta el punto de que nunca culpó al caballo por sus heridas, ni siquiera durante o inmediatamente después del incidente.

Vivir una espiritualidad más profunda

Todas las investigaciones anteriores y ejemplos muestran los beneficios mentales, emocionales y físicos de perdonar. Los beneficios espirituales son aún más importantes.

Espiritualmente, la mente clara y capaz de perdonar puede percibir lo divino y lo sagrado de la vida. Al dejar ir los enojos, la vida se vuelve plena, el corazón se llena de paz y la mente se calma. Entonces el gozo es una consecuencia natural, se renueva el amor y se restablece la verdadera autoestima. Entonces experimentamos la verdad de quienes somos a través de la conexión con la esencia de la vida.

Las personas que viven la vida de manera compasiva –soltando los enfados– nos dicen y demuestran que el amor es una parte esencial del estado natural de nuestro ser.

---

57 Universidad de Míchigan, 2000.

Algunas personas tienen experiencias profundamente religiosas después de perdonar. Dicen que tienen una comprensión más profunda de la vida, del amor y de Dios. Lewis Smedes sugiere en su libro *Perdonar y olvidar*:

> Cuando perdonas a la persona que te lastimó profunda e injustamente, se realiza un milagro que no tiene igual. Nada es lo mismo ya. Perdonar tiene su propio sentir, color y clímax, diferente de cualquier otro acto creativo en el repertorio de las relaciones humanas.[58]

La labor de perdonar funciona para cambiar nuestras vidas porque estamos realineando nuestra mente con el principio primordial de la existencia: Dios, el poder superior, Alá, el gran espíritu, etcétera. Esto nos da el poder de ir más allá y pensar en:

1 la forma como deberían ser las cosas y
2 qué pasó con nosotros.

Este acto de aquietar nuestro egocentrismo y realinearnos con la máxima potencia dentro y alrededor de nosotros pronostica una mayor magnitud de poder curativo.

Debido a que algo era terriblemente negativo o duró mucho tiempo no significa que liberarse de ello deba ser comparativamente difícil o eterno. Con frecuencia la psicoterapia se queda atrapada en este falso pensamiento. En el *Poder del perdón* hablamos de un enfoque diferente. La psicoterapia regular a menudo aborda el problema desde el nivel y la mentalidad de una víctima. En la terapia del perdón, el médico y la persona que trabaja en sus malestares intentan considerar la mentalidad en su potencial más alto disponible.

---

58 Ver Smedes, 1988.

> «Ningún problema puede resolverse en el
> mismo nivel de conciencia que lo creó».

ALBERT EINSTEIN

La perspectiva del potencial más alto llevará nuestros pensamientos a nuestra capacidad máxima. Mantener rencores, resentimientos, ira, pensamientos de venganza, obsesión sobre un daño, o evitar a alguien, son manifestaciones de falta de amor y de conexión con la divinidad dentro de nosotros. Convocamos a nuestros recursos personales y universales para que nos ayuden, por la mera voluntad de alinear a nuestro máximo potencial o energía.

La verdadera consecuencia de retener los enojos

A veces la gente cree hay un beneficio en no perdonar. Analicemos esto. Lo primero que hay que ver es **la recompensa** de no soltar el enojo. Generalmente, las personas tienen una buena razón para hacer o no hacer algo. A pesar de que una decisión que hemos tomado no parezca ser la mejor para nosotros, si miramos profundamente nos encontraremos con la creencia de que la elección fue la mejor posible en ese momento. Muchas veces estamos influidos por el estrés y las actividades del cerebro inferior.

Pregúntate a ti mismo:

A ¿Qué obtengo al mantener vivo mi enojo? Anota cualquier beneficio. ¿Quién se beneficia y cómo?
B ¿Es más importante tener la razón que ser feliz?

A veces no te das cuenta de cuánto te afecta el enojo. Hay más preguntas:

1 ¿Qué obtengo realmente de este enojo? Enlista lo negativo y lo positivo.

2 ¿Qué sucede con las personas más cercanas a mí cuando me aferro al enojo?

3 En mi vida, ¿qué tan fuertes son el amor, la paz y la alegría?

4 ¿Perdonar esta situación podría aumentar mi felicidad y la de los que me rodean?

Las siguientes son preguntas acerca de ser una víctima:

a) ¿Me he visto yo mismo como una víctima de los demás?

b) ¿Cuánto tiempo me he sentido una víctima?

c) ¿Cuánto esta bien dejar que otros controlen mi felicidad?

d) ¿Colaboro con el problema o sólo la víctima?

El acto poco usado que ofrece grandes resultados

Oración para la ayuda interna. A pesar de que muchas personas tienen una perspectiva religiosa o espiritual en su vida, rara vez piden ayuda para perdonar. Es cierto que tenemos disponible una profunda ayuda interna. Nos puede mostrar una manera diferente de ver cualquier situación negativa y nos puede aliviar si estamos dispuestos a aceptarla. La llamo «ayuda divina» porque parece ser mucho más sabia y honesta de lo que yo soy. Acceder a esta energía más allá de nuestro pequeño *yo* implacable es eficaz. Estás facultado para realinearte con el principio de la creación del universo, y abrir tu mente a las posibilidades y perspectivas que no sean las propias.

Para conectarte con esta ayuda divina:

1 Tómate un tiempo para relajarte y contemplar a la divinidad dentro de ti mismo mientras realizas la labor de perdonar.

2 Tómate un momento para pedir apoyo divino interno por medio de una oración que te ayudará a perdonar.

Nota: Pide ayuda para ver la situación de otra manera. Es muy útil la oración «Por favor ayúdame a ver esto de una manera diferente».

Si en cualquier momento durante este trabajo te empantanas, mantente en silencio y haz una petición sincera de ayuda. *Ten fe en el amor divino.* Cuando hayas hecho todo lo que puedes hacer, abandona la lucha y escucha. No puedo decirte cómo se manifestará o cómo ocurrirá esta ayuda, pero sé que está ahí para ayudarte.[59]

Diálogo de escritura: Una herramienta eficaz para perdonar es escribir sobre lo que sucede contigo en el momento sobre un incidente específico o una persona. Utilizo lo que llamo *Proceso de diálogo*. Es una técnica de escritura que te ayuda a situarte por debajo de los enojos y obtener un punto de vista diferente. Este cambio de visión es fundamental para todo el proceso de soltar.

Para hacerlo, habla por escrito sobre tu enfado contigo mismo hasta que llegues a la siguiente pregunta lógica. Por ejemplo, si estás molesto con tu esposo, escribe sobre lo alterada que estás hasta que surja una pregunta. Tal vez: «¿Cómo pudo hacerlo?». Después, escribe para contestar esa pregunta hasta que surja la siguiente pregunta, como: «Su madre sería así con él?». Y así continúa hasta comprender, o hasta que surja la compasión.

Éste es un método valioso. Las preguntas y respuestas nunca dejan de sorprender. Si empiezo con una oración para pedir orientación y ayuda, encuentro que el amparo siempre llega. Cuando surgen las emociones, acéptalas y sigue escribiendo, o formula otra pregunta como: «¿Qué está detrás de esta emoción?».

---

59 Ligeramente modificado por mí. La palabra «corazón» se cambió por «reacciones».

La práctica más simple para perdonar

Al principio estaba escéptico de las cuentecillas para perdonar de Rosie y de sus oraciones. Cuando conocí a Rosie Rodríguez, una mujer dulce y espiritual, en Santa Rosa, California, había estado enseñando su trabajo e hizo que la gente «saldara por adelantado sus cuentas» durante más de un año con resultados espectaculares. Rosie tuvo una visión de estas cuentas en su meditación del Ángel del Perdón.

Hay 490 cuentas en total, similares a las de rosario católico. Este número viene de la Biblia (RV): *Mateo* 18: 21-22:

> «Luego Pedro vino a él y dijo: Señor, ¿cuántas veces va a pecar mi hermano contra mí y debo perdonarlo? ¿Hasta siete veces? Y le respondió: no te digo hasta siete veces, sino hasta setenta veces siete».

Para mi sorpresa, ninguno de los métodos para perdonar ni los ejercicios que he recopilado y enseñado durante casi diez años son tan simples como éste. La primera vez que usé las cuentecillas, abordé un tema grave de perdón que me estaba molestando. Simplemente recé: «Perdono» con la fuerte intención de la oración en cada una de las cuentas. Después de diez cuentas surge una de agradecimiento en la que dije algo por estar agradecido de la situación. Al final de ese periodo de sesiones, el malestar desapareció y no volvió jamás.[60]

Perdonarse a uno mismo generalmente es el trabajo interior más difícil que puede realizar una persona. Así que unos meses más tarde decidí hacer frente a un área de mi vida donde sentía culpa y necesitaba compasión para mí mismo. Usé de nuevo el método de Rosie. Una vez más, separé el gran malestar en trozos del tamaño de un bocado. En cada uno de los enojos pequeños conmigo mismo, simplemente recé: «Te

---

60 Comunicación personal. Algunas personas usan las cuentas del rosario católico para hacer esto.

perdono» con una fuerte intención, con el pensamiento agradecido, de diez a veinte veces. Estaba satisfecho con los cambios del dolor al consuelo que tuve después de cinco a siete minutos con cada pequeño problema. Continué así durante 45 minutos hasta que ya no hubo más enojos pequeños. Me sentí muy bien. El gran malestar desapareció.

Este método lo enseño desde el principio en mis talleres y terapias. Es útil para las personas con malestares grandes y pequeños.

Esperanza para la humanidad

Nuestra mayor identidad viene de un estado mental tranquilo, sin amenazas. Luego, nuestro cerebro empieza a sincronizar dándole sentido a nuestras vidas y significado a nuestras acciones. Perdonar estabiliza ese estado mental, por lo que podemos funcionar en nuestro nivel más alto y cumplir nuestros sueños más profundos.

Entonces, el perdón es la esperanza para la humanidad porque perdonar fácilmente lleva a la vanguardia la función más elevada de la mente y el corazón, lo que nos ayuda a abandonar los ataques, los temores y las expectativas poco razonables. Perdonar nos permite deshacer las reacciones crónicas del cerebro primitivo, el miedo y la lucha, y permite que se produzca el funcionamiento superior del cerebro. Además, tenemos la conexión con lo divino, lo que nos permite alcanzar nuestra capacidad más alta.

Perdonar no es la función la más alta de la mente humana; sin embargo, es la forma más poderosa para sofocar la tormenta de emociones y mecanismos de respuesta del estímulo primitivo que puedes experimentar. A través de una mente compasiva, puedes funcionar a un nivel más alto de bondad, paz, resolución de problemas y apertura a la máxima potencia creativa disponible para ti, un estado al que la humanidad aspira.

El tercer obstáculo

Al estar convencido del poder del perdón, has vencido el tercer obstáculo para perdonar. Sabes lo que esto puede lograr en tu vida y lo que no perdonar te ha ocasionado. Esto podría no haberte hecho perdonar tu molestia principal, pero para muchos esta información ayuda a influir en los pensamientos sobre el perdón hacia lo positivo. En este momento, debes haber encontrado una excelente razón para perdonar y has trabajado en perdonar a algunas personas en tu vida.

Todos estos resultados de perdonar pueden atribuirse fácilmente a tu mente y a tu corazón que por fin regresan a su estado natural. Este «estado natural» no es más que el control que sueltan los cerebros inferiores; también es algo espiritual. Esa conexión espiritual está influida por el funcionamiento de tus sistemas del cerebro trabajando en conjunto. En el siguiente capítulo veremos más a fondo la implicación y el potencial de tu cerebro.

En los siguientes capítulos vamos a llegar a muchos otros métodos útiles para tratar los enojos y llevar a cabo su curación. El núcleo de la mayoría de los métodos está en:

1 tener mayor conciencia de lo que está pasando dentro de ti respecto del enojo, y
2 la **voluntad** de soltar tu malestar.

«Perdonar no significa eliminar la furia;
significa que hemos pedido un milagro:
la capacidad de ver a través de los errores
que alguien le ha inflingido
a la verdad que se encuentra en nuestros
corazones. El perdón no siempre es fácil.
A veces, es más doloroso perdonar
a aquel que la ocasiona que la herida
que sufrimos. Y sin embargo,
no hay paz sin perdón.

*Los pensamientos de ataque hacia
los demás
son pensamientos de ataque
hacia nosotros mismos».*

MARIANNE WILLIAMSON,
Illuminata: A return to prayer

Parte II

IR MÁS A FONDO

De una historia budista:[1]

«A un hombre lo alcanza la flecha de un asaltante desconocido. En lugar de atenderse la herida, se niega a retirar la flecha hasta que encuentren y castiguen al arquero. Mientras tanto, la herida supura hasta que finalmente lo mata el veneno. ¿Qué es más responsable de esta muerte: haber dejado al arquero en libertad o la insensatez de la víctima por aferrarse?»

COLIN BERG,
Autor estadounidense/Maestro

---

1   Berg, 87.

CAPÍTULO CINCO

HACER SENTIDO CON NUESTRO PENSAMIENTO

Nuestro cerebro complejo y sorprendente

LA MAYOR ACUMULACIÓN de células nerviosas del cuerpo está en nuestro cerebro. Alrededor del borde exterior del cerebro, más cerca del hueso del cráneo, se encuentra la materia gris. Mide sólo un poco más de medio centímetro de grosor, sin embargo, en este medio centímetro (6-7 mm) hay 100 billones de células nerviosas. La célula nerviosa o neurona se compone del cuerpo celular y sus brazos, que envían y reciben mensajes a otras células nerviosas, músculos y órganos. Cada cuerpo celular nervioso puede tener hasta 10,000 conexiones con otras células. La materia blanca del cerebro, que ocupa el mayor volumen en nuestro cráneo, es donde se conectan los brazos de los cuerpos celulares de la materia gris.

El número de estas interconexiones es astronómico (10,000 veces 100 millones). Si pasaras quince horas al día golpeando ligeramente el dedo sobre la mesa a cada segundo, sin días de descanso (incluso sin ir al médico para atender al dedo), te tardarías 50 años únicamente en dar un billón de golpes.

Todo lo que aprendes y haces crea nuevas conexiones neuronales en el cerebro cada segundo hasta que mueres. Los cientos de trillones de vías nerviosas te permiten acceder a todos tus recuerdos, habilidades y actividades de la vida desde el vientre hasta la muerte.

Mira estas conexiones como un sistema de carreteras de tu cerebro para tus pensamientos, emociones y acciones. Los impulsos alrededor del cerebro van a 200 millas por hora (320 kph). Allí tienes de todo: desde carreteras de diez carriles hasta pistas para caminar con las cuales hacer un mapa de tus experiencias.

POR QUÉ LOS HÁBITOS SON DIFÍCILES DE ROMPER

Lo que más haces, genera el *mayor* número de conexiones nerviosas. Éstas serían parecidas a una carretera o a una arteria de una autopista de una gran ciudad. Las respuestas menos usadas implican menos neuronas.

Para convertirse en hábito, lo nuevo que intentes requerirá un esfuerzo. Es como seguir un camino muy usado para ir al bosque. Cuando intentas crear una nueva ruta, al principio es difícil, pero se hace más fácil cada vez que la tomas. En primer lugar, debes quitar las ramas y rocas que se encuentran en el camino. Mientras eliminas los obstáculos de la ruta y la sigues usando, el camino se vuelve más fácil. Finalmente, lo que intentas aprender desarrolla una vía nerviosa lo suficientemente grande y se transforma en algo sencillo.

Cuando repites algo constantemente, se crea una *supercarretera* neuronal. Ésto es un hábito. Los hábitos pueden ayudarte a funcionar mejor y a hacer más eficiente tu trabajo. Por ejemplo, quien conduce su vehículo por costumbre apenas está consciente de lo que hace. Esto es útil para muchas actividades, pero no para lo que deseas cambiar.

Si pasas cuarenta años en la práctica del resentimiento hacia alguien, desarrollas una *autopista* nerviosa para ese resentimiento. Mientras hablas o piensas en una situación negativa, refuerzas ese camino negativo en tu cerebro que no sólo consume tus pensamientos, sino que también puede causarte problemas físicos.

Aunque los hábitos te mantienen en rutinas que no te gustan, cambiarlos puede ser frustrante. Normalmente se logra cambiar al repetir los intentos, a menos que las reacciones de tensión del cerebro estén activas.

Lo que hay detrás de tus pensamientos

Para afrontar y dar sentido a toda la información que recibimos, ordenamos y catalogamos los datos que llegan según las experiencias y asociaciones de nuestro pasado. Además, la mente almacena y recupera datos a través de un atajo simbólico personal —un código— sólo conocido por nosotros, basado en nuestras propias experiencias. Realmente no puedes saber lo que otra persona está pensando porque no conoces su código, y generalmente ellos tampoco porque todo esto tiene lugar por debajo de la conciencia.

Ya que asociamos nuestras experiencias en formas únicas, pueden producirse problemas porque cada experiencia nueva que tenemos se integra a un grupo *ya formado*. Es más probable que la vía nerviosa que ya existe incorpore la experiencia nueva. Esta fusión también depende de la vía más activa en el momento.

Las nuevas experiencias sobre las anteriores. Así, cada persona toma su nueva experiencia de manera diferente.

Una niña criada en una familia amorosa puede conectar a su nuevo noviazgo con las experiencias familiares de amar, y sentirse segura de su relación. Una mujer con una terrible relación de familia también puede conectar a su noviazgo con su *secuencia neuronal familiar*. Si en su familia no existía la seguridad, probablemente ella esperará un abuso similar al que le daba su padre o su ex marido y, por lo tanto, no confiará en el novio. Esto es una fórmula para el fracaso aunque el novio pueda ser una buena persona.

El cerebro triuno

Como mencioné en el capítulo uno, nuestro cerebro realmente es tres en uno. Evolutivamente, hay una adaptación de las estructuras ya existentes en las estructuras y funciones nuevas por parte del cerebro anterior. De la misma forma como la línea de anfibios se trasladó a la de los mamíferos, así también lo hizo el cerebro. Así como esa línea mamífera se desarrolló en la línea de primates y en la línea humana, así también lo hizo el cerebro.

Una forma de representar estos cerebros sería con la imagen de un palo de golf, que es el cerebro reptiliano; luego coloca una cubierta sobre el palo de golf, que es la parte mamífera o el cerebro límbico, y a continuación, sitúa a los dos dentro de una sandía, que es el neocórtex. Ésta es la representación física.

El doctor David Linden, profesor de Neurociencias en la Universidad Johns Hopkins, dice en su libro El *cerebro accidental* que, funcionalmente, nuestro cerebro es como un iPod construido como un reproductor de casetes de ocho pistas. Ciertamente no es ideal.[2] Y resulta una broma cruel si así fue planeado. Piensa que, psicológicamente hablando, el neocórtex es un domador de leones, el cerebro mamífero o cerebro límbico, un león; y el cerebro reptiliano, un caimán. Todos están en la misma jaula. Mientras que cada uno tenga sus alimentos, su agua y tiempo de descanso, la situación funcionará. Pero si retiras la comida; eso es lo que pasa cuando nos sentimos abrumados.

La corteza prefrontal, que es la corteza cerebral en la parte delantera de nuestro cráneo, nos diferencia principalmente como seres humanos. Incluso, algunos dicen que es el cuarto cerebro. Los estudios del cerebro han demostrado que en este ámbito parece ser donde realiza el perdón.[3] Cada lado de la corteza prefrontal es responsable de con-

2   Begley, 2007.
3   Healy, 2007.

trolar las respuestas de un cerebro anterior. El lado derecho administra las funciones reptilianas y el izquierdo controla el sistema límbico. Una resonancia magnética muestra que cuando una persona está deprimida, el sistema límbico se encuentra hiperactivo y la corteza prefrontal izquierda, mucho menos activa.[4]

El neocórtex

El cerebro con el que la mayoría está familiarizado es el neocórtex, el almacén principal de nuestra información y nuestros recuerdos. El neocórtex:

- Genera nuestras ideas, nos da la capacidad de concentración y utiliza símbolos para producir nuestra capacidad para leer, escribir, hablar y hacer matemáticas.[5]
- Nos ayuda a ser no sólo lógicos y sistemáticos, sino también intuitivos e imaginativos.[6]
- Reemplaza y suprime las respuestas sociales inaceptables de los cerebros más inferiores.[7]

En su funcionamiento superior, el cerebro no sólo es el agente de la invención y la creatividad, sino que también influye en la meditación y la experiencia espiritual.[8]

Aunque no tuviéramos todos los marvillosos resultados de investigaciones sobre el perdón, puedes ver que con el solo funcionamiento del neocórtex habría en sí más resultados positivos.

Este cerebro más nuevo nos permite:

---

4   Ver Amen, D. G., 2006a.
5   Ver Do Amaral, 2003.
6   Ver Frantz, 2005.
7   Ver *Wikipedia*: «Lóbulo frontal», 2006.
8   Ver Miller, 2002.

1 Dar sentido a nuestra vida y nuestro mundo.
2 Analizar diferentes perspectivas y posibles alternativas para elegir entre ellas.
3 Coordinar a los cerebros inferiores, lo que nos permite tener empatía y un mejor juicio.[9]

Nuestro cerebro emocional

En el centro del cerebro está nuestro centro emocional o sistema límbico, que es una serie de estructuras interconectadas del tamaño de una nuez. Con el desarrollo del sistema límbico en las aves y los mamíferos, nuestras conexiones para ofrecer cuidado y amor se volvieron estables al:[10]

- Habilitar el cuidado y dar una mejor protección de la descendencia familiar.
- Crear actividades como la amistad, el amor y el afecto, la risa y el placer.
- Controlar las conductas agresivas.

El sistema límbico le da interés e incluso pasión a nuestra vida y nuestro lenguaje.

En su libro A *General Theory of Love*, los doctores Amini y Landon nos dicen que «la emoción es la mensajera del amor». Además, señalan que las emociones llevan las señales de nuestro corazón una a la otra y que, para muchos de nosotros, sentir profundamente es lo mismo que estar vivo.[11]

Esto suena bien, ¿verdad? El problema se produce cuando este amor se detiene por cualquier motivo. Luego, pueden tomar el control otras emociones fuertes como la miseria o la

---

9   Ver Amen, D.G., 2006.
10 Ver Do Amaral, 2003.
11 Ver Lewis, p. 37.

furia, por nombrar un par de ellas, y causar reacciones y consecuencias terribles.

(Debido a que hay controversia entre los neurocientíficos sobre cuáles estructuras son parte de este sistema, nuestra preocupación por el sistema límbico y el perdón es el mecanismo del miedo y la amígdala, la estructura que activa las reacciones del miedo.)[12]

El sistema límbico le proporciona sentimientos a los eventos de nuestra vida, que pasan por toda una gama de emociones: del terror y el dolor a la emoción, la alegría y la pasión. Esto nos ayuda a recordar los hechos positivos y negativos porque nuestros recuerdos siempre tienen contenido emocional.[13] De hecho, una mayor estimulación emocional alrededor de un suceso de aprendizaje aumenta la retención por parte de la persona de ese hecho.[14]

El control del comportamiento agresivo disminuye cuando hay estrés y agitación emocional, y pueden aumentar los celos, la venganza y la ira, causando aún más dificultades. Esta agitación es capaz de apagar el «comportamiento racional». En el sistema legal, esto es *locura temporal* y en la sociedad, *crímenes de pasión*.

Ralph estaba decepcionado de sí mismo por no ser capaz de perdonar a su hermana por un comentario hiriente que hizo en una reunión familiar. Cuando hablamos de cómo se sentía, dijo: «Los sentimientos no tienen nada que ver con esto; todavía sería capaz de perdonarla». Las situaciones difíciles de perdonar siempre llevan emociones fuertes ligadas a ellos. Ralph negaba sus sentimientos para evitar el perdón real. No estoy diciendo que regodearse en los sentimientos sea bueno, pero como ya he mencionado, reconocer cómo te sientes ayuda a dejar ir la molestia.

El desarrollo de traumas o tensiones hace crecer la amígdala, la instigadora de la respuesta al miedo, que luego la pre-

---

12   Ver Le Doux, 2000.
13   Ver Christison 2002.
14   Ver *Wikipedia*: «Amígdala».

dispone a crear más miedo en la vida de la persona. Cuando esta respuesta ocurre por un tiempo largo, se dice que la persona tiene el trastorno de estrés postraumático (TEPT). Revisaremos esto en el capítulo doce.

Recuerda: Perdonar puede llevar tiempo debido a los intensos sentimientos que se pueden presentar.

El sistema límbico establece el tono de nuestra respuesta ante los acontecimientos y nuestro gozo por la vida. Es el panel de control que coordina toda la información del mundo externo e interno. O se alimenta de datos que entran en la corteza cerebral para producir el pensamiento consciente, la planificación y la resolución de problemas, o bien. alimenta con datos al cerebro reptiliano para generar una reacción de supervivencia. Este sistema decide la forma de enviar los mensajes al comparar de inmediato las condiciones presentes con un pasado de experiencias similares.[15]

Sin embargo, este panel de control de la información crea problemas cuando una persona está alterada emocionalmente. En esos momentos, todos los datos se clasifican como desagradables incluso cuando normalmente esto no puede ser. Luego, cuando el sistema límbico compara la información nueva con la información distorsionada previamente reunida, hay una inexactitud y reacciona a los datos nuevos o los clasifica como peligrosos. Una persona con un dolor crónico o en una situación amenazante almacenará una enorme cantidad de recuerdos negativos y probablemente actuará según un modo de reacción constante, sintiéndose muy molesto y comportándose él mismo como una persona desagradable.

Alex, un terapeuta, no era capaz de perdonar a su padre por abusar de él cuando era niño, y por su dureza hacia él incluso en la edad adulta. Su relación siempre había sido tensa. Cuando Alex empezó a trabajar y a tener problemas físicos, llegó al trabajo del perdón. Aunque era capaz de perdonar a todos los demás en su vida, no podía perdonar a su padre.

---

15   Ver Do Amaral, 2000: «Sistema límbico».

Debido a este único gran asunto sin perdonar, su trabajo y su condición física estaban empeorando. No pude darle perspectivas o procesos que lo ayudaran a perdonar a su padre. Finalmente, después de dos meses de declive y lucha, recordó que su padre había vivido en dolor continuo toda su vida. Con esa visión, entendió por qué su padre había vivido tan enojado y había sido tan malo todos esos años. El perdón de Alex fue automático, y su trabajo y su condición física empezaron a modificarse en una semana.

Del trabajo de perdón de Alex aprendemos dos lecciones importantes. La primera es: **una persona sin perdonar es suficiente para evitar la curación**. La segunda vino de Alex varios meses después de perdonar a su padre. Lo visité y me dijo que, como nunca antes, habían pasado juntos los mejores momentos. Además, no pelearon ni tuvieron ningún desacuerdo. Su papá había sido incluso amable. Alex vio que **su propia mentalidad negativa había afectado su relación**.

Pasada esa actitud, y reemplazada con compasión y comprensión, su padre actuó diferente. «Una noche tuvimos incluso una experiencia culminante con sólo platicar y escuchar música. Hasta dijo en el momento: "No hay nada mejor que esto!"». La segunda lección es: **afectamos nuestras relaciones con nuestras actitudes sutiles de uno hacia el otro**.

> *«Quién eres que hablas tan fuerte, que no puedo escuchar lo que estás diciendo».*
>
> RALPH WALDO EMERSON

Cuando los recuerdos negativos se hacen más fuertes que los positivos, la sobreactivación del sistema límbico puede causar:[16]

- Malhumor, irritabilidad, depresión clínica.

---

16   Ver Amen, D.G. 2006.

- Aumento y percepción de pensamientos negativos.
- Disminución de la motivación y el desempeño.
- Inundación de emociones negativas.
- Problemas de apetito y sueño.
- Disminución de la capacidad de respuesta sexual.
- Aislamiento social.

También se produce tristeza, desesperanza y una superabundancia de pensamientos negativos automáticos.[17]

En *Una teoría general del amor*, los psiquiatras Lewis, Amini y Landon señalan que no podemos dirigir nuestra vida emocional de la misma forma como podemos hacerlo con nuestros músculos. No podemos forzarnos a nosotros mismos a «querer lo correcto o a amar a la persona adecuada o incluso a ser feliz después de una decepción o incluso ser feliz en momentos felices». No porque tengamos falta de disciplina, sino porque la voluntad *está* limitada a usar sólo el cerebro más reciente. «Se puede influir en la vida emocional, pero no ordenarse», dicen los doctores.[18]

Hay maestros espirituales y científicos del cerebro que sostienen que las personas pueden aprender a dirigir sus emociones, pero esto todavía requiere de una seria práctica. Por lo tanto, si la persona que intentas perdonar ha reaccionado emocionalmente y la condenas por no cambiar, debes comprender que no pueda cambiar en el momento y de la forma en que deseas que lo haga.

Martin era un hombre responsable; cuidaba de su familia bastante bien. Se dedicó y trabajó mucho para ellos, haciendo incluso un trabajo que no le gustaba. Lo hizo porque quería darle un hogar digno a su familia. Sin embargo, a menudo estaba malhumorado y cansado porque no le gustaba su trabajo. Después de unos años de esto, su esposa se hartó y le pidió el divorcio. Él se volvió loco y casi la mata. Aquí vemos cómo

---

17   Ver Amen, D.G. 2006.
18   Ver Lewis, *et al.*

las emociones pueden movernos en direcciones positivas y negativas.

En un ejemplo similar, a Rick no sólo le disgustaba su trabajo sino que también odiaba la ciudad en la que vivían él y su familia. Se quedó allí porque a su esposa Natalie le gustaba. Cuando ella se cansó de su falta de entusiasmo por ella y por su vida, decidió que el matrimonio había terminado. Cuando se llevó a los niños y le pidió el divorcio, Rick se perdió en su malestar emocional y trató de suicidarse. Natalie no podía entender su dolor y enojo por todo. Dijo: «Él nunca mostraba mucho interés por mí o por los niños cuando llegaba a casa».

En el primer caso, Martin no pudo perdonar a su esposa durante años porque no podía entender cómo no vio que él se sacrificaba por la familia en un trabajo que no le gustaba. Además, sentía que ella no tenía ningún respeto por lo que él pasó por cada día de trabajo. En el segundo caso, Natalie no podía entender por qué Rick se molestaba tanto cuando parecía que su matrimonio no le importaba. Cuando se examinó la relación desde el punto de vista de él, ella pudo comprender.

Nuestros circuitos emocionales pueden llevarnos a comportarnos de manera extraña e irracional en nombre del amor (y del odio). Esto se debe a que el sistema emocional se desarrolla antes que la corteza cerebral, a que nuestra capacidad para analizar es la última en incrementarse y a que es menos frecuente. En los adolescentes, el neocórtex todavía no madura completamente. En general, estos jóvenes parecen ser más emocionales, y lo son debido al crecimiento incompleto del cerebro. El desarrollo suele completarse alrededor de los 21 años.

El sistema límbico también está involucrado en el alcoholismo, la adicción a las drogas, el juego impulsivo y la compulsión por los alimentos dulces.[19] Por ello, una persona no puede simplemente decidir dejar las adicciones, sino que debe hacer un gran esfuerzo constante para lograrlo. Debido a que

---

19   Ver Amen, D.G. 2006a.

somos seres sociales, trabajar las adicciones en grupo puede tener grandes resultados, un hecho que el movimiento de los doce pasos descubrió hace mucho tiempo.

En resumen, el sistema límbico le da pasión e interés a nuestras vidas. Decide cómo reaccionaremos a los acontecimientos y hasta colorea estos sucesos con emociones. En coordinación con el neocórtex, este sistema añade riqueza a nuestras vidas y recuerdos. Por otro lado, cuando se activa el cerebro más antiguo, el reptiliano, podemos hacer un viaje muy difícil.

El cerebro reptiliano

Nuestro cerebro más primitivo, el *Complejo R*, también conocido como el cerebro reptiliano o cerebro de serpiente, es de acción rápida, de autoconservación, y es la base de nuestra supervivencia física y de nuestra especie. Sus estructuras son el tallo cerebral y el cerebelo. Físicamente, se trata de funciones mecánicas como los músculos, la digestión, la respiración, la circulación y la reproducción.[20] Nunca duerme, pero somos menos conscientes de ello.

A través de los años, el doctor Paul MacLean, quien hizo una amplia investigación sobre los tres cerebros, nos dio una descripción de la calidad del funcionamiento de estos cerebros.[21] Además de sus acciones fisiológicas, las siguientes acciones son las actividades básicas de la vida que afecta este cerebro:

- **Dominación y control del territorio**. Nuestro espacio es nuestro imperio, nuestro territorio. Aquí está el origen de la reacción a los extraños o a las personas que son *diferentes*. Este punto de partida para los prejuicios viene de

---

20 Ver C. Steiner.
21 Van der Dennen, 2005.

nuestra necesidad básica de proteger lo que es nuestro. Bajo estrés, esto se convierte en «Atacaré a cualquier desconocido que entre en mi espacio». Al manejar, lo vemos en las riñas de circulación, a menudo resultan de una violación del espacio o «territorio» propio.

● **Comportamiento de cortejo y apareamiento y alardes**. Estas acciones garantizan la supervivencia de la especie. Esto incluye la agresión y la sumisión sexual. La respuesta a por qué en ocasiones una mujer se somete a la agresión sexual a pesar de su buen juicio, y a por qué hombres y mujeres se dejan llevar por sus deseos sexuales, está aquí profundamente arraigada en el cerebro reptiliano.

● **Control de la interacción con los demás**. Éste es el instinto del dominio social y el dominio mediante el establecimiento de un *orden jerárquico*, una cadena de mando. En el nivel más profundo, somos seres sociales. Por eso tenemos una tendencia a seguir a la multitud y sus normas y tememos a la autoridad.[22]

● **Comportamiento ritual**. Seguir rituales regularmente y tener ceremonias es útil para mantener a la gente en la base social y hacerla sentir incluida en el grupo.[23] Así, las rutinas y los patrones nos dan un sentimiento básico de seguridad. Por eso los organizamos. En esto reside la fuerza detrás de las religiones, los gobiernos y las instituciones.[24] Bajo estrés, estos rituales y actividades pueden convertirse en compulsiones en las que la persona se obsesiona con hacerlas, e incluso obliga a otros ferozmente a realizar estas rutinas.

Este nivel del cerebro generalmente mantiene como prioritarias nuestras interacciones sociales y de grupo. En su influen-

---

22 Ibid.
23 Ver Do Amaral.
24 Ver Prettyman, 1997.

cia más alta está el impulso para el perdón; en su punto más bajo está la violencia y el fascismo.

De este deseo de interacción social y control surgen la imitación, la copia y el engaño para formar parte del grupo. La industria de la moda se basa en esta tendencia.

Un cambio en cualquiera de las áreas mencionadas puede provocar reacciones fuertes. El miedo impulsa las respuestas conservadoras; produce nuestro reflejo básico de temor que se muestra como agresión o presentación.[25]

Las reacciones del cerebro reptiliano (o cerebro de serpiente) son el motivo principal por el que nos resistimos a perdonar. Aunque la amígdala del sistema límbico inicia la señal de miedo, el tronco encefálico del cerebro reptiliano es el que lleva a cabo nuestras respuestas al miedo.[26] El cerebro de serpiente se convierte en nuestro enemigo y nos sabotea si le permitimos tener el control durante demasiado tiempo.

No nos incapacita a propósito, sólo está haciendo su trabajo de supervivencia. Es en realidad lo que hace que una persona ataque, sea violenta, huya o se retire. Puede hacer de un ser humano una víctima. El programa que sigue es de supervivencia y todo lo que sabe hacer cuando percibe amenazas es reaccionar.

No te equivoques. ¡Esto no eres tú! Es normal que una persona confunda estas reacciones del cerebro como las propias. No lo son. Es como llamar computadora a un programa de cómputo. El programa podría estar defectuoso y causar problemas en el funcionamiento de la computadora, pero el programa no es el equipo. Ambos son muy diferentes.

Date cuenta también de que el programa se puede reparar para que funcione correctamente. Somos una mezcla compleja de mente, cuerpo y espíritu, no una antigua reacción programada.

---

25 Maclean, 1990.
26 Ledoux, 2000.

Cuando está en control de la reactividad, algunas respuestas adicionales del cerebro reptiliano o de serpiente pueden ser:[27]

- Nerviosismo y ataques de pánico.
- Predicción continua de lo peor que puede pasar.
- Evitar los conflictos o la agresión.
- Baja o demasiada motivación.

Los rasgos distintivos de este cerebro básico son el malestar con el cambio y la permanencia del *statu quo*. Es un cerebro que repite constantemente las mismas conductas, sin aprender de los errores del pasado.[28] Bajo estrés, su impulso es la acción sin un pensamiento racional. Por ello, su lema central podría ser: «¡el quizá es lo correcto!». Pero para otro, el lema podría ser: «¡ocúltate!», o para otro: «¡corre!».

Rod parecía estar atascado en este nivel de función cerebral. No podía trabajar muy bien algunas situaciones ni resolver problemas. Por lo regular se la pasaba en peleas y había estado dentro y fuera de la cárcel desde que era un adolescente precoz. Había abusado de su esposa física y sexualmente. Controlaba su dinero, a dónde iba y a quién conocía. Quería que sus órdenes se cumplieran de inmediato. Ella se sometió a todas sus exigencias por la seguridad de su hijo. Pero cuando empezó a convertirse en controlador y violento con el niño, ella se dio cuenta del terrible peligro en el que estaban. Buscó ayuda a través de un centro terapéutico para la mujer y abandonó a su esposo para ocultarse en una «casa segura». Él hizo todo lo posible para hallarla. Por suerte, en ese refugio para mujeres y niños no pudo encontrarla.

Cuando habló sobre su infancia, pude comprender por qué terminó de esa manera. Su padre era un alcohólico que lo golpeaba con un cinturón o con sus puños a la temprana edad

---

27 Ver Amen, D.G., 2006a.
28 Do Amaral.

de dos años. Nunca sabía cuándo su padre iba a enojarse y a golpearlo. Al escuchar esto, me di cuenta de por qué vivía su vida como lo hacía. No había conocido ninguna otra forma de ser en su cerebro de serpiente, la fuente de la conducta psicopática, sociopática y antisocial.

Si yo hubiera trabajado con su esposa, nunca le hubiera recomendado volver con él, pero le habría aconsejado intentar entender por qué él era de esa manera, por lo que ella no lo odiaría ni a él ni a ella misma por haber estado a su lado. Lo que hizo no lo justifico ni apruebo, ni se lo hubiera pedido a ella. A través del trabajo de perdón, la habría animado a liberar su rabia para que pudiera sanar y seguir con su vida en una actitud positiva. De esa manera podría evitar dañar a su hijo y a otras personas con actitudes y acciones negativas.

Nota: Las personas que no han abordado sus traumas profundos son más propensas a reaccionar desde el cerebro reptiliano, porque éste ha mantenido el control durante mucho tiempo. Frecuentemente, estas personas no han aprendido otra manera de responder cuando están bajo presión. Aun las personas respetables, si están bajo constante estrés, como en una zona de guerra o un culto, pueden empezar a reaccionar desde este cerebro más básico y realizar actos que normalmente no hubieran hecho. Esto es crucial para saber si estás tratando de perdonarte a ti mismo por las terribles maneras en las que puedes haber actuado cuando estabas bajo una espantosa presión interminable.

Las reacciones del cerebro reptiliano o de serpiente y las respuestas límbicas del sistema pueden abrumar a una persona. La función de supervivencia de estos sistemas primitivos es poderosa. Si hay suficiente tensión o miedo constantemente, creo que cualquiera empieza a manifestar un comportamiento del cerebro de serpiente, exprimiendo la vida de ellos mismos y las de otros. Dicho esto, no lo uses como una justificación para tener un comportamiento reactivo continuo. Por suerte, existen muchas herramientas para ayudarte a volver a tu verdadero yo. Perdonar es una herramienta indispensable que puede sacarte de quedar atrapado en la supervivencia y meterte en el gozo pleno de la vida y el funcionamiento humano.

Manejarse por miedo

Por medio de la comprensión de las reacciones provocados por el estrés de este nivel del cerebro, vemos por qué *manejarse por miedo* es la forma menos eficaz de todas para conducirse. Puede ofrecer resultados, pero al final, no sólo sabotea a los empleados sino también a la propia empresa.

Si fueras parte de una organización que utiliza el miedo o si hubieras tenido un director que lo utilizara, es fundamental que te des cuenta de que la gente que intenta perdonar probablemente funciona en su nivel de mayor estrés. Es posible que tú también. En algunos cultos y sectas religiosas funcionan en este nivel. Incluso podrían profesar: «Dios es amor», pero ciertamente no lo viven así y promueven el miedo. Mantener a la gente con miedo y bajo presión constante es parte del lavado de cerebro y puede ocasionar que las víctimas hagan cosas que normalmente no harían.

Para evitar que este cerebro nos controle, debes estar dispuesto a mirar como un observador tu comportamiento, como si no fuera el tuyo.[29] En verdad, no eres tú. Desde esa perspectiva imparcial en la que no estás reactivo, puedes formular preguntas de ti mismo y entender lo que podría provocar la reacción. Recomiendo hacer esto con otra u otras personas que puedan mantener junto contigo un punto de vista objetivo. Si vuelves a actuar reactivamente, ellas te ayudarán a salir de eso.

La doctora Elaine de Beauport, distinguida educadora, dice que el cerebro primitivo se resiste a cualquier deseo nue-

---

29   Ver De Beauport, 1996.

vo desde el cerebro límbico, o a cualquier decisión nueva por medio del neocórtex. Ella cree que esta resistencia es la razón por la cual la sola fuerza de voluntad, «por fuerte o bien intencionada que sea», no basta para modificar la conducta.[30]

En resumen, este cerebro afecta nuestro comportamiento con respecto a:

- Nuestro dominio físico inmediato.
- La formación de la pareja.
- El contacto social.

Cambiar cualquiera de estas áreas puede provocar fuertes reacciones. El miedo impulsa las respuestas reactivas. Produce nuestro miedo reflejo básico, que se muestra como agresión o sumisión.[31]

- Ahora observa tu propia situación perdonando cuidadosamente y mira cómo esta información te ayuda a comprender a la persona de manera diferente.

CÓMO FUNCIONA MEJOR EL CEREBRO

Dado el número de estímulos y reacciones que ocurren a cada momento, es increíble la capacidad del cerebro para organizar nuestra vida en una sinfonía de acción y decisiones. Las estructuras de nuestras cerebro se entremezclan y comunican, pero difieren en estructura, propiedades y química. Aunque tienen estructuras separadas, las investigaciones han demostrado claramente que no funcionan independientemente.[32] Nuestro sumamente complejo cerebro tiene muchos niveles de interacción en los que todo ocurre al mismo tiempo. Estos

---

30 *Ibid.*
31 Maclean, 1990.
32 Ledoux, 2000.

niveles funcionan mejor juntos en un ambiente seguro que permite a nuestra mente ser una sinfonía en lugar de una zona de guerra.

Como he dicho, las funciones de supervivencia que no siempre nos permiten ser las personas perfectamente funcionales que desearíamos ser, están integradas en nuestro sistema nervioso. Sobrevivir en situaciones de peligro depende de la acción rápida de estos mecanismos, desarrollados durante cientos de miles de años. En la alta tensión de la amenaza (miedo) y la desesperanza, los sistemas anteriores del cerebro pueden tomar el control más fácilmente, y es así que perdemos nuestra compasión y nuestra capacidad para pensar con claridad a través de nuestras dificultades. Luchar, huir o estancarse son sólo algunas de estas respuestas de supervivencia. Cuando ocurren en el momento equivocado, en nuestra sociedad moderna y compleja, pueden causar vergüenza y desaprobación social, así como tener consecuencias jurídicas.

Nota: Ya que el cerebro lleva a cabo mejor sus funciones cuando no se siente amenazado, asegúrate de que tú mismo te encuentres en un ambiente cómodo cuando hagas este trabajo o en cualquier momento que sientas inquietud. Luego puedes calmar tus emociones, y tus habilidades de pensamiento superiores podrán trabajar en armonía para resolver la circunstancia tensa que no has perdonado.

Con frecuencia parece que nuestras reacciones de estrés nos tienen encarcelados. Y sin embargo, este mismo cerebro es el que nos puede despertar nuestros mejores momentos. En el siguiente capítulo se examinarán formas más productivas de manejar las frustraciones, ansiedades y áreas de tu vida sin perdonar.

CAPÍTULO 10
PERDONAR PARA SIEMPRE

nuestras partes intuitivas y a las que resuelven problemas estar disponibles.

Mientras trabajas en perdonar, asegúrate de utilizar esta poderosa fuente de ayuda.

En el siguiente pasaje, Pantajali, un sabio erudito del siglo III a. C., nos dice cómo y por qué nuestra intuición funciona:[52]

> «Cuando estás inspirado en algún gran propósito, algún proyecto extraordinario, todos tus pensamientos rompen sus vínculos; tu mente trasciende limitaciones, tu conciencia se expande en todas direcciones, y te encuentras en un mundo nuevo, grande y maravilloso. Los talentos, las facultades y las fuerzas latentes cobran vida, y descubres en ti a una persona más grande, por mucho, de lo que alguna vez soñaste ser».

Cambiar viejos patrones de pensamiento

Si guardamos resentimientos, seremos incapaces de mantener pensamientos de paz y mucho menos, tener un poder superior. La capacidad del pensamiento efectivo se pierde cuando hay tensión excesiva. Las reacciones y los mecanismos de supervivencia pueden tomar el control, haciéndonos incapaces de aquellos pensamientos superiores.

Por favor nota: Para ayudar a aliviar el estrés, **haz un alto y enfoca tu mente**.

Hace más de treinta años, el doctor Herbert Benson de la Harvard Medical School creó *La respuesta de relajación* para ayudar a las personas a lidiar con el estrés y sus efectos negativos, tales como la presión arterial alta. Estudió con meditadores de todo el mundo a fin de incorporar sus técnicas en su valioso método de relajación para ayudar a las personas a

---

52 *Ibid.*

sentirse mejor y a cambiar sus patrones de pensamiento negativos.[53]

Existe una gran cantidad de datos de neurociencia y estudios cognitivos que muestran el poder de los pensamientos y las creencias. Aquí, de nuevo, el perdón tiene un papel eficaz. Si en la mente de una persona rondan muchos pensamientos negativos, por lo general él o ella no encontrará alivio hasta que logre verlos y resolverlos cada uno. Otra forma es elevar la mente a un estado superior a través de la meditación o contemplación continua. De cualquier manera, perdonar es crucial.

El *Proceso del poder del perdón* hace esto bien. La persona que evita sus pensamientos de víctima y de culpabilidad estará en un lugar más positivo para tener paz, alegría y amor en la vida. Hasta que esto suceda, no se puede acceder fácilmente a un potencial de vida espiritual más profundo.

Cómo cambiar tu experiencia interior

Usa tu imaginación. Las investigaciones recientes sobre hipnosis y el cambio de nuestra experiencia interior son fascinantes. En noviembre de 2005, el *New York Times* informó: «lo que ves no siempre es lo que obtienes, porque lo que se ve depende de un marco construido por la experiencia que está dispuesta a interpretar la información sin procesar». Esto es una reafirmación de lo que vivimos en el capítulo anterior. El artículo explica que cuando las personas hipnotizadas revisaron un acontecimiento de su pasado y luego lo cambiaron, el cerebro actuó como si el suceso cambiado fuera real. Cuando más tarde el acontecimiento fue recordado, el cerebro respondió como si la nueva experiencia de hipnosis fuera real.[54]

---

53 Ver Benson, 1976.
54 Ver Blakeslee, 2005.

Sabemos de esto en hipnoterapia desde hace mucho tiempo mucho tiempo, pero ahora la ciencia lo confirma. Con frecuencia, la meditaciones guiadas permiten reinterpretar y cambiar la experiencia de un trauma. El profesor Charles Figley de la Universidad de Tulane y la Universidad del Estado de Florida, un pionero en la investigación del trauma y responsable del establecimiento de la Fundación Cruz Verde y la Academia de Traumatología, reconoce como válidos los conocimientos del método de hipnosis y la de Desasociación Cinestética Visual (DCV) para ayudar a aliviar a la gente que vivió incidentes traumáticos.[55]

Cada vez que te relajes, respires y te imagines, tal vez en una playa o en las montañas, y que la imagen y sentimientos parezcan reales, la mente actuará como si fuera cierto. Hacer esto puede cambiar tu experiencia perturbadora en minutos. Por supuesto, se necesita práctica, pero en un plazo corto encontrarás la relajación y el cambio mental que estás buscando.

María estaba lista para dejar el trabajo cuando vino a verme. «Odio a mi jefe y también a todos los demás», dijo en lágrimas. Su jefe había sido cruel con ella delante de otros empleados. Ella no podía perdonarlo. Con hipnosis, le pedí a María que se imaginara a su jefe disculpándose con ella. Después le pedí que se imaginara perdonándolo. No le pedí que lo perdonara, sino únicamente que se lo imaginara como si esto hubiera ocurrido. La sesión fue de 20 minutos, pero al final de la misma se sentía muy bien acerca de su jefe y consideraba que podía volver al trabajo. Un mes más tarde, estaba entusiasta acerca de su trabajo y se estaba llevando bien con su jefe.

Éste es un ejemplo del poder de la imaginación para perdonar. Aunque esta situación se hizo a través de la hipnosis, puedes hacer el método en sí en cualquier momento. Muchos muchos nombres: visualización creativa y autohipnosis son los más comunes. Es una habilidad que todos tenemos; sólo necesita desarrollarse y llevarse a la práctica.

---

55 Ver Figley, 2000.

Una visualización del perdón: El primer paso para cualquier visualización mental es descansar y relajarse.

1 Cierra los ojos.
2 Relaja las tensiones de las que estás consciente tanto como puedas. Sólo para este ejercicio, deja ir otras preocupaciones y concéntrate en buscar la calma.
3 Imagina amor saliendo de ti de cualquier manera que puedas, tal vez de un origen divino o de cualquier persona que se te ocurra, real o imaginaria, que puede enviarte amor. Esto en sí mismo puede moverte bastante.
4 Cuando sientas que el amor te llena, imagina a la persona que te molesta. Envíale amor (incluso podrías abrazarla en tu mente.) Continúa hasta que sientas que algo positivo cambia en ti mismo.
5 Notarás que mientras más amor des más lo sentirás. No sólo te sentirás mejor, sino que también tendrás más disposición a perdonar.
6 Mírate caminando en los zapatos de la otra persona y lo que fue para él o ella en la vida.
7 Imagínate que perdonas. ¿Cómo crees que se sentirá?

Te sorprenderás de lo que esta actividad puede hacer por ti. Muchas veces vemos muy bien los escenarios negativos, pero pensar en los positivos es mucho mejor.

¿Funcionan las afirmaciones positivas?

Las afirmaciones positivas son declaraciones optimistas que la gente repite durante el día. Detrás de su poder está la imaginación. Al repetir estas afirmaciones constructivas, te convences a ti mismo de su verdad en lugar de la de las afirmaciones negativas que podrías decirte ahora a ti mismo. Con una respiración y un poco de relajación, puedes ayudar a profundizar más estas declaraciones en tu mente. Estas afirmaciones positivas finalmente pueden remover las negativas. Sin embargo, esto es semejante a pintar una pared que tiene una mancha. A veces la mancha puede escurrirse a través de la pintura. El perdón es crucial para asegurarte de que las manchas viejas de tu mente no destruyan tus declaraciones e intenciones positivas.

El secreto de las afirmaciones positivas y las visualizaciones creativas no son especialmente las palabras o lo que se ve, sino las respuestas emocionales positivas que hay detrás. Las emociones optimistas son las que te sacan de la mentalidad del cerebro de serpiente y te dan la confianza necesaria para que las palabras o visiones sucedan. Las palabras no son magia, pero las emociones inspiradoras sí lo son. Si dejas que tu ser de supervivencia controle tu vida con emociones negativas, no tendrás la vida que deseas ya que sólo estarás viviendo en la parte más baja de tu cerebro y tu pensamiento.

En psicología, la terapia cognitiva se enfoca a las declaraciones negativas que te dices a ti mismo durante todo el día. Por lo regular no eres consciente de estos juicios sobre ti mismo y sobre otros porque están arraigados en nuestra infancia. Sin embargo, se asientan allí, justo bajo la superficie de tu conciencia, condenando lo que haces. Esta «conversación interior negativa» es devastadora y debe cambiarse para alcanzar la felicidad y la capacidad de perdonar. Los patrones de pensamiento distorsionado arruinan la vida.

Alicia llegó a clase furiosa con su cuñada Janet. Pensó todo el día sobre cómo la había lastimado. No sólo reprodujo el malestar, sino que también hizo declaraciones durante todo el día que mantuvieron su enojo, como «esa ingrata...». Alicia era una ruina emocional, y también admitió que había hecho comentarios contra sí misma del tipo: «nadie se preocupa por mí». Además, comenzó a decirse cosas a sí misma en contra de su marido.

Esto es un *veneno* para la mente. La conversación interior negativa destruye. Al final de la clase, Alicia pudo ver la irreal de lo que se decía a sí misma, y perdonar. Luego reemplazó las declaraciones negativas sobre ella y su familia con otras positivas.

La búsqueda de una actitud mental positiva tiene una acción cuádruple:

1 Ser consciente de las declaraciones negativas que te has dicho a ti mismo durante años.
2 Detener cada una, en cada oportunidad que tengas.
3 Hacer declaraciones emocionales positivas para reemplazar las negativas.
4 Perdonarte a ti mismo y a otros.

Las tres primeras acciones permitirán que los pensamientos de perdón tomen el control porque te estás elevando a ti mismo fuera del control del cerebro reptiliano. Este cerebro, con sus funciones de supervivencia, está diseñado para las crisis, no para la percepción continua. Si te encuentras atrapado en el miedo o la ira de larga duración estás dejando que haya un exceso en la toma de control de tu cerebro inferior. Realiza los cuatro pasos anteriores. Vive la vida que estás destinado a vivir.

Resumen de los puntos esenciales

A lo largo de los capítulos he señalado puntos esenciales para trabajar el perdón. Éstos son los puntos clave en los que puedes centrarte. Tenlos en cuenta cuando lleves a cabo este trabajo.

1 **Mantén tu visión superior**. Permanece inspirado en perdonar.
2 **Encuéntrale el significado a perdonar**. Usa un valor o principio de tu vida, como Wild Bill lo hizo en el campo de concentración y los padres de Amy Biehls en Sudáfrica.
3 **Pide ayuda divina**.

4 **Comprométete con el proceso**. Disponte a perdonar. Intenta perdonar. Decide perdonar.

5 **Percibe los sentimientos**. Busca los sentimientos bajo la superficie.

6 **Encuentra la verdad**. Sé honesto. ¡La verdad te liberará!

Los secretos de la labor del perdón

He realizado una variedad de terapias desde 1968. A través de los años de trabajo con el perdón, he encontrado muy significativos los siguientes consejos para ayudar a la gente a perdonar. Les llamo *secretos* porque en general son pocas las personas conscientes de ellos. Éstos son:

1 **Separar la situación**. Analízala pieza por pieza, persona por persona.

2 **Usar tu intuición**.

3 **Recibir apoyo de otras personas**.

4 **Utilizar tu imaginación**.

5 **Observar sucesos anteriores**. Busca experiencias en el pasado que sean iguales o similares a la que estás trabajando ahora.

6 **Abandonar lo correcto y abrirse a la humildad**.

El quinto obstáculo

Ahora has pasado el quinto obstáculo. Ya sabes qué es lo que hace más fácil perdonar. Sigue adquiriendo información y habilidad para perdonar. Por ahora incluso podrías lograr perdonar tu malestar original y trabajar en otros.

Conforme avances, los puntos esenciales, secretos y ejercicios te llegarán en conjunto. Habrá un resumen de la primera parte del *Proceso del poder del perdón* en el capítulo nueve; en seguida, un resumen completo de todo el proceso en el capítulo catorce, y un breve resumen en el apéndice. Con esto verás cómo todo encaja para que puedas utilizar el proceso en cualquier otra situación.

El perdón ha permanecido en el ámbito de la religión porque a veces parece que se necesita un acto de Dios para ayudarnos a soltar. Aceptar algún tipo de poder superior ayuda a ocuparse de esas cosas en las que parecemos impotentes, que en apariencia tienen un gran poder sobre nosotros.

> «Cuando albergamos emociones negativas hacia otros o hacia nosotros mismos, o cuando creamos intencionalmente dolor a los demás, envenenamos nuestros propios sistemas físico y espiritual. Por mucho, el veneno más fuerte para el espíritu humano es la incapacidad de perdonarse a uno mismo o a otra persona. Deshabilita los recursos emocionales de una persona. El desafío… es perfeccionar nuestra capacidad para amar a otros como a nosotros mismos y desarrollar el poder del perdón».
>
> CAROLINE MYSS,
> www.myss.com
> del libro *Anatomy of the Spirit*

CAPÍTULO 8

EL PODER DETRÁS DEL PERDÓN

> «Todos los que están implicados seriamente
> en la búsqueda de la ciencia se convencieron
> de que en las leyes del universo se
> manifiesta un espíritu, un espíritu muy
> superior al del hombre».

ALBERT EINSTEIN[56]

CUANDO HABLAMOS DE PERDONAR, hablamos de la llave para obtener la felicidad y el amor después de un dolor profundo. El objetivo del *Poder del perdón*, abandonar *todos* los trastornos, realmente nos puede abrir a una conexión completamente diferente para amar e inspirarnos, y para el principio creativo de la vida que sana las aflicciones.

EL NÚCLEO DE NUESTRO SER

El poder de perdonar se puede ver de un millón de formas, *pero en esencia, es amor y compasión.* Incluso biológicamente, el amor está integrado en el sistema. En su bien documentado libro sobre los sistemas vivos, *The Self-Organizing Universe*, el científico Eric Jantsch nos dice: «Desde la primera agregación

---

56 Ver Einstein (2), de una carta de 1936 a un niño que pregunta si los científicos rezan.

de células de organismos primitivos existe la capacidad de ir más allá de uno mismo para la comunidad».[57] Esto, en esencia, es el amor.

El amor es la base de la tensión dinámica de la vida, nuestra voluntad de individualidad contra nuestra voluntad de comunidad. Para mí, el amor es ese sentido de bienestar, bondad y compasión hacia los demás y hacia la vida en nuestro corazón.

Toda la vida fluye desde la fundación del amor.

> «Debemos salvarnos gracias a la forma
> final del amor, que es perdonar».
>
> REINHOLD NIEBUHR

En muchas religiones del mundo, el amor o la compasión es el punto más importante de su filosofía, teología, creencias y meditaciones. Ya que el amor se extiende personalmente de nosotros hacia los demás y al mundo exterior, podríamos decir incluso que el amor es una parte fundamental de la unicidad de la vida. Este sentido de ir más allá de uno mismo es integral al hecho de perdonar.

En el plano espiritual es donde entendemos el verdadero poder de perdonar. Por medio del perdón, el amor devuelve a la mente y al corazón a su verdad. El amor es vital para nuestro ser. Es nuestro centro. Y la emoción más importante y poderosa que tenemos. (Por espiritual, me refiero a un nivel de vida más allá de nuestra supervivencia y funcionamiento físico, mental y emocional. Enfocarnos en el nivel espiritual de nuestro ser no sólo le da significado a nuestro propósito de vida, sino que también nos ayuda a superar nuestros problemas emocionales y corporales. La religión es un intento organizado para crear sentido y lograr una perspectiva y una experiencia espirituales).[58]

---

57   Ver Jantsch, 1980.
58   Ver Young, 2004, cap. 10.

El corazón: altar de lo divino

Al amor los sentimos en nuestro corazón. Aunque hablamos de nuestro sentido del poder divino o superior, o Dios, la experiencia está en nuestra vida cotidiana. Aun las personas sin religión saben lo que significa ser sincero y amoroso.

Sólo con un pequeño cambio de punto de vista, podemos ver la razón de las acciones de las personas desde la perspectiva del amor. Nuestro corazón y el amor son los que nos impulsan en lo que hacemos, ya sea si es sacrificar nuestra vida de familia o país, o matar a otro ser para proteger a nuestros seres queridos. Incluso el odio se conduce por un sentido distorsionado del amor. Lo aceptemos o no, y parezca o no que lo experimentemos, el espíritu del amor y de la integridad infunde nuestras vidas.

Nos sentimos culpables cuando actuamos contra el principio del amor y la vida. Esta culpabilidad parece que nos aleja del ser superior dentro y alrededor de nosotros. Nos mueve fuera de nuestros pensamientos y metas superiores, y parece bloquearnos de sentir alegría o paz. Soltar la culpa es nuestro camino de regreso al principio divino de la vida y volver a experimentar el amor, la paz y la alegría. Ésta es la razón para perdonar y le da al perdón su máximo poder en el camino hacia la felicidad.

> «Pero busquen primero su reino y su justicia, y todas estas cosas se les darán también a ustedes».
>
> JESÚS. MATEO 6:33

AMOR Y PERDÓN

El amor conlleva una alegría que llena nuestra vida en formas infinitas. Hace indispensable perdonar. Sin amor como la fundación de nuestra vida y nuestro corazón, sucumbimos más fácilmente a las aflicciones, la pérdida y la falta, lo que hace la vida desagradable y a veces insoportable.

Por qué funciona tan bien, y cura tan rápido, perdonar a otros y a nosotros mismos es simple. Debajo de la complejidad de nuestras emociones y reacciones y debajo de nuestros mecanismos de supervivencia hay una pureza de espíritu, corazón y honestidad. Es nuestra esencia y por eso para cambiar nuestra vida perdonar es algo tan poderoso.

En general, creo que la mayoría de la gente es honesta. Somos gente decente que se castiga a sí misma por actuar mal. Perdonar a los demás y obtener perdón para nosotros mismos nos devuelve nuestro funcionamiento superior. Simplemente hacer un acto de desamor establece una reacción dentro de nosotros que crea culpa. Esto es fundamental para que el perdón funcione. Nos trae de vuelta a un ser y a un estado más reales y auténticos.

Martin Luther King, Jr. dijo: «debemos desarrollar y mantener la capacidad de perdonar. Quien carece de poder para perdonar carece de poder para amar».

El estado más saludable de nuestra mente

Para que puedas explicar este estado auténtico y positivo más adelante, considera este ejemplo. Imagina tu mente y tu corazón como una banda de goma circular grande, floja, en una tabla, sin tensión, pero llena de pensamientos de satisfacción, bondad y amor. Imagina también que vives tu vida en ese estado de ánimo. Tal vez debido a tu claridad y plenitud puedes sentir tranquilidad en tus asuntos diarios y trabajar en un nivel superior.

Si empiezas a estirar esa banda de goma, creas tensión. En nuestro ejemplo, esa tensión puede ser resentimiento o culpa. Como sabes, una pequeña tensión eliminará todo el espacio dentro de esa banda de goma, que es tu verdadera forma de ser. Mientras mayor tensión pongas en la banda, mayor esfuerzo se necesita para mantener la tensión en su lugar. Por lo tanto, cualquier forma en la que puedas aliviar esa tensión permite que tu mente y tu corazón regresen a su posición natural, un espacio de realización, energía, claridad y amor.

A través del tiempo, el perdón ha sido una fuerza poderosa porque abre la mente a la curación a través de una fuente mucho mayor que la de nuestro ser de supervivencia. Esta fuente tiene muchos nombres: amor, naturaleza, Dios, Alá, el gran espíritu, etcétera. Más allá de todos los nombres, perdonar es lo que activa nuestros pensamientos y objetivos superiores y nuestro potencial máximo. Al dejar ir los resentimientos, las heridas y el dolor del pasado, soltamos la tensión de nuestra mente y nuestro corazón para que podamos tener más fácilmente un sentido de nuestro poder superior, lo que nos permite funcionar en un nivel de realización más feliz y creativo.

Alimenta tu corazón con esto:

Aquí hay un método que abre a las personas a un sentido más profundo del amor.

1 Pon las preocupaciones inmediatas a un lado y lleva a cabo un proceso de relajación. Suelta la tensión en tu cuerpo, desde la cabeza hacia abajo, dejando que las tensiones desciendan bajo tus pies.
2 Ahora, pon atención al sentido del amor en tu corazón. Auméntalo y siente que ese amor se extiende desde ti hacia la habitación.
3 Siente cómo se nueve naturalmente hacia afuera de donde estás hasta el vecindario o el área que te rodea.
4 Expande ese amor para llenar tu ciudad. Que llene el área alrededor de la ciudad, extendiéndose a tus personas queridas, a otras personas, a los árboles, al campo

y a otras ciudades hasta que toda la región sea tocada por el amor.

5 Deja que se expanda a tu país y luego otros países.

6 Ahora ve y siente que el amor llena la Tierra y a todos en ella.

7 Observa cómo el amor que envías beneficia a la vida.

8 Regresa cuando estés listo.

LA VERDADERA CURACIÓN

Si tienes una pierna herida y tienes mugre en ella, no se curará hasta que retires la parte sucia. Aun así, una mancha podría permanecer por un tiempo. Sin embargo, la pierna puede verse y funcionar bien. Antes de que se pueda presentar la belleza de la pierna en el proceso de curación, será necesario quitar la mugre y esperar a que la mancha desaparezca. Cuando quitas el resentimiento de tu mente, la memoria persiste pero finalmente puede sanar en lugar de infectarse con el veneno del enojo o la culpa.

Asimismo, si haces oraciones, afirmaciones positivas o meditación con resentimiento y culpa en tu corazón, tus intenciones positivas no tomarán el control fácilmente. Debes quitar la mugre. Cuando remueves el malestar, se lleva a cabo la curación. De lo contrario, la afirmación, la oración o la meditación tendrá que rehacerse de manera continua. La mugre no permitirá que se produzca la curación o tu visión superior.

Cuando medité antes de transformarme con el perdón, pude tener un estado de ánimo «bastante bueno». Incluso enseñé a meditar, haciéndolo discontinuamente desde los dieciséis años. Después de esa transformación del perdón, mi mente estaba mucho más tranquila y limpia, y mis meditaciones empezaron a gozar una tranquilidad que, antes de perdonar, me habría tomado mucho tiempo alcanzar.

Esta experiencia de curación es el resultado de un principio simple de la mente: **tus pensamientos no pueden ir en**

direcciones opuestas al mismo tiempo y llegar a algún lugar. El resentimiento, la culpa, la ira y el miedo toman la mente en la dirección opuesta al amor, la felicidad y la paz. El cambio profundo no puede suceder hasta que estés dispuesto a abandonar estos resentimientos y temores.

Debido a que el amor es la esencia de nuestro ser y, por extensión, el funcionamiento superior del cerebro, cuando perdonamos todos los malestares, la mente se somete a un cambio, una transformación, donde hay mucho más amor, paz y alegría.

Cuando esto ocurre, se produce naturalmente una actitud positiva. El objetivo final de la labor de perdonar es reestructurar tu forma de pensar para que el amor, la alegría, paz, paciencia, bondad, integridad, fidelidad, consideración y el autocontrol estén más disponibles en cada momento.

> *«Cuando examinas las vidas de las personas más influyentes que nunca han caminado entre nosotros, descubres un subproceso que serpentea a través de todos ellos. Han sido alineados primero con su naturaleza espiritual y sólo entonces con su ser físico».*

ALBERT EINSTEIN[59]

Las preguntas en el trabajo del perdón son: «¿Dónde estás poniendo tu mente?» y «¿Deseas mantenerla allí?» Hay varios métodos disponibles para perdonar que pueden ayudar en esto:

- Pon tu mente en el amor, envia ese amor al agresor o agresores y a ti mismo.
- Envíales oraciones a ellos y a ti mismo.
- Si quieres paz, mantén tu mente tranquila y envíales paz a ellos y a ti mismo.

---

59 Ver Einstein.

Todas estas son formas de eliminar el malestar y tener una visión más feliz. Aliméntate con lo que necesites. Si el caos reina, opta por la paz.

> «Por lo tanto, confiesen sus pecados uno al otro y oren por los demás, para que sean sanados. La oración del justo es poderosa y eficaz».
>
> JESÚS. JUAN 5:16

Los doce pasos

> «Si tienes un resentimiento que deseas liberar, si rezas por la persona o la cosa que resientes, serás libre. Si pides una oración por todo lo que quieras que les sea dado a ellos, serás libre. Pide por su salud, su bienestar, su felicidad y serás libre. Hasta cuando realmente no lo desees para ellos, y tus oraciones sólo sean palabras y no sea tu intención decirlas realmente, sigue adelante y hazlo de todas formas. Hazlo todos los días durante dos semanas y te darás cuenta de que ya lo dices en serio y lo deseas para ellos, y que donde sentías amargura, resentimiento y odio, ahora sientes amor y comprensión compasiva».
>
> El gran libro de AA[60]

Podemos presenciar el poder de los programas de doce pasos que funcionan con adicciones de todo tipo, por medio de los tres primeros pasos:

---

60 Ver AA, 1976.

1 Admitimos que éramos impotentes ante el alcohol y que nuestras vidas se habían vuelto ingobernables.
2 Llegamos al convencimiento de que un poder superior podría devolvernos el sano juicio.
3 Decidimos poner nuestras voluntades y nuestras vidas al cuidado de Dios, como nosotros lo concebimos.

Un programa de doce pasos es una asociación que tiene como objetivo la recuperación de sus miembros, de las consecuencias de una adicción, una compulsión u otra influencia dañina en sus vidas, con la ayuda de los doce pasos basados en la fe.[61]

Ser positivo

Las actitudes positivas acerca de la vida ayudan a sentirse mejor. Las personas y situaciones sin perdonar perpetúan la animosidad en tu corazón. Los pensamientos de amor y los de aversión y ataque no pueden estar en tu mente al mismo tiempo y dar como resultado pensamientos positivos y de paz. Así, para que se manifiesten tus oraciones y deseos, debe ocurrir el perdón.

Si mantenemos y albergamos resentimiento, rabia y molestia con cualquier persona, creemos que podemos dividir nuestra mente en dos y ser feliz aún así. Debido a que esto es imposible, realmente nos estamos cancelando la posibilidad de tener una vida alegre, pacífica o amorosa. Albergar resentimiento y una actitud implacable traerá lo contrario de una vida tranquila y feliz.

Una mente y un corazón limpios experimentarán la naturaleza divina de la vida.

«Por lo tanto, si estás ofreciendo tu regalo
en el altar y ahí recuerdas que tu hermano

---

61 Wikipedia: «12 Pasos», 2006.

*tiene algo contra ti, deja tu regalo allí frente
al altar. Primero ve y reconcíliate con tu
hermano; luego ven y ofrece tu regalo».*

JESÚS, MATEO 5: 23-24

Perdonar conlleva la posibilidad de ser positivo, porque te permite limpiar tu pensamiento negativo. Al eliminar los aspectos negativos de la vida, empiezas a mantener patrones nuevos y positivos.

Enrique era un viejo amigo que con los años se fue volviendo más y más negativo. No le gustaba donde vivía, cuando éste era un lugar encantador para la mayoría de las personas; estaba molesto con su familia, y no era capaz de hacer amigos. Lo convencí de que hiciera el *Proceso del poder del perdón*. Trabajó duro, observó profundamente y tomó a fondo lo que le dije. En un mes, estaba en la mejor relación íntima en la que había estado en años, tuvo una mejor comunicación con su familia, y era mucho más feliz donde vivía.

Encontrar lo positivo en la tragedia y el trauma

Algunos de nosotros hemos tenido algunas lecciones muy duras en la vida. La mayoría de nosotros nos quedamos atrapados en esos incidentes porque no vemos nada positivo en ellos. Ver lo positivo ayuda a perdonar.

Pero, ¿cómo obtener esa perspectiva positiva acerca de algo terrible? Así como con la acción general de perdonar, hay que tomar trozos del tamaño de un bocado. Empieza con las cosas pequeñas. El viejo proverbio dice que «el tiempo cura todas las heridas». Pero la verdad es que aceleras la curación si encuentras esas pequeñas cosas para estar agradecido, que proceden de esa experiencia negativa.

Gratitud

La gratitud es un método poderoso para el cambio. Funciona en cualquier momento y cada día brinda la oportunidad para sentirse mejor.

La tercera religión mas grande en Japón, Seicho-No-Ie, valora grandemente la virtud del agradecimiento. Su fundador Masaharu Taniguchi tuvo una experiencia de iluminación en la década de 1920. Después, comenzó a enseñar que las virtudes más importantes a desarrollar para profundizar en la experiencia espiritual son la gratitud, el perdón y la reconciliación. Trabajó individualmente para llevar esto a los corazones de las personas. Al paso de las décadas, se le atribuyen muchos milagros a su trabajo de gratitud y a sus oraciones.

La Psicología positiva es un movimiento que, por último, pone atención a los aspectos de la calidad de nuestra mente en lugar de enfocarse en nuestra patología negativa. La fuerza de inspiración e investigación tras este trabajo es del doctor Martin Seligman. Uno de sus equipos de investigación recopiló más de cien *procesos para la felicidad*, desde el de Buda hasta el de Anthony Robbins, para descubrir cuáles sirven realmente. El equipo encontró que una de las maneras más efectivas para tener felicidad era estar agradecido a diario. En el estudio, la gente escribió tres cosas buenas, grandes o pequeñas, que ocurrieron durante el día. Se hizo esto cada noche durante una semana. Junto a cada entrada, contestaron la pregunta: «¿por qué ocurrió esto bueno?». Después de tres meses, estas personas todavía estaban significativamente más felices y menos deprimidas que el grupo de control.[62]

---

62 Ver Seligman, 2004.

La tercera carta de la secuencia

Los mediadores y negociadores han utilizado el siguiente método para impedir obstaculizar el inicio o la continuación de la secuencia. Debido a que no siempre tenemos un mediador, consejero u otra persona neutral disponible, seguir la secuencia de cartas que iniciaste en el capítulo seis te puede ayudar. Escribiste la *Carta de la herida* y la *Carta de respuesta*. La tercera es la *Carta del agradecimiento*, la que redactarás ahora. Si hay varias personas con las que estés molesto, te recomiendo una secuencia de cartas separadas para cada uno.

Una parte de la carta de agradecimiento viene del *Honorable trabajo de cierre*[63] de la doctora Angeles Arrien, una antropóloga cultural, autora ganadora de premios, educadora y consultora de negocios. Recomiendo ampliamente sus muchos libros para cualquier persona interesada en lo que nos es común a todos con respecto a las religiones y culturas.

La carta de agradecimiento

En esta etapa de perdón, escribe una carta de agradecimiento a las personas que deseas perdonar. En la carta, habla de tu agradecimiento por lo que han contribuido en tu vida. Libera tus sentimientos negativos, que no pertenecen a esta carta.

1 Agradéceles por los dones que has recibido de ellos a través de los años.
2 Diles, si es posible, *cómo* has madurado mental, emocional o espiritualmente gracias a ellos.
3 Dales las gracias por lo que has aprendido de ellos y exprésales tu agradecimiento por lo que han sido en tu vida.
4 Si una vez hubo amor, *finge* sentir este amor y recuerda lo que una vez amaste de la persona.

---

63 Ver Arrien, 1991.

5 Aprecia sus cualidades positivas y escribe lo que admiras de ellos.

6 ¿Cómo te inspiraron?

7 Habla sobre el amor dado y el recibido.

8 Observa el cambio en tu cuerpo. Anota lo que piensas.

Para ser agradecido, al principio puede ser que tengas que «fingirlo hasta sentirlo», pero llegará.

Discúlpate sólo cuando reconozcas que has hecho daño intencional o accidentalmente. Puedes reconocer las aptitudes, el carácter, la integridad, la fuerza, el aspecto de las personas y lo que te gusta acerca de ellos en general.

Si puedes ver que podrías haber hecho algo similar en la ofenderlos en cualquier aspecto, entonces la compasión y la humildad pueden entrar en tus pensamientos más fácilmente, y el perdón puede ocurrir en un instante. Entonces el reto será perdonarte a ti mismo.

No envíes las dos primeras cartas, pero considera enviar la de gratitud.

● ¿Qué problemas trae a la mente? Escribe sobre ellos.

La carta de agradecimiento de Jeanette a su esposo abusivo comenzó con un reconocimiento de cómo él le ayudó a obtener fuerza para decir *no* y alejarse de su abuso. Entonces vio cómo él había trabajado e, incluso, se había sacrificado para que ella pudiera tener una casa bonita. Todo terminó en llanto cuando ella vio que el amor realmente había estado allí.

NOTA: Quiero repetir una advertencia que mencioné en la primera parte del libro. Cuando el amor se convierte en una relación abusiva, la persona puede volver a la sensación de haberse curado y abusar de nuevo. Ver el «Mito 11» en el capítulo tres.

Si te es demasiado difícil escribir esta carta ahora, entonces espera hasta que sea apropiado. El punto crucial aquí es ser consciente de la posibilidad de gratitud en este o en cualquier situación en la que se dé un regalo.

Puedes mirar el libro *Thank God I...: Stories of Inspiration for Everyday Situations* editado por John Castagnini. En él hay historias de personas que han encontrado lo positivo en sus mayores desafíos. Algunas historias son: «Gracias a Dios que mi esposa me engañó», «Gracias a Dios que fui violada», «Gracias a Dios que tuve cáncer», «Gracias a Dios que tengo herpes», «Gracias a Dios que mi hijo murió», «Gracias a Dios que mi esposo era alcohólico».

Un sentido interno de la verdad

Si nuestra fuente es amorosa y armoniosa, tal vez nuestros propios obstáculos para la paz y el amor nos impidan experimentar nuestro estado superior de la mente y espíritu: amor, gozo, paz y perdón.

Al reconocer que puedes *no saber* toda la verdad de la situación, tú mismo te abres para ver la situación más profundamente. Por ejemplo, puedes no saber la razón de Dios para que suceda esta situación, o la lección por tu participación o la de otro. Puedes no saber la verdad detrás de la perspectiva de la otra persona.

Además de la intuición básica, la mayoría de nosotros tenemos un sentido interno para saber lo que hay que hacer. He trabajado con personas que se han sentido justificadas en sus acciones perjudiciales hacia otra persona, pero cuando llegamos más profundo y se volvieron más sinceros, admitieron que siempre hubo una parte de ellos que sabía que no era lo correcto. No escuchar a la parte honesta de nosotros mismos crea confusión y culpa. Este sentido interno de rectitud es la conciencia. Este sentido de la verdad nos lleva a ser conscientes de que la curación sólo puede venir a través de la honestidad. A través de este sentido interno de rectitud, podemos deshacer mucha de la confusión alrededor de situaciones sin perdonar.

Esta calidad interna no es condenadora, sino totalmente benéfica y sabia. Incluso podría llamarse el *Espíritu de la compasión* dentro de ti, para ti. Está disponible, pero nunca controla. Es sutil, pero se siente bien. Si tu respuesta no es de amor, paz y alegría, has escuchado a tu ser de supervivencia pesimista. Es un signo seguro de que *no* estás usando tu sentido interno de la verdad.

Cómo darte y darles poder a otros

Conectar con este aspecto superior de la vida es la mejor manera para darte poder a ti mismo. Para algunos esto parece ser difícil. He creado algunas *Formas eficaces para darte y darles poder a otros* en mis talleres, para que las personas puedan trabajar con muchas fuentes de fuerza interior que pueden utilizar. Estás ayudado a personas a conectarse con la potencia necesaria para perdonar. El Apéndice B contiene un folleto con preguntas para ayudarte.

Preguntas diarias

1 ¿Estoy dispuesto a ser completamente honesto conmigo mismo y en mis recuerdos?
2 ¿Puedo ser completa y no omitir o añadir detalles?
3 ¿Puedo ser objetivo?
4 ¿Estoy dispuesto a ser veraz sobre mi participación en mis situaciones sin perdonar?

CAPÍTULO 9

TRABAJAR LOS MALESTARES

ESTE BREVE CAPÍTULO es un resumen de los pasos de todos los capítulos anteriores para ayudarte a perdonar. éstos no son todos los pasos del *Proceso del poder del perdón*, pero te pueden llevar muy lejos en el acto de perdonar.

PASOS ESENCIALES Y ACCIONES PARA RECORDAR

Para tratar con una persona o situación:

1. Toma una decisión que te haga sentir bien

Inicia con lo pequeño. Toma un malestar, o parte de uno, para trabajar en él. Podría ser sólo parte de un grupo de personas o uno de muchos enojos con una persona.

2. Observa tu voluntad

- ¿Deseas trabajar esa molestia?

(Si no, toma otro malestar que estés dispuesto a enfrentar.) Como mencioné, la voluntad es esencial porque es el comienzo del compromiso que conduce al perdón. Tu disposición a tomar los malestares más difíciles aumentará a medida que perdonas. No tienes que empezar primero con las cosas grandes, sólo toma lo que estás dispuesto a perdonar.

3. Concéntrate en lo que te inspira a perdonar
▶ ¿Qué es lo que te inspira a llevar a cabo esta labor?

La cualidad esencial para realizar el trabajo de perdonar es estar continuamente inspirado. Necesitas tener una razón de peso para hacerlo. Esta razón inspirada te llevará a vencer la resistencia interna natural de la mente en contra de perdonar. Esta motivación puede ser espiritual, emocional o incluso física.

La inspiración es el inicio más eficaz de cualquier esfuerzo; mientras más fuerte sea la inspiración, mayor la posibilidad de éxito.

La etapa de apertura para perdonar es la leña o el reavivamiento de su deseo de perdonar. Esta apertura inicial por medio de la inspiración lleva hacia adelante tu espíritu en la búsqueda de más conocimiento en tema y, más tarde, te lleva a través de los bloqueos emocionales que podrían presentarse.

4. Maneja tus emociones con eficacia
▶ ¿Qué sientes cuando piensas en la situación?

Lidiar con los sentimientos es importante para evitar el falso perdón. Cuando tus sentimientos cambian a ser positivos, ha ocurrido el perdón. Podrías encontrar útiles estas preguntas al observar tu mentalidad inicial:

A ¿Cómo me siento cuando pienso en la persona involucrada en esta situación? Por ejemplo: triste, deprimido, enojado, apático, culpable, herido, ansioso.

B ¿Aparte de mi emoción principal, cuando pienso en cada situación, hay otros sentimientos debajo, o mezclados con el sentimiento central, como la vergüenza, la humillación o la vergüenza?

C ¿Estoy dispuesto a participar de estos sentimientos y no a evitarlos?

D ¿De qué tuve miedo que pasara en ese momento? ¿De qué tengo miedo ahora si perdono?

5. Encuentra tus necesidades y lo que te deben

Recuerda, nuestra definición de perdonar es soltar lo que se te debe, como cuando perdonas una deuda financiera.

- ¿Qué te deben por haber sentido lo que hayas sentido?
- ¿Qué necesitas de la situación? ¿Qué te satisfaría?

A algunos les traería alivio llevar a la persona a la cárcel. A otros, ver morir a la persona no es suficiente. Por lo tanto, la pregunta inicial en cualquier situación de perdón es: ¿que te deben?

Aquí hay más preguntas que te ayudarán en este paso:

A ¿Estoy dispuesto a que exista la posibilidad de no conseguir lo que me deben?
B ¿Puedo dejar ir para obtener tranquilidad?
C ¿Vale la pena llevar esta molestia cuando no es realista a que consiga lo que quiero de ellos?

6. Mira las consecuencias reales de aferrarse a esta molestia

Este paso no tiene que ser un ensayo; se puede hacer en momentos.

Saldar la deuda

A ¿Qué obtengo manteniendo vivo el malestar? Anota cualquier beneficio. ¿Quién se beneficia y cómo?
B ¿Tener la razón es más importante que ser feliz?

Consecuencias negativas
A veces no notarás cuánto te ha afectado el malestar. Aquí hay algunas preguntas que debes considerar:

A ¿Qué obtengo realmente de este malestar? Enlista lo negativo.

B ¿Qué sucede con las personas más cercanas a mí al retener el malestar?

C ¿Qué tan feliz soy en mi vida?

D ¿Salir de esta situación podría aumentar el amor, la paz y alegría en mi vida?

Ser una víctima

A ¿Cuánto tiempo lleva ya mi victimización?

B ¿Cuánto tiempo está bien para otros tener el control de mi felicidad?

C ¿Soy un posible colaborador del problema y no sólo la víctima?

7. Maneja tu resistencia a perdonar

Lo que a menudo impide a la gente dejar ir son los malentendidos sobre la naturaleza del perdón. Los enumeramos en el capítulo sobre los mitos y los repetimos aquí para asegurarnos de que los malentendidos no inhiben tu capacidad para seguir adelante.

Recuerda, el perdón:

- No es tolerar un mal comportamiento, justificar una ofensa ni poner la otra mejilla.
- No es reconciliarse con la persona insultante.
- No es «Si no lo veo, no lo siento».
- No depende de una disculpa.
- No depende de que la otra persona esté viva o en contacto contigo.
- No depende de que quien ofende se lo merezca.
- No es darse por vencido, ni buscar la salida fácil a una situación.
- No es falta de responsabilidad.

Si cualquiera de estos malentendidos afectan tu perdón, revisa la sección «Resumen de los mitos del perdón» en el capítulo tres.

Decidir perdonar

A veces puedes hacer una decisión consciente para perdonar mientras estás en el proceso. Esta decisión es un acto de la voluntad con intención y un compromiso sólido más alto con uno mismo. La decisión de perdonar puede ocurrir en cualquier momento.

Preguntas que te puedes hacer:

1 ¿Puedo decidir perdonar ahora por mí mismo?
2 A pesar de que no se lo merecen, ¿puedo decidir perdonar como un acto de compasión hacia la otra persona y hacia mí mismo?

Al tomar la decisión de perdonar, sigue adelante con el resto de las etapas. Perdonar a alguien no es el final de este proceso; perdonarte a ti mismo sí lo es, si deseas librarte de la situación por tu bien.

NOTA: Cuanto más decides perdonar y sentir alivio emocional, más fácil será tomar la decisión de perdonar en otro momento. El *Proceso del poder del perdón* se vuelve más rápido según vayas avanzando porque tu decisión de perdonar se hace más fácil, lo que te permite dejar ir los enojos permanentemente. La velocidad del proceso parece poco realista para aquellos que no entienden qué es perdonar. Cuanto más lo haces, mejor te vuelves para hacerlo. Cuando sigues viendo los patrones negativos repetitivos de tu mente y cómo juegan en diferentes situaciones sin perdonar, se hace más fácil tu comprensión acerca de esas situaciones y aumenta la decisión de perdonar.

Preguntas básicas

A ¿Me he tomado el tiempo para relajarme, meditar o contemplar desde mi ser superior mientras hago este trabajo de perdonar?

B ¿Estoy escuchando lo mejor de mí mismo?

C ¿Cuál es la meta más alta en mi vida que esta situación puede estar deteniendo, ya sea con su existencia o con mi propia actitud?

Parte III

LA VERDAD DETRÁS DE LA RESISTENCIA A PERDONAR

Algunos de los pasos importantes del proceso de perdón que cubriremos en esta sección:

- Perdonarse a uno mismo.
- El matrimonio y las nuevas relaciones.
- Hacer frente al estrés, el trauma y el dolor emocional.
- Controlar eficazmente los arrebatos del cerebro en tensión.
- Cómo hacer del perdón algo permanente.

«No estés enojado
por no poder hacer que otros
sean como deseas,
ya que no puedes hacerte a ti mismo
como deseas ser.
Si no puedes moldearte a ti mismo
completamente como desearías,
¿cómo esperas que otras personas
sean totalmente como a ti te gusta?»

THOMAS A KEMPIS,
La imitación de Cristo del siglo XV

CAPÍTULO 10

PERDONAR PARA SIEMPRE

«*Todos se quejan de su memoria y nadie se queja de su juicio*».

FRANÇOIS DE LA ROCHEFOUCAULD
autor francés (1613-1680)

PERDONAMOS LA VENGANZA en nuestras novelas, películas y culturas. Nuestros héroes no perdonan a los delincuentes; los encuentran y los destruyen, lo que hace al mundo más seguro para las personas con valores decentes. ¿Cuál es el problema si se respetan los valores de los buenos y los malos obtienen lo que merecen? El problema es que siempre hay dos bandos en el conflicto. Para ser imparciales, la justicia debe llevarse a cabo en una situación controlada, como en un sistema jurídico.

Cuando juzgamos y atacamos a la gente cercana a nosotros basados en nuestra propia opinión de lo que es correcto, corremos el riesgo de equivocarnos. Esto incluye a los gobiernos. A menudo, cuando se trata de interacción humana y de comportamiento, no tenemos toda la información que necesitamos para llegar a una conclusión razonada, sólo a una emocional. Muchas guerras comenzaron sin ninguna mejor justificación que la venganza o la humillación.

Detrás de la razón para no perdonar está la verdad que te permite perdonar. Estudiar tu confusión y resistencia en realidad puede aumentar tu calidad de vida y capacidad de perdonar. La compasión te permite estar *dispuesto* a comprender a una persona, tal vez poniéndote en sus zapatos. La comprensión acelera el proceso de perdonar y puede hacer que sea duradero.

En mis clases de terapia de perdón, he encontrado que la comprensión es vital para abordar los factores interiores profundos que impiden perdonar, pero puede, cuando está bien dirigida, hacer que el perdón sea permanente. En la búsqueda del entendimiento, le hemos dado importancia a conocer por qué las personas no actúan o ven el mundo como nosotros, ni tienen los mismos valores que nosotros. En la búsqueda de la verdad, debemos mirar más profundamente nuestras reacciones personales y su efecto.

Como dijo Einstein:[1]

> «Un ser humano es una parte del todo, lo que llamamos el "universo", una parte limitada en tiempo y espacio. Se experimenta a sí mismo, sus pensamientos y sentimientos, como algo separado del resto, una especie de ilusión óptica de su conciencia. Esta ilusión es una especie de prisión para nosotros, nos restringe a nuestros deseos personales y al afecto por unas pocas personas más cercanas a nosotros. Nuestra tarea debe ser liberarnos de esta prisión, ensanchando nuestro círculo de compasión para abrazar a todos los seres vivos y a toda la naturaleza en su belleza. Nadie es capaz de lograrlo completamente, pero el esfuerzo por tal logro es en sí mismo parte de una liberación y una fundación para la seguridad interior».

Para desarrollar la habilidad de dejar ir, necesitas aprender los aspectos más profundos de tu mente que no sólo protegen, sino también pueden causar problemas y afectar el hecho de perdonar. De esto, obtendrás una mejor comprensión de por

---

1   Ver Einstein, 1972.

qué actuaste de la manera como lo hiciste, y por qué otros actúan de la manera como lo hacen. Reforzado con este conocimiento, perdonar se convierte en algo simple e indoloro. Éste
es el objetivo de esta tercera parte del libro.

Cómo mantener las reacciones de nuestro cerebro en tensión lejos de reemplazar nuestras funciones creativas y de pensamiento [2]

No es fácil estar a cargo de nuestros pensamientos. Cuesta
trabajo. Todos los días cometemos errores, algunos grandes,
algunos pequeños. Necesitamos el perdón para engrasar los
mecanismos de las interacciones sociales y personales, para
que tanto nosotros como los que nos rodean podamos ser
felices.

El cerebro está programado para reaccionar. Cuánta influencia llegan a tener los sistemas reactivos se regula no sólo
por la cantidad de estrés presente, sino también por la experiencia que tengamos en controlar estas reacciones.

Como se mencionó en el capítulo 5, para perdonar necesitamos estar en un espacio tranquilo, no amenazante. La meditación, la oración, la contemplación y otros métodos de reducción de estrés como la *Respuesta de relajación* desarrollada
por el doctor Herbert Benson en Harvard, ayudan a mantener
los cerebros primitivos lejos de ganar o tomar el control.

Nota: No siempre eres capaz de controlar las respuestas al
estrés en el cuerpo y la mente, pero con el conocimiento y la
práctica, estas reacciones tienen menos poder sobre tu vida.

Esto quedó claro para mí en un documental sobre cómo el
padre de Tiger Woods le enseñó a jugar golf para competir.
El padre de Tiger quería que se concentrara en lo que estaba

---

2   Citado en Heartquotes.

haciendo, sin importar lo que sucedía a su alrededor. Para enseñarle a enfrentar la presión de la competencia, dejaba caer una bolsa de golf cuando Tiger estaba empezando un giro, o si no, creaba tensión para que la práctica de Tiger siguiera calmada y concentrada incluso con tensión alta. El éxito en la competencia exige este grado de enfoque y calma, igual que el tener éxito en la vida.

Las personas que no han aprendido a manejar sus reacciones tendrán momentos difíciles en situaciones de estrés. Algunos nunca aprenden a manejar eficazmente el estrés. Se necesita mucha práctica. Se logra poco al regresar a la calle a las personas violentas que estuvieron en la cárcel cuando no han aprendido a lidiar con estas reacciones de gran alcance. No abogo por el castigo, sino por un programa de manejo del estrés y por la rehabilitación, junto con cursos para perdonar. Si se llevaran a cabo estos cursos, veríamos un cambio radical en aquellos que están en prisión y una reducción de las tasas de delincuencia.

Animo a las personas que han sido violentas o abusivas a aprender a trabajar con sus reacciones de enojo, para que no sean un peligro para otros o para sí mismos. De lo contrario, la violencia y las reacciones fuera de control continuarán.

Por favor nota que: Los cambios en los patrones de comportamiento son difíciles porque a menudo están conectados con las primeras experiencias de placer y seguridad. En consecuencia, para cambiarlas necesitas asegurarte de que hay placer y seguridad en el nuevo patrón. Si cuando intentas nuevos patrones te enojas contigo mismo, conectas con el estrés en lugar de con el placer y anulas tu propósito.

Si vas a un baile y quieres aprender a bailar salsa, tus viejos patrones de otros pasos de baile podrían ayudarte u obstaculizarte el camino. Con cualquier estilo de danza te sentirás incómodo hasta que aprendas el ritmo y los pasos. Por esta razón se aprende lo básico primero. Comienzas lentamente para que puedas construir comprensión y placer, no miedo y ansiedad.

Si una persona nunca aprendió sobre música, ritmo y patrones de pasos para bailar, él o ella podría juzgar al baile como algo estúpido y a la gente que lo hace como ignorante. Asimismo, si el paso de baile de una persona es diferente de la de otra, puede haber un juicio severo. Este mismo tipo de juicio y condena es lo que causa dolor y dificultades en una relación. Entonces, el perdón se convierte en el paso que hace más suave la danza de una relación.

Entender nuestras reacciones al estrés nos hará comprender por qué perdonar es tan difícil, y a veces lo atacamos o lo defendemos apasionadamente.

Anteriormente hemos hablado de cómo las reacciones inferiores del cerebro pueden tomar el control de nuestra corteza cerebral. Aquí hay más indicadores de este «hacerse cargo». Cuando una persona se estresa demasiado y su función superior se atenúa considerablemente, pueden mostrar problemas:[3]

- Distracciones fáciles y/o hiperactividad
- Falta de determinación
- Problemas de control de impulsos
- Retraso crónico y gestión pobre del tiempo
- Desorganización y aplazamientos

Si esperas que tú u otra persona funcionen bien cuando están presentes los anteriores signos de tensión excesiva, estás siendo poco realista en el mejor de los casos.

Observa tu situación sin perdonar y mira si puedes salir de ser el efecto de la misma y avanzar hacia el papel de un observador que se mira a sí mismo. Con esta perspectiva:

1 ¿Qué cosa en tu pasado crees que te hace reaccionar como lo has hecho en esta situación?

---

3   Ver Amen, D. G. 2006ª.

2 Considera por qué crees que podrías tener los sentimientos que tienes.

A veces tendrás una idea rápida de lo que está bajo la superficie; a veces, esta idea vendrá días después, cuando menos te la esperas. Se trata de obtener la capacidad de separarte de tus reacciones y de tener una visión más profunda de la causa de tus reacciones en esta situación.

LAS DEFENSAS DE NUESTRA MENTE QUE IMPIDEN PERDONAR

> *«¿Por qué mirar la paja en el ojo de tu hermano y no atender a la de tu propio ojo...? Hipócrita, primero saca la paja de tu propio ojo, y entonces verás claramente para quitar la paja del ojo de tu hermano».*

JESÚS, MATEO 7:3, 5

Lo que condenamos más fuerte en otros podría ser lo que estamos sufriendo nosotros mismos. Shakespeare insinuó esto hace siglos en *Hamlet*: «Me parece que la dama protesta demasiado». La enseñanza de Jesús de eliminar la paja de nuestro propio ojo antes de quitar la del ojo de nuestro vecino es una lección que obstaculiza en gran medida el acto de perdonar, lo mismo que nuestros mecanismos de defensa.

Cuando algo es demasiado incómodo para enfrentarlo, nuestra mente nos protegerá por medio de un conjunto de defensas. No somos conscientes de estas respuestas defensivas. Al igual que las reacciones a la tensión de nuestro cerebro, estas respuestas están demasiado por debajo de nuestra conciencia, que es como son capaces de trabajar y seguirnos causando problemas terribles.

Frecuentemente, al responder tomamos una actitud defensiva cuando reaccionamos al estrés o cuando hemos cometido un error. La parte de nosotros que se preocupa por nuestro sentido moral y que intenta lidiar con la realidad, tiene dificultades en la lucha por mantener el cerebro de serpiente satisfecho, pero no fuera de nuestro control. A menudo tomamos decisiones y realizamos actos que lamentamos. Para preservar el sentido de quiénes somos moralmente y para sentirnos mejor con nosotros mismos, adoptamos mecanismos para defender y justificar nuestros deseos, errores y comportamientos.

Hace unos cien años la psicología estudió estas reacciones y defensas. Se han escrito muchos libros y artículos sobre ellas. De hecho, hasta la década de 1970, a la mayoría de los psiquiatras en Europa y Estados Unidos se les entrenó con ellas. Este enfoque perdió popularidad cuando se aceptaron las perspectivas de cambio del pensamiento y el comportamiento. Estas orientaciones nuevas no estaban especialmente de acuerdo con los conceptos del subconsciente y el mecanismo de defensa.

Sin embargo, he visto desarrollarse un trabajo de perdón muy eficaz a través de la toma de conciencia de los mecanismos subconscientes que nos retienen. Algunos de estos *mecanismos de defensa del ego*, como se llaman, apuntan a una verdad que permite que perdonar sea algo permanente. Aunque estén por debajo de nuestra conciencia, con un poco de atención algunos de ellos pueden mirarse y ser trabajados. La clave para trabajar con ellos no es tomar la conciencia de ellos solos, sino el perdonarse a uno mismo para poder deshacerlos.

Por medio de la comprensión de los conceptos básicos de las defensas del ego, podemos:

- Obtener una comprensión más profunda de la resistencia a perdonar.

- Encontrar el camino que hace que el perdón sea permanente.

Nota: Las defensas representan lo que hacemos para sentirnos mejor y frecuentemente justifican nuestras respuestas negativas al estrés. En lugar de tratar directamente con nuestras reacciones y aquietarlas antes de cometer un error o reaccionar, creamos un sistema elaborado para justificar nuestras acciones y luego ocultarlas de nosotros mismos para sentirnos mejor. Realmente nos sentiríamos mejor y no llenaríamos nuestro subconsciente de basura si aquietáramos el sistema de estrés y tomáramos decisiones eficaces, pero a menudo estas defensas ocurren en situaciones difíciles y suelen comenzar en la infancia.

Las defensas

Dos defensas primarias parecen tener mucho que ver con el perdón. Una es ocultar los pensamientos, sucesos o deseos perturbadores o intolerables profundamente bajo nuestra percepción consciente. Hay muchos nombres y sutilezas para esta defensa de ocultamiento: negación, represión, supresión, disociación. Para nuestro trabajo, utilizaré la palabra *negación* para esta categoría general de *ocultar las alteraciones que llevamos dentro*.

La otra defensa, llamada proyección o desplazamiento, es poner el pensamiento desconcertante fuera de nosotros en los demás. Aquí, escondemos ese pensamiento en otra persona, y entonces negamos que tenga algo que ver con nosotros. El resultado típico es culpar y buscar un chivo expiatorio. Voy a utilizar el término *proyección* de este acto de colocar en los demás la responsabilidad de nuestras creencias negativas o acciones, y después negar nuestra propia participación.

La advertencia de Jesús de sacar la paja de nuestro propio ojo apunta hacia estos dos métodos subconscientes de defensa. En la proyección negamos un defecto en nosotros mismos, pero lo vemos fácilmente en otros. En el capítulo 6, en la parte sobre *Cómo nuestro mundo exterior refleja nuestro mundo interno*, examinamos la acción general de proyectar nuestra perspectiva interior hacia el mundo exterior. A pesar de que la acción es natural, aun así nace primero en nuestra propia mente.

Esto ha sido una simplificación de nuestros mecanismos de defensa para el trabajo de perdonar, no de psicoanálisis.

Ted vivía orgulloso de su honestidad. Era una gran parte de su identidad. Sin embargo, a veces le mentía a su esposa sobre su cuenta bancaria porque no siempre ganaba todo el dinero que pensaba que debería ganar. Debido a que no podía admitir ese comportamiento deshonesto, acusó el banco de deshonestidad cuando recibió el estado de cuenta mensual. ¡Y realmente se lo creyó!

Con la proyección, aceptamos estas distorsiones como verdaderas. Hitler culpó a los judíos de los problemas que tenía Alemania después de la Primera Guerra Mundial y millones estuvieron de acuerdo con él. Es más fácil culpar que aceptar la responsabilidad. La idea completa del chivo expiatorio está detrás de este mecanismo mental y proviene directamente del cerebro de serpiente.

Hacer del perdón algo permanente

La proyección y la negación no pueden coexistir fácilmente con el hecho de perdonarse a uno mismo, que es una alternativa eficaz y valiente. En lugar de defenderse contra el dolor emocional, el perdón empieza por lo confrontars a él y a las circunstancias que lo rodean con una honestidad escrupulosa. El perdón se completa cuando lo transformas en algo positivo, incluso inspirador, al enfocarlo en la prevención en lugar de perpetuar el daño. La psicología ha pasado por alto el perdón durante décadas y lo ha relegado a la religión.

Con frecuencia busco en mis pacientes que han mantenido el enojo durante años, cómo han proyectado la molestia que tienen consigo en otros. Mirar la proyección y perdonarse a uno mismo elimina la razón para ponerla en otros. Mirar la proyección y obtener el perdón de uno mismo es una de las maneras más rápidas de salir de un disgusto con otra persona.

Nota: Lo que revisaremos a continuación son los resentimientos a largo plazo, donde se están dejando todos los enojos, no los traumas que estaban fuera de tu control, por ejemplo, las violaciones y otros actos de violencia o terrorismo. A veces esto no aplicará para situaciones regulares. Éste es un modelo avanzado y de conciencia. Lo ofrezco porque he visto que funciona para la gente y para mí mismo. (Si estás haciendo este trabajo con amigos o pacientes, no lo uses si la persona no lo entiende. Si funciona, muy bien; si no, hay muchos otros métodos.)

Para ayudar a otro a perdonar permanentemente:

1 Ayuda a las personas a examinar la situación para ver si han sido de alguna manera culpable de la misma o de un comportamiento similar al que están tratando de perdonar en la otra persona. Si es así, entonces,

2 pídeles que perdonen a la otra persona, ya que ellos también han hecho lo mismo. A continuación,

3 si es posible, pídeles que se perdonen a sí mismos, o que busquen la forma de obtener el perdón por lo que han hecho.

Con el hecho de perdonarse a sí mismos no pueden realizar el acto ofensivo en la misma medida, pero he observado que el malestar se va cuando ven cómo han hecho algo similar de alguna manera, que sólo ellos mismos conocen.

Recuerda que la mente trabaja con metáforas, que son la comparación de dos cosas diferentes que tienen algo en común.[4] Por ejemplo, cuando Jesús dice: «tú eres Pedro y sobre esta piedra edificaré mi Iglesia». Pedro no es una piedra pero la piedra simboliza la fuerza de Pedro. O en el verso de la canción: «Eres el viento debajo de mis alas». La persona no tiene alas pero el viento y las alas simbolizan la relación de una persona con la otra. Esa coincidencia es lo que estamos buscando en la proyección. No es literal, pero puede serlo; normalmente apunta en una dirección.

En el siguiente ejemplo se muestra este significado compartido. A pesar de que dirigí una situación violenta, que normalmente no deseo hacer, lo hice por la conciencia, la sinceridad y la inteligencia que esta mujer había mostrado previamente en clase.

Riva, una bisabuela, no podía perdonar a Hitler por lo que le había hecho a los judíos y a su familia. Era una mujer infeliz, enojada porque nada parecía funcionar para moverla hacia el perdón, así que empezamos hablando de la proyección centrada en Hitler. A lo cual ella estaba dispuesta a mirar.

Era obvio que ella no había matado a los judíos, pero cuando se le preguntó cuántas veces había matado a Hitler y los nazis en su mente y cuántas se había matado a sí misma a través de los años por sobrevivir, se tranquilizó. Encontró el coraje para mirar este aspecto de sí misma. Con gran honestidad, admitió que el rencor y odio que arrastró todos esos años habían afectado negativamente a su familia y aquellos a su alrededor. Sus hijos no la veían a menudo ni tenía muchos amigos.

No le pedí que eximiera o justificara lo que hizo Hitler, ni incluso que lo perdonara. Le pedí que se perdonara a sí misma por el odio, la ira y la negatividad que puso indirectamente en otros durante tantos años. Cuando finalmente lo hizo, le fluyeron lágrimas por su familia, y dijo que sentía una paz que no había sentido desde hacía décadas.

Janet, una amiga, me confió el siguiente suceso. Ella y su esposo iban a ir a un hotel encantador. Su marido había

---

4   About.com, 2009.

arreglado las cosas para recogerla en su trabajo en un determinado tiempo. Sin embargo, él se retrasó por una llamada telefónica de su hermano, con quien no había hablado en varios meses. Janet esperó durante cuarenta y cinco minutos bajo el soleado día y se puso muy enojada cuando se enteró de que él había antepuesto una llamada telefónica a su reunión con ella.

Su furia les arruinó esa noche a ambos. Por suerte, su formación en perdonar le permitió comprender mejor por qué su furia era tan fuerte y persistente. «Finalmente, al día siguiente en el centro, vi que les había hecho lo mismo a mis hijos».

Ella admitió que había dejado a sus hijos para poder obtener su doctorado. Los dejaba solos en las noches, y a veces les hacía conseguir sus propias comidas, todo porque sentía que tenía algo más importante que hacer. Los *había dejado esperando*, igual que su marido la había dejado a ella. Esto conllevó culpa e ira porque era parte de ella, no de su actuar. Ella hizo su trabajo de perdón en ese momento. El resto de su estancia en el hotel fue maravillosa.

La situación de Charlotte, que es la que sigue, es un ejemplo de negación. Su madre le dijo que su padre la había golpeado cuando tenía 18 meses de edad. Su madre estaba llorando cuando le contó sobre este incidente. Varios años después, su madre negó la historia completamente: «No sé de qué estás hablando. Tu padre nunca haría algo así».

Charlotte, una psicoterapeuta ya mayor, entendió la función protectora de los mecanismos de defensa. Entendió que la negación de su madre no fue una mentira, sino un simple intento de proteger sus ilusiones sobre el hombre con quien se había casado y el tipo de madre que era. ¿Qué clase de madre permitiría que su hijo fuera golpeado así? La gente naturalmente se defenderá en contra de lo malo. Forma parte del sistema. Finalmente se forjará la defensa, en este caso en la negación.

Trabajar con la proyección

Aquí hay un ejemplo de cómo se puede trabajar con la proyección. Supongamos que estás enojado en una dictadura extranjera. Puede que tengas una imagen del líder en tu mente. Pregúntate: «¿Qué es lo que no me gusta de lo que está haciendo?». Puede haber una lista completa. Digamos que una de tus respuestas es: «Le quita la libertad a la gente». Recuerda la sección anterior sobre los mecanismos de defensa, y pregúntate si es una posible proyección al preguntar:

1 ¿Me comporto como ese dictador en mi propia vida?
2 ¿Le quito la libertad a los demás, o permito que otros le quiten la libertad a otra persona?
3 ¿Me quito mi propia libertad? (Ésta es generalmente la pregunta esencial).
4 ¿Me ato a una piedra y nunca tomo un descanso o unas vacaciones?
5 ¿Me siento preso en mi propia vida?
6 ¿Me he encarcelado a mí mismo y me siento incapaz de salir de eso?

Todas éstas son preguntas que observan la proyección desde diferentes ángulos. Situaciones que provocan las emociones fuertes señalan a menudo directamente a nuestros propios errores y al hecho de no perdonarnos a nosotros mismos.

Bo Diddley, Creedence Clearwater Revival y Eric Clapton nos recuerdan esto en la canción «Before you acuse me, (Take a look at yourself)» («Antes de que me acuses, mírate a ti misma»).

Gil era un tipo duro. Era robusto y se había involucrado en muchas peleas a lo largo de los años, a menudo con varios hombres a la vez. Pero la vida lo había aplastado. Estaba enojado, deprimido y quería cambiar. Durante una sesión de terapia, admitió por primera vez que había sido víctima de incesto. Siempre había odiado a su padre, pero nunca había hablado de él como el autor de un incesto. Lloró durante cinco minutos con sollozos profundos.

Más tarde, pudo ver cómo el abuso sexual había causado su conducta temeraria y su deseo de luchar. Vio que sus peleas eran para castigar a los hombres *duros* como su padre. También vio que se estaba castigando a sí mismo por sentirse tan degradado. Mientras trabajaba con los resultados de su resentimiento, se dio cuenta de que continuaba la herida original en su propia vida, que lo llenaba a él mismo de exclusión, humillación e impotencia. Dos años más tarde había cambiado su estilo de vida. Estaba trabajando para ayudar a otros hombres que fueron violentos y habían dejado sus borracheras, la imprudencia de su conducta y las peleas.

Actividad diaria:

1 Observa la lista que has hecho. Toma una ofensa que te parezca apropiada.
2 Anota cualquier momento en el que has hecho lo mismo o algo parecido.
3 En este punto, puedes notar resistencia. Anota para ti lo que surja. Nuestros mecanismos de defensa pueden impedirnos ver la verdad de la situación porque son demasiado difíciles de enfrentar. Sé honesto contigo mismo y ten presente que la verdad te liberará de los viejos patrones.
4 Observa dónde sientes la resistencia. Trata de no defenderte o atacar con una negación. Presta atención a tus emociones.
5 Si ves que has hecho algo parecido, perdona a la persona. No debería ser difícil porque tú has hecho lo mismo.
6 Ahora perdónate a ti mismo por eso. Esto podría ser mucho más difícil. Pero encuentra la forma de obtener el perdón.

Nota: Byron Katie ha hecho un excelente entrenamiento en mirar profundamente cómo evitamos nuestra propia curación. Recomiendo mucho su método, que ella llama «El trabajo». He utilizado este método con gran éxito en grupos de perdón que he dirigido, y también su libro *Loving What Is: Four Questions That Can Change Your Life* [*Amar lo que es: Cuatro preguntas que pueden cambiar tu vida*].[5]

ESTAR ATENTO A LOS MECANISMOS DE DEFENSA NO ES SUFICIENTE

Tener conciencia de la proyección no es suficiente para cambiar tu vida. También es necesario perdonar eso que la proyección revela.

Riva, la bisabuela que he mencionado anteriormente, tenía que perdonarse a sí misma por el daño que hizo a su propia familia a causa de su odio por los nazis. Vio cómo, aferrándose a su odio, continuó con la obra de Hitler y Goebbels. Riva podía ver por qué a su hijo no le gustaba estar cerca de ella y cómo su hija había desarrollado la misma negatividad.

Los psiquiatras han estado conscientes de los mecanismos de defensa desde hace setenta años o más, y aun así su tasa de suicidios fue extraordinariamente alta todo ese tiempo. La falta de perdón a sí mismo o a otros es un factor importante en la depresión o en la desesperación que provoca el suicidio.

Cómo descubrir tus mecanismos de defensa: Para revelar tus proyecciones y negaciones, examina las situaciones que siempre te hacen sentir ofendido. Tu irritabilidad es la evidencia y la forma.

Anota las fallas que encuentras continuamente en otras personas. Esto puede darte pistas para tus defensas, particularmente la negación y la proyección. Toma nota especial de las fallas de la gente que te es más cercana.

---

5   Katie, 2003.

Ve a un lugar silencioso donde puedas estar tranquilo durante al menos una hora. Anota lo que la genteva haciendo, o que encuentras intolerable. Tratar de ser tan honesto como puedas contigo mismo y simplemente registra esos acontecimientos. Lo utilizará también en capítulos posteriores.

Ahora con esa lista de vuelta a la situación. Pregúntale:

1 ¿Le he hecho lo mismo a otro? ¿O a mí mismo?
2 ¿Esto se parece en alguna forma a algo que me he hecho a mí mismo o a otra persona?
3 ¿Esto es similar a un patrón familiar o a las acciones de otra persona en mi familia?

Mi propia transformación al perdonar llegó de mi larga lista de molestias con la gente y de ver cómo, de alguna manera, le he hecho algo semejante a las personas. Para mí era fácil perdonar al agresor. Necesitaba ayuda para perdonarme a mí mismo de todas mis ofensas a los demás.

Pensamiento estresante que sabotea el acto de perdonar

Aquí encontrarás tres de las principales maneras de sabotear nuestro pensamiento y nuestra felicidad. Incluyo algunas formas de perdonar para usarlas conjuntamente.

A. Centrarse en lo negativo y rechazar lo positivo

Para sobrevivir bajo una amenaza inmediata, el cerebro de reptil se centra fuertemente en el peligro. Esta visión de túnel únicamente hacia las cualidades negativas de una persona o situación revela peligros, pero también exagera los temores, fracasos y las frustraciones, lo que deja a la persona agitada e infeliz.

Roberta sólo podía ver los aspectos negativos de su matrimonio. No podía perdonarse a sí misma por estar en una situación tan mala. No era realmente capaz de ver algo positivo hasta que hizo un ejercicio de escribir lo que sí era provechoso de su hogar y su familia cuando pudo verlos. Lo hizo durante una semana, porque llevaba con ella una computadora portátil todo el tiempo. Para su sorpresa, su lista de positivos fue más que la lista de negativos que había completado en las sesiones. La lección en estas situaciones es **aumentar el enfoque en lo positivo**.

Intenta esto: De un área negativa de tu vida, anota los aspectos positivos. Prueba tanto como sea posible diciendo: «¿Qué hay de positivo en esto?» y «Qué he ganado con esto?». Haz esto incluso cuando pienses que no lo puedes hacer. También observa si puedes perdonar los aspectos negativos de esa persona directamente, al recordar que la otra persona puede estar haciendo lo mejor que puede.

B. Pensar en blanco y negro

En este pensamiento reactivo, hay buenos o malos sin tonos grises en medio. Un día una persona es maravillosa, al siguiente es horrible. Para el cerebro reptiliano, la forma sencilla de ordenar la gran cantidad de datos del medio ambiente es ver sólo peligro o seguridad. Este tipo de pensamiento afecta las relaciones muy negativamente. Por ejemplo, la hija uno es maravillosa, la hija dos, terrible. Sin embargo, las personas no son o inteligentes o estúpidas, buenas o malas, bellas o feas, sino que están en algún lugar a lo largo de una escala.[6]

Somos demasiado multifacéticos para reducirnos a los juicios en blanco y negro del cerebro de serpiente. En este pensamiento, el mayor escollo es cómo te juzgas a ti mismo. Si no eres perfecto, eres un fracaso: no hay espacio para los

---

6   Ver McKay et al., 1981.

errores. Éste es un tema importante para perdonarte a ti mismo.

Conocí a una persona especialmente brillante que se había visto envuelta en un culto cuando era más joven. A pesar de que era competente y de que había tenido trabajos de mucha responsabilidad, ella misma se reprochaba haber sido tonta y dejarse caer en las mentiras de la líder del culto. Debido a este error, ella sólo mantenía trabajos de baja categoría. Su declaración a sí misma era: «Solía ser inteligente, ahora soy estúpida». Del mismo modo, es bastante común para las mujeres que salen de relaciones abusivas considerar sólo los trabajos que están por debajo de su nivel de competencia, aunque saben que antes habían destacado.

Para superar el pensamiento en blanco y negro, los doctores McKay, Davis y Fanning P., autores de *Pensamientos y sentimientos*, nos dicen que pensemos en términos de porcentajes.[7] Algunos ejemplos son: «el 25 % de su trabajo no es satisfactorio, pero el 75% es bastante bueno». Otro es: «aproximadamente el 60 % del tiempo parece terriblemente preocupado consigo mismo, pero hay un 40 % en el que puede ser muy generoso» o «15 % del tiempo soy un imbécil, el resto del tiempo lo hago bien».

Si te encuentras a ti mismo con este pensamiento *excluyente* y utilizas los porcentajes, estarás perdonando más, porque estarás saliendo del juicio que hayas realizado. Perdonarse a uno mismo es esencial, así como también lo es perdonar las imperfecciones de los otros.

Recuerda: Cuando perdonamos las imperfecciones del otro, ejercitamos el músculo para perdonarnos a nosotros mismos.

Intenta esto: Haz una lista de todas las cualidades por las que te condenas a ti mismo y obsérvala de forma realista, con porcentajes. Entonces perdónate a ti mismo por cada cosa.

---

7 Ibid.

C. Pensamiento catastrófico (Catastrofismo)

Este pensamiento busca el desastre en cualquier cosa negativa que sucede. Es parecido al punto A mencionado más arriba pero con menos control. Ambos son comunes en personas que han vivido una tragedia o un trauma. También puede ser una respuesta aprendida de los padres. Realmente es el movimiento del miedo y la desesperanza en una situación, con la pérdida completa de racionalidad, fe y pensamiento positivo. La pérdida de tu trabajo y la pérdida de tu casa equivale a que tu esposa y tus niños te dejarán. Todos estos pensamientos se producen en segundos. Entonces se produce la respuesta emocional cuando el cerebro de serpiente pasa por una gama de reacciones, desde ocultarse y no tener movimiento alguno, hasta sentir rabia y deseos de matar a otros.

Cuando esta perspectiva se convierte en crónica, no hay ninguna confianza en que la vida va a mejorar. El futuro es sombrío. Hay rabia sobre eventos menores, o temor permanente. El padre de Jim, que se crió en Brooklyn, Nueva York, no podía jugar en la calle cuando era joven porque su madre se preocupaba de que lo fuera «a atropellar un coche». Esto era cuando no había muchos coches. Todos sus amigos salían a jugar menos él. De hecho, él era el dueño de la bola y el palo con el que jugaban. No es de extrañar que se fuera de su casa a la edad de quince años.

Este tipo de pensamiento puede crear situaciones negativas, no por el incidente estresante sino por la reacción a ella. Parecería obvio que si el hombre perdiera el trabajo, mataría a un compañero. Algo más sutil sería que un error en el trabajo significara que lo despedirían para que así no trabajara tan duro porque de todos modos lo iban a despedir. O algo frecuente en personas que están tratando de perdonar el fin de una relación: nunca encontraré otra persona que me ame otra vez. Con esa actitud probablemente no, razón por la que vale la pena perdonar. Con el perdón, estás aliviando el dolor y la actitud de ser una víctima.

Este pensamiento es una falta de confianza en los demás y en uno mismo y no contiene perdón. Lo que se necesita es paciencia y un poco de control racional para que la persona pueda mirar otras opciones y posibilidades que no sean la primera que presenta el cerebro de serpiente.

Una vez que una mente estresada se encierra en un culpable de lo ocurrido, no deja ir. Es como un *pit bull* al que le gusta sobre todo la sangre de su propietario.

Para salir de una respuesta inmediata a la catástrofe, primero necesitas aquietar el sistema de reacción al estrés. Haz un paseo, llama a un amigo, haz la *Respuesta de relajación*, etc. Una vez que estés tranquilo y algo racional, realiza el siguiente ejercicio.

Intenta esto: Mientras vuelves tu mirada sobre estos tres estilos de pensamiento negativo probablemente veremos semejanzas fuertes entre ellos. En todos, es necesario observar lo que sucede desde una perspectiva objetiva, separada de tus reacciones.

Para el catastrofismo, haz una lista de lo que crees que pasará por lo uqe hayas hecho.

1 Con cada tema, pregunta: «¿Es cierto?» y luego: «¿Cómo sé que va a pasar?»
2 Busca las posibilidades positivas que podrían ocurrir para cada una.
3 Observa cualquier conducta o cualidad por la cual condenas a otros o a ti mismo. Luego, observa si puedes perdonarte a ti mismo o a los demás por cada cosa. Guarda esta lista, ya que pronto la volveraás a usar.

Si no puedes hacer esto ahora, continúa leyendo los capítulos y haciendo los ejercicios.

El pensamiento de catástrofe o desastre conlleva algo más que el perdón para resolverse. Aunque perdonar ayuda, necesitas confianza y fe en la vida y en ti mismo, cosas que están más allá del alcance de este libro. La confianza y la fe significan conectarse con la parte más auténtica de nosotros. Ese viaje, para mí, es el principal. Perdonar ayuda a despejar el camino.

> «Porque no hay nada bueno ni malo, es el
> pensamiento el que lo hace parecer así».
>
> SHAKESPEARE, *Hamlet*

La versión moderna:
«La basura de un hombre es el tesoro de otro».

PERDONARSE A UNO MISMO Y OBTENER PODER

«Las desgracias se pueden aguantar: vienen de fuera; son accidentes. Pero sufrir por fallas propias, ah, ahí está el aguijón de la vida».

OSCAR WILDE

LAS CLAVES PARA PERDONARSE A UNO MISMO

EN EL CAPÍTULO ANTERIOR, vimos que perdonar se vuelve un proceso permanente al observar tus mecanismos de defensa y usar el perdón en uno mismo para superarlos. No es fácil. Ahora veremos aún más profundamente cómo obtener el perdón para uno mismo.

Recuerda que en el capítulo dos, los investigadores indicaron que el perdón de uno mismo implica no sólo hacer frente a los errores propios sino también soltar los pensamientos negativos, sentimientos y acciones en contra de uno mismo, y «reemplazarlos con compasión, generosidad y amor». Sabes que te has perdonado a ti mismo cuando tienes sentimientos, acciones y pensamientos positivos hacia ti mismo.

Si encuentras que no tienes esos aspectos positivos hacia ti, entonces este capítulo te ayudará.

CULPA, DOLOR Y CASTIGO

Los valores, las reglas y el código moral de las personas marcan la pauta de cómo viven. Cuando actúan contra sus valores y normas, se sienten mal, porque saben que lo que hicieron no fue correcto. En esos momentos, la gente suele experimentar un sentimiento de culpa.

Nuestra percepción de *falta de dignidad* nos impide experimentar nuestro poder interior. Esto viene de la culpa, que es enojo dirigido a uno mismo. Debido a ella, creemos que merecemos un castigo y a menudo hemos concluido que estamos mal en algún grado por algún comportamiento vergonzoso. Si nos aferramos a estos sentimientos negativos y los conservamos vivos con juicios y ataques hacia nosotros mismos, creamos un circuito destructivo que puede mantenernos deprimidos y con la creencia de que el mundo está en contra de nosotros.

Cuando sueltas toda la culpa posible, restauras las cualidades superiores dentro de ti, así como en tus relaciones personales cuando perdonas a los demás. Por lo tanto, con frecuencia sentimos que también somos intrínsecamente buenos, como es la mayoría de las personas en el mundo.

En su libro Big Prisons, Big Dreams: Crime and the Failure of America's Penal System, [*Grandes prisiones, grandes sueños: La delincuencia y la falla del Sistema Penal en Estados Unidos de Norteamérica*], Michael J. Lynch demuestra que de los tres métodos para cambiar el comportamiento: 1. refuerzo positivo, 2. refuerzo negativo y 3. castigo, el castigo es el menos eficaz en los seres humanos. El refuerzo positivo es el más acertado. Por favor toma esto en serio al ocuparte de ti mismo.

Castigarte a ti mismo no es efectivo para cambiar el comportamiento con el fin de mejorar.[8] El castigo se ha utilizado durante millones de años en las culturas para cambiar el comportamiento. A través del hábito, generalmente haremos lo

---

8   Ver Lynch, 2007, p. 101.

mismo que nos han hecho a nosotros. Sin embargo, es necesario resistir a esta tentación porque el castigo sólo acarrea temor ya que activa el cerebro inferior y aumenta el resentimiento, del que estás tratando de deshacerte. Así aniquilas tu propósito de perdonarte a ti mismo.

Dejar ir la culpa no es sencillo. Puede que tengas que utilizar *muchos* métodos de perdón para ayudarte. Recomiendo trabajar con otra persona en lugar de hacerlo por ti mismo si no has notado mucho cambio en tu vida.

Carl se sentía terrible porque no había resuelto un gran malestar con su padre que había muerto de repente. Utilizó uno de los métodos conocidos más antiguos para ayudarse. Fue a dar largos paseos regulares por la naturaleza y rezó a su manera para liberarse de su culpa. Finalmente, en uno de esos largos paseos de oración, sintió el perdón buscado.

La culpa sólo debe ser una llamada a la acción. Cuando vemos que «perdimos el camino» (el significado del *pecado* en el original griego bíblico) sólo necesitamos corregir nuestro objetivo e intentarlo de nuevo. La culpabilidad repetida no mejora el comportamiento o la habilidad; la práctica y la confianza sí.

TRATAR CON EL CONFLICTO INTERNO

Thomas Merton explica en *No Man is an Island* [*Nadie es una isla*]:[9]

> «Todos los hombres buscan la paz ante todo consigo mismo. Esto es necesario, porque no encontramos esto naturalmente incluso en nuestro propio ser. Tenemos que aprender a estar en comunión con nosotros mismos antes de que podamos comunicarnos con otros hombres y con dios. Un hombre que no está en paz consigo mismo necesariamente

---

9   Ver Merton.

proyecta su interior luchando en la sociedad de las personas con las que vive, y se extiende un contagio del conflicto a su alrededor. Incluso cuando trata de hacer el bien a los demás sus esfuerzos no tienen esperanza, ya que no sabe cómo hacer el bien a sí mismo».

Mateo fue criado como un cristiano estricto y se oponía con vehemencia a las enormes ganancias de las empresas capitalistas. Para él una de las enseñanzas favoritas era: «Es más fácil que un camello pase por el ojo de una aguja, que el que un rico entre en el reino de dios». *Mateo* 19:24 (NAB). Sin embargo, como adulto hizo mucho dinero en su negocio y vivió una vida cómoda. Debido a este conflicto interno, lo torturo la culpa y la depresión.

A través de su hermana, finalmente llevó a cabo un método para perdonar en el que enlistaba los aspectos positivos de su vida y la cultura en la que vivió. Esa acción lo llevó a una mayor apreciación del valor de proveer a su familia y enseñar a sus hijos principios importantes en un sistema que realmente tenía muchas cosas buenas. Con esta nueva perspectiva, vio que podía usar su dinero para ayudar a otros que no fueron tan afortunados como él. Al ayudar a los demás, se evaporó su culpabilidad. Como una ventaja añadida, fue menos crítico con los demás. Para muchos su solución fue obvia, pero como estaba atrapado en tal autocrítica, no la había visto.

Juliette odiaba a su padre por su violencia y sentía una culpa terrible porque cuando era joven no podía proteger a sus hermanas o a su madre. Los adultos a su alrededor le decían: «No deberías sentirte así», y «Realmente no puedes hacer nada siendo tan joven». No cambiaron su culpa porque ella tenía que lograr estas comprensiones por sí misma. El proceso de perdón le ayudó a ver el aspecto irracional de su culpa y a dejar marchar su enojo por ella misma.

Agnes fue violada en una cita. Sintió muchas emociones, entre ellas vergüenza. En terapia, ella pudo tomar todas estas emociones y examinar lo que estaba detrás de ellas. Vio que se sentía avergonzada y culpable de dejar que eso pasara con ella. Aunque esta respuesta no era racional porque ella era libre de culpa por el ataque, experimentaba culpa. Cuando Agnes se perdonó a sí misma por la situación, a pesar de que no la hubiera podido evitar, no sólo sintió que un gran peso se le quitaba de su mente, sino que también vio que su agresor era quien debía tener la responsabilidad *completa* por la violación.

Valores diferentes

Podemos observar que la mayoría de las personas tiene valores y un sentido ético del comportamiento. Aunque podríamos no coincidir con su moral, sí podemos ver que la gente tiene valores y normas. Al comprender que la vida de la persona que no hemos perdonado ha sido muy diferente y ha sido regulada por valores diferentes, puede aparecer una humildad que diga: «No lo sé todo». Entonces perdonar puede ser un regalo del corazón, creando una dinámica nueva y refrescante para ellos y para ti.

Una tarde de verano, la vida de Lucy cambió cuando tuvo la idea de que su padre era realmente un padre decente comparado con el padre de su propio padre. Ella siempre resintió que fuera tan estricto y no mostrara sus emociones, y lo distante que se mantenía. Pero dijo: «Cuando hablé con mi tía, su hermana, pude ver que él había recorrido un largo camino desde su infancia, cuando a menudo lo golpeaban y sin piedad. Él era un buen padre en comparación con el padre que tenía». Esto le dio una nueva apreciación de su padre, que le permitió desprenderse de gran parte de su resentimiento por su aparente falta de amor en la crianza de sus hijos. Y pudo ver que no era su culpa.

La manera en la que la gente lidia con su formación en la primera infancia puede ser diferente incluso entre los miembros de una misma familia. En una entrevista con dos hermanos, uno dijo: «Mis padres eran alcohólicos; se emborrachaban todo el tiempo. Así que, por supuesto, me convertí en alcohólico». El otro dijo: «Vi lo que el alcoholismo hizo a mis padres y cómo arruinó sus vidas, y por supuesto, nunca bebí».

Dar y recibir

Todos queremos ser felices. Sin embargo, sólo podemos ser felices en el nivel en que podemos experimentarlo. La persona que puede traer felicidad a los demás ha alcanzado una habilidad, que a menudo se traduce en su propia vida. Asimismo, para obtener amor, lo das. ¿Puedes animar a la gente que te ame si no permites que ese amor entre en tu vida? Parece que si puedes averiguar lo que te impide tener amor, podrías tener más de lo mismo. Esto también es cierto para la alegría, la paz y otros sentimientos positivos.

No preguntes: «¿Por qué no puedo encontrar una pareja íntima o a alguien que me ame?» o «¿A dónde se fue el amor?» si eres implacable hacia ti mismo o hacia otros. El amor desaparece si eliges estar resentido, enojado u odiar. De alguna manera, recibes lo que das. Si estás enojado, es lo que estás dando, y obtienes ese resultado.

La ira da resultados, ¿pero éstos valen la pena? Uno de mis primeros alumnos, Glen, era un contratista de construcción. Era capaz de conseguir mucho con su ira. La gente saltaba cuando él aparecía, lo que le daba una sensación de poder que le gustaba. Sin embargo, después de algunos años, le disgustaron los otros resultados del enojo, como la hipertensión arterial, un fracaso matrimonial, poca felicidad, rabietas de corta duración, falta de sueño y depresión. Cuando empezó a buscar otra manera de vivir, finalmente comenzó a perdonar y a disfrutar más su vida.

Los Beatles lo dijeron muy bien en la canción «The End» [El fin]:

«El amor que tomas es igual al amor que haces».

El perdón, el amor y la paz son opciones. No pueden forzarse ni exigirse. Lo hemos visto en los últimos dos mil años. Los sacerdotes y clérigos han abogado por el perdón sin enseñar métodos eficaces sobre cómo lograrlo y a menudo sin modelarlo. O bien, dicen que una persona ha sido perdonada sin que la persona lo crea o lo sienta. El acto de perdonar sólo se llevará a cabo cuando el deseo de amor, tranquilidad y alegría se convierta en algo más importante que el deseo de ataque, de ira y de desquitarse. Lo que recibes es el resultado de lo que das.

Intenta lo siguiente: Si sientes que no estás recibiendo los aspectos positivos de la vida que te mereces, mira más profundamente a tu dignidad, que está solamente en tus propios ojos. Perdonarse a uno mismo es la clave de tu riqueza interna y vale la pena.

Busca tus sentimientos indignos. Encuentra la culpa asociada a la indignidad. Está ahí. Hazte cargo de ella perdonando.

El ciclo de la victimización y la culpa

Muchas personas no saben que están atrapadas en un ciclo de ser víctima que les mantiene sintiendo culpa y en los efectos de otros. Así es como funciona:

1 Hacemos algo contra nuestros valores, normas o códigos morales.
2 Esto conduce a la culpa, vergüenza y arrepentimiento.
3 Nos condenamos a nosotros mismos y por lo tanto, aceptamos el castigo de nosotros mismos o de otros porque nos parece que lo merecemos. Además, por lo general hay un miedo de que un ser superior nos ataque.

4 Aparecen nuestras defensas de autoprotección y, luego culpamos a otros de lo ocurrido y, por lo tanto,

5 los atacaremos, sutil o abiertamente, creando así más culpabilidad para nosotros mismos. También tememos un ataque de ellos, lo que a menudo justifica que los ataquemos más, lo cual mantiene andando todo el ciclo.

Este ciclo se pone peor y peor mientra más atacamos a otros o a nosotros mismos, haciéndonos estar más deprimidos e infelices. El ataque, ya sea externo o interno, no tiene que ser terrible, aunque a veces resulte así. Puede ser tan simple como hablar con otros de una persona para tratar de arruinar su reputación.

El perdón puede entrar en este ciclo en cualquier momento y cambiarlo.

Si sientes que estás dando amor y aun así te enojas otra vez, necesitas resolver problemas más profundos. Margaret era una persona amorosa y religiosa, cuyo marido la golpeaba regularmente. Ella siempre lo perdonaba y volvía a él después de haberlo dejado. Parece que su perdón la hacía salir perjudicada. Esto es similar a decir que las personas que tienen más de tres accidentes de auto no deben conducir. Por el contrario, se trata de averiguar lo que están haciendo mal y de corregirlo.

Si alguien ama y a cambio se enoja, puede ser un problema más profundo como la incapacidad para establecer límites. La víctima continua generalmente no tiene esta capacidad. A menudo vemos esto en la violencia doméstica.

Las personas sanas fuera de la relación le preguntan a la víctima: «¿Por qué te quedas en la relación?» o «¿Por qué no te liberas de ese patán?». Éstas son preguntas legítimas.

El efecto víctima es el resultado de la programación emocional de «menor que», «no es suficientemente bueno» y «falta». Generalmente esto viene desde la infancia. En la víctima, con frecuencia hay quejas y lloriqueos; la persona sólo ve lo negativo y principalmente siente arrepentimiento, culpa y resentimiento. Las víctimas generalmente se atacan a sí mismas o son atacadas desde el exterior, porque de alguna manera sienten que lo merecen. Esto es lo que necesita cambiarse. Las mujeres entran en esto más fácilmente que los hombres debido a su larga historia de abusos y denigración.

En el otro lado de la misma moneda está el atacante. El agresor también experimenta el victimismo, pero actúa de diferente manera. La conducta estándar en nuestros grupos de violencia doméstica era preguntarle al hombre enojado a qué le temía. Si podía responder honestamente, la furia cambiaba inmediatamente.

Cuando a Chuck, un chico enjuto, duro, lo rebasaron deliberadamente en la autopista, dañó con toda intención al coche que lo rebasó mientras conducía. Cuando vio la locura con la que estaba actuando, redujo la velocidad y se salió de la autopista. Cuando le pregunté lo que le sucedía, respondió que nadie iba a sacar provecho de él jamás otra vez. En un cuestionamiento posterior, habló de cómo su padre lo golpeaba en sus rabias de borracho desde que tenía cinco años y hasta los doce. A esa edad se defendió y desde entonces siguió luchando.

Seguir escuchando estas ideas y pensamientos de víctima es como dejar que un niño maneje tu vida. Es dejar que una parte egocéntrica y débil de ti dirija el espectáculo. Con este suceso te conviertes en tu peor enemigo. Es esencial perdonar todos los abusos y buscar perdonarse a uno mismo. El perdón es la opción para recuperar la tranquilidad y el amor. Trae alegría. Algunos terapeutas no estarán de acuerdo conmigo y dirán que enojarse es bueno, pero ésa nunca ha sido mi experiencia con el enojo.

> «No hay ninguna energía espiritual tan
> grande como la que proviene de perdonar
> y orar por el enemigo. Perdonar a nuestros

enemigos y orar por ellos genera gran poder
espiritual porque es amor».[10]

Joel Goldsmith,
maestro espiritual (1892-1964)

Meredith, una esposa abusada, empezó a ir a las reuniones de Codependientes Anónimos cada semana y eventualmente tres veces por semana hasta que empezó a sentirse mejor. Codependientes Anónimos (coda) es un programa de doce pasos para las personas que comparten un deseo común de desarrollar relaciones sanas y funcionales. Es una adaptación de Alcohólicos Anónimos, pero que no se limita al alcohol. (Ver el Apéndice A para los 12 pasos de Codependientes Anónimos). En este programa, Meredith aprendió por qué seguía volviendo al abuso y por qué le seguía pasando.

Meredith empezó a rehabilitarse a sí misma con los 12 pasos, que tienen fuertes componentes espirituales y de perdón. Vio cómo la vuelta al abuso era un viejo patrón de su madre y reflejaba su falta de autoestima.

En el caso de Meredith, escapó y nunca regresó porque su marido no dejaba de beber y se estaba volviendo más abusivo. (Debido a que su esposo era alcohólico, podía haber ido a Al-Anon,[11] pero eligió CoDA porque tenía un amigo ahí. Al-Anon, que incluye Alateen para los miembros más jóvenes, ha ofrecido esperanza, comprensión y apoyo a familiares y amigos de alcohólicos. También es una adaptación de Alcohólicos Anónimos.)

Cuando hablé con ella en clase, Meredith todavía lo amaba pero sabía que se merecía más. Ahora estaba con un hombre que la amaba y la trataba bien. Realmente iba a clase para trabajar en perdonar a su familia de origen.[12]

---

10 Goldsmith.
11 Ver: http://www.al-anon.alateen.org/ Para más información: al-anon. Y ver el apéndice para seguir los pasos.
12 Berg 1987.

Sentirse perseguido puede venir de las percepciones habituales de ser controlado externamente y sentirse impotente, como una víctima del destino. Estos pensamientos pueden mantener a la gente atascada porque no cree que realmente pueda crear resultados positivos en su vida, y mucho menos hacer alguna diferencia en el mundo. Algo o alguien es responsable de su dolor, pérdida y fracaso; su grito es: «¡Me lo hicieron a mí!». Es difícil encontrar soluciones con esta actitud porque «probablemente no funcionen de todos modos».[13]

La verdad sobre la aparente falta de control es que:

1 Estamos tomando decisiones constantemente.
2 Cada decisión afecta nuestras vidas.
3 En general, tenemos la responsabilidad de lo que nos pasa.[14]

Al tomar mayor control de tu vida, deshaces la mentira de la impotencia. Eres responsable de lo que sucede en tu mundo interior porque haces que tu vida suceda debido a las opciones que eliges. Por supuesto, los sucesos ocurren en tu mundo externo sobre el cual no tienes ningún control, pero en general, tus decisiones también afectan tu mundo exterior. La satisfacción y la alegría también provienen de decisiones específicas que has tomado y continúas tomando. La víctima no entiende estos hechos,[15] y sufre por ello. La compasión ayuda a perdonar a alguien, como a un padre, que regularmente ha elegido el papel de víctima en la vida.

En tu proceso de perdonar a otros, recuerda que la gente elige lo que piensa más valioso para ella. Cree que le traerá felicidad, pero no es necesariamente así.

Gabrielle pensaba que estar segura era más importante que cualquier otra cosa. por ello, estuvo casada durante

---

13 McKay.
14 Ibid.
15 Ibid.

30 años con un hombre que la proveía con dinero, pero no le daba *nada* más. Gabrielle pagó por su seguridad a expensas de la pasión y la alegría. En su proceso de perdón, vio que su marido le había proporcionado lo que para ella era crucial: la seguridad. Eso cambió toda su perspectiva de él y de ella misma.

Mirar más profundo

Para perdonar la victimización constante en tu propia vida o en la de otro, trata de encontrar tus deseos primordiales: ¿qué fue lo más importante para ti? Generalmente hay un conflicto. La víctima recibe algo de la situación, que la mantiene en ella, pero también siente falta de control o desesperanza porque no dispone de algo más importante. Todos tenemos libre albedrío y tomamos decisiones. Si no aprecias las decisiones que tú u otra persona han tomado, observa desde una perspectiva compasiva y encuentra lo que había detrás de esas decisiones. ¿Qué era lo más importante? En situaciones en las que no se ha perdonado algo, para muchos a menudo es más importante tener la razón que ser feliz.

> «No podemos amarnos a menos que
> hayamos aceptado el perdón, y mientras
> más profunda sea nuestra experiencia al
> perdonar, mucho mayor es nuestro amor».
>
> PAUL TILLICH

He asesorado a miembros de varios cultos. Todos admiten que a pesar de que estar en el culto fue terrible, les ofreció algo en el momento en que sentían les daba sentido a su vida, lo suficiente como para soportar el abuso. A veces, para que la gente perdone las situaciones opresivas en las que optaron por permanecer, tendrá que darse cuenta de que para estar ahí tuvo que tomar decisiones. Entonces se convierte en un asunto de perdonarse a uno mismo.

«¿Qué pasa si te engañaron?» preguntó Lorianne, una de mis estudiantes. «A todos nos engañaron sobre lo que la iglesia hizo y el éxito que tuvo. No lo puedes justificar. Nunca hubiera permanecido en ella si hubiera sabido de todas las mentiras». Estuve de acuerdo con ella y le pregunté: «¿Cómo perdonas si la iglesia te miente para que puedas continuar con tu vida?». Cada persona podría trabajar esta pregunta de manera diferente. Por eso he escrito este libro.

En su documento final para la clase de terapia de perdón, Lorianne se ocupó del asunto porque vio que todos hemos sido engañados todo el tiempo: por los padres, los medios de comunicación, los políticos, los anuncios, etc. «Parece ser común en las organizaciones hacer esto. Sí, y les mentí a mi familia y a mis amigos sobre lo bien que estaba y lo maravillosa que era la iglesia cuando sabía que no era cierto».

Preguntas: Aquí hay unas preguntas provocativas sobre la percepción de la falta de control:

1 ¿Qué opciones tomé que dieron lugar a esta situación?
2 ¿Qué decisiones tomé?
3 ¿Qué decisiones puedo tomar ahora para cambiar esto?

Ayuda para perdonarse a sí mismo

Los investigadores han demostrado que nuestros mecanismos de supervivencia se comprometen por completo justo después de nacer.[16] A medida que envejecemos, seguimos utilizando varios de ellos para protegernos y tener bienestar.

Sin embargo, también hay algo más que tenemos disponible: una experiencia que nos saca de nuestra familiaridad.

---

16 Ver Lewis et al., 2000.

Nos inspira hacia lo mejor de nosotros, a diferencia de la mera supervivencia. Es la fuente de nuestra inspiración y del amor. Esta experiencia, en general, está en el dominio de la religión. Allí encontrarás algunos de los métodos para ayudarte a conectar con esta experiencia religiosa y de pensamiento.

Como la psicología se desarrolló a finales del siglo xix, etiquetó a esta experiencia espiritual como anormal. En ese momento, la lucha fue entre la Iglesia y la ciencia, y entre el aumento de la popularidad de Freud y su aversión a la religión. Esta lamentable separación demuestra la brecha entre nuestra experiencia espiritual y nuestros modos de supervivencia diaria. La psicología transpersonal ayuda a las personas a incorporar estas experiencias aparentemente separadas. Sin embargo, en general permanece en el cisma entre la religión y la psicología. Esto es lamentable para el campo del perdón. Sin embargo, no es un accidente que las religiones hayan utilizado el poder del perdón durante siglos, ya que es transformador.

Si eres incapaz de perdonarte a ti mismo, puedes pedir ayuda a muchas personas, incluyendo un sacerdote o un religioso. Sin duda, los rituales de la iglesia me beneficiaron para ayudarme a encontrar el perdón cuando tenía dificultades.

Las situaciones sin perdonar te quitan un poder enorme. Recuperas tu fuerza cuando eres capaz de mostrar compasión ante la situación de alguien más, como si fuera la tuya propia, y perdonas a los otros y a ti mismo.

Aquí hay una ironía: este trabajo puede ser intenso y requiere del poder personal. Sin embargo, ese poder se restringe cuando no se ha perdonado. Así, al principio hay disponible una energía limitada para trabajar el perdón. Por esta razón, perdonar puede ser un trabajo muy arduo al principio. Pero sólo al inicio.

«¡Ay de ustedes, maestros de la ley y fariseos, ¡hipócritas! Limpian la parte exterior de la copa y el plato, pero en su interior están llenos de codicia y

autoindulgencia. ¡Fariseo ciego! Limpia primero el interior de la taza y plato, y luego el exterior también estará limpio».

JESÚS, MATEO 23:25-26

CAPÍTULO 12

TRABAJAR CON LA TENSIÓN Y EL TRAUMA

DEBIDO A QUE LAS SITUACIONES sin perdonar nos provocan estrés, debemos examinar aún más cómo aliviar nuestras reacciones a la tensión para que podamos perdonar más fácilmente. Este capítulo trata sobre cómo lidiar con nuestras propias tensiones, que podrían provenir de la fatiga familiar o del trabajo, del agotamiento de la compasión o del trauma y sus consecuencias.

En los capítulos anteriores vimos por qué reaccionamos como lo hacemos. En este capítulo nos dirigiremos hacia algunos de los graves problemas que se derivan de estas reacciones y hacia cómo tratar con ellos eficazmente para impedir que te abrumen. Por supuesto, es necesario perdonar, pero para llegar a eso, por lo general primero debes calmarte.

El estrés puede ser útil. Al estar bajo tensión, se nos ocurren nuevas formas de responder cuando las viejas costumbres ya no funcionan. Sin embargo, el exceso de estrés sobrecarga al sistema y lo apaga, y entonces tu comportamiento se vuelve menos racional. Las presiones de la vida evocan frecuentemente la respuesta habitual del miedo o la ira porque la huida y el combate se activan muy fácilmente. La huida proviene del miedo, que produce ansiedad y ataques de pánico. En su extremo emocional, tenemos la apatía y la desesperanza e incluso el suicidio. Luchar en extremo produce reacciones criminales. Ahora vemos más de estas respuestas extremas en escuelas y en centros de trabajo.

Es vital notar los primeros signos de estrés en ti mismo, y observar los síntomas en las personas que estás tratando de perdonar. La revista *Psichology Today* [La psicología hoy] nos informa que la experiencia de estrés en el pasado magnifica tu reacción presente al estrés.[17]

Sabemos que los incidentes traumáticos pueden tener efectos devastadores, pero la mayoría de la gente se sobrepone a ellos con el tiempo. Sin embargo, estos incidentes dolorosos pueden tener consecuencias negativas a largo plazo si no se tratan adecuadamente. Ya que el trauma activa en gran medida la respuesta del cuerpo al estrés, perdonar beneficia a las personas que sufren de las consecuencias a largo plazo de incidentes traumáticos. La incapacidad de una persona para hacer frente al estrés crónico proviene muchas veces de un trauma anterior en su vida.

Los sucesos traumáticos o catastróficos son repentinos, abrumadores y a menudo peligrosos, como un accidente de coche, un combate, algún desastre natural, una violación, un robo a punta de pistola, vivir en una zona de guerra o estar a punto de ahogarse, por nombrar unos cuantos. La víctima generalmente siente un miedo intenso, indefensión u horror en ese momento o tiempo después. Mientras que la mayoría de los sobrevivientes son capaces de lidiar con los recuerdos del trauma y estar bien, un pequeño porcentaje desarrolla después fuertes reacciones de ansiedad. Cuando esto sucede, se le llama trastorno por estrés postraumático o TEPT.[18]

Por favor observa que: la familia, los amigos y profesionales que ayudan a los supervivientes de estos incidentes intensos también pueden verse afectados por lo ocurrido debido a su empatía hacia la o las personas involucradas. Abordaremos esto más adelante.[19] A esto se le denomina «agotamiento de la compasión».

---

17 Capri, 1996.
18 Figley, 2002.
19 *Ibid.*

Le he dado énfasis al trauma y a sus efectos en la segunda parte de este capítulo por dos razones:

1 El trauma ocasiona con frecuencia situaciones aparentemente imperdonables, especialmente si fue una pérdida importante, una muerte o lesiones graves.
2 En esta época de terrorismo, es posible que tengamos cerca de nosotros nuevos sucesos traumáticos. Por lo tanto, tenemos que ser conscientes de sus efectos, sobre todo cuando esos efectos podrían estar ocurriendo en nosotros, en alguien cercano, o en alguien que necesitamos perdonar.

Se puede hacer algo sobre el estrés cambiando tus patrones de pensamiento y comportamiento habituales. La terapia cognitiva ayuda, así como la meditación y la oración. Asimismo, la reducción de incidentes traumáticos (TIR) y la disociación visual kcinestésica (VKD) han sido eficaces para aliviar las experiencias traumáticas de la gente. La RIT trabaja para disminuir la carga emocional de eventos traumáticos específicos; la VKD es un método de hipnosis que hace lo mismo.[20] Para mi trastorno por estrés postraumático (TEPT) resultante, lo mejor ha sido perdonar.

En situaciones de estrés, hay una variedad de métodos que ayudan. Una esposa que espera una paliza podría decidir finalmente protegerse y retirarse, en lugar de vivir en el miedo. El valor conlleva un nuevo comportamiento. Encontrar una manera diferente de responder ayuda a eliminar la emoción habitual atada a la acción. Cualquier cosa que se haga para cambiar parte de la respuesta cambiará toda la situación.

Sabemos, gracias a estudios de psicología y del cerebro, que encender la luz de la lógica en la angustia emocional ayudará a aliviarla. ¿Por qué? Porque el pensamiento lineal, la

---

20 Figley, 2000.

parte analítica del cerebro está configurada para trabajar con nuestro sistema emocional para calmarlo.

La persona, él o ella, que no ha perdonado se mantiene implacablemente a sí misma en un estado constante de tensión pensando a menudo sobre la situación y las personas involucradas, o suprimiéndolo de manera que esté todavía allí, pero inconscientemente. Cuando añades viejas reacciones de estrés a la tensión normal que ocurre en nuestro entorno como cuando conduces, tienes horarios, trabajas o crías una familia, puedes sobrecargarte. La terapia puede ayudar.

Las investigaciones sobre el estrés han demostrado que cuando no somos capaces de adaptarnos a lo que nos estresa, el cuerpo sufre, lo que ocasiona muchos síntomas desde un cansancio leve o un resfriado o gripe, hasta una enfermedad más grave. En épocas anteriores, después de un evento estresante, por ejemplo, un encuentro con un animal salvaje, el cuerpo podía relajarse y recuperarse. Sin embargo, hoy no hay tiempo para esta recuperación.

En la respuesta al estrés hay un aumento de hormonas y sustancias químicas en el cuerpo, que crean cambios. Si a estos cambios no se les permite volver a la normalidad a través de la relajación, habrá problemas.[21] Por supuesto, podríamos tomar más vitaminas y bebidas energéticas, pero recuerda que si se utilizaran combustibles y aditivos de alta potencia todo el tiempo en un motor para mayor velocidad, tarde o temprano éste se quemaría. Lo mismo sucede con el cuerpo.

Si esta fase de tensión continúa mucho tiempo y se convierte en un estado normal, se lleva a cabo un cansancio por estrés y un agotamiento, causando problemas como enfermedades cardíacas, enfermedades crónico degenerativas y finalmente, la muerte.

---

21 Capri 1996.

«El estrés crónico es como un veneno lento».

DOCTOR JEAN REY,
Escuela de Medicina de la
Universidad de Massachusetts

Los signos de sobrecarga de estrés y agotamiento

Por favor toma nota de los signos y síntomas del estrés crónico y agotamiento para ver si están o estuvieron presentes en la persona que estás tratando de perdonar, o en ti mismo.

Las investigaciones muestran que los químicos y las hormonas del cuerpo que se liberan durante el estrés tienen estos efectos en nosotros:[22]

1 Nos abre a la posibilidad del cáncer, de infecciones y enfermedad crónicas.
2 Estimula las úlceras, la inflamación, el dolor, la sensibilidad en las articulaciones y el asma.
3 Puede debilitar el sistema circulatorio, lo que puede llevar a infartos, enfermedades y ataques al corazón y presión arterial elevada.
4 Afecta al sistema emocional que causa la depresión o la agresión.

Incluso existen pruebas de que el estrés psicológico intenso puede cambiar la constitución del cerebro, tal vez de forma permanente.[23]

Cuando el estrés es crónico puede llevar con facilidad al agotamiento, y se tienen las siguientes condiciones físicas:[24]

---

22 Ibid.
23 Ibid.
24 Young, 2004.

1 Agotamiento emocional, mental y físico.
2 Interrupciones al dormir.
3 Dolores de cabeza, dolores de estómago, dolores del cuerpo.
4 Susceptibilidad a los resfriados y a la gripa.

Una persona puede sentir muchas de las siguientes actitudes y emociones cuando está agotado:[25]

- Sin energía, sin esperanza, desamparado.
- Vacío, agotado, triste, aburrido, cínico.
- Frustrado, irritable, ansioso, resentido.
- Poca satisfacción en el trabajo, por lo que la productividad es baja. A veces la víctima no va a trabajar.
- Se siente atrapado en una situación de la que no puede liberarse.
- No está seguro sobre la elección de su trabajo o carrera.
- Te apartas de los compañeros de trabajo, familiares y amigos.
- Inseguro acerca de su capacidad, se siente como un fracaso.

Todos éstos son signos de que algo anda drásticamente mal. Una persona con los sentimientos mencionados arriba necesita ayuda inmediata. Si tu situación sin perdonar ha dado lugar a estos síntomas en ti o en otra persona, debes comprender que eres incapaz de funcionar racional o compasivamente. Cuando yo mismo experimenté estos síntomas, también sentí que la vida no era digna de ser vivida. Por medio de la gracia de Dios, el *Proceso del poder del perdón* me ayudó.

En estas situaciones, a menudo aumenta el abuso del alcohol y las drogas. Muchas veces, la gente los consume para

---

25 Helpguide.org es una página excelente que provee información especializada, no comercial, sobre salud mental y bienestar para una vida larga. Helpguide.com 2006.

relajarse y evadirse. Esto también incluye el café, la nicotina y los medicamentos recetados. Estas sustancias se convierten en adictivas porque son las únicas cosas que alivian el dolor o sufrimiento de la gente. Sin embargo, el problema no es la sustancia, sino las reacciones al estrés que la persona es incapaz de enfrentar. En todo del mundo: alcohólicos anónimos, narcóticos anónimos y los programas de recuperación de 12 pasos en general, han revelado que la adicción también es un problema espiritual y emocional.

DOLOR

La gente que padece de dolor crónico casi siempre muestra los síntomas anteriores. Las personas que viven con un dolor interminable generalmente no están en su sano juicio, y a menudo toman malas decisiones para sí o para otros. Si conoces a alguien así, o eres así, las herramientas necesarias son la compasión y la comprensión.

Bárbara se casó con un veterano discapacitado después de la Segunda Guerra Mundial. Él a menudo padecía dolor. Enajenaba a la gente en el trabajo con su impaciencia y luego renunciaba por alguna razón. Tuvo muchos trabajo; siempre buscaba un lugar mejor y nunca lo encontraba. Su ira y rabia le asustaban. Ella se quedó con él porque sabía que era un hombre decente que tuvo que enfrentar mucho dolor. No obstante, añadía Bárbara, su dolor no justificaba el dolor que él le infligía.

Ella nunca estaba preparada para el siguiente conflicto o alejamiento de amigos, o la decisión de trasladarse. A veces se separaban. Su religión le permitía perdonar. A veces, ella perdonaba sólo para mantener unida a la familia por los niños. Su dolor hizo estragos en ella también, y la hizo temerosa y amarga.

Las personas que tienen enfermedades debilitantes o dolor crónico tienen dificultades y a menudo toman analgésicos u otras drogas. Estos medicamentos afectan su calidad de vida y su personalidad. Se esfuerzan continuamente por controlar el dolor y los efectos secundarios de la medicina. El alcohol y las drogas ilegales se utilizan con frecuencia para manejar el dolor.

La gente alrededor de las personas que padecen dolor crónico también tienen momentos difíciles. No es fácil enfrentar los reveses emocionales que causan el dolor en la gente. Los niños criados por una persona que sufre dolor crónico, ya sea con analgésicos o no, pueden mostrar todos los síntomas que plantean los alcohólicos.

Max era un gran tipo; todos lo amaban. Tenía éxito en su trabajo. En una fiesta, la gente siempre estaba alrededor de él contando chistes, riendo y bebiendo. En casa, sin embargo, Max tenía otra cara. El dolor de una lesión de años anteriores lo torturaba todavía. Los niños tenían que estar en silencio, no podían tener amigos y normalmente los insultaba. Nadie fuera de su casa se daba cuenta de lo que su familia sufría porque él «era un gran tipo».

Necesitas profundizar en tu labor interna para venir a pedir perdón a estas personas. Puedes confundirte debido a que las drogas, el alcohol o los medicamentos también pueden tener sus efectos positivos para aliviar el dolor a fin de que la persona muestre una personalidad agradable e incluso adorable. Si estás perdonando a alguien en tu pasado que era así, el trabajo vale la pena. Sin embargo, te recomiendo ayuda.

Muchas veces, el dolor se camufla con alcohol o drogas y no te das cuenta; y culpas a la adicción. Esto puede volverse aún más confuso y difícil cuando el dolor es emocional. La secuencia puede suceder así muchas veces: lesión original > dolor > drogas o alcohol > sus hijos heridos emocionalmente > sus hijos en drogas o alcohol > sus hijos heridos emocionalmente > así sucesivamente durante generaciones.

Haz todo lo que puedas para entender este ciclo en tu propia familia y trabajar con él. Perdonar es lo mejor que puedes hacer para toda tu familia, la gente alrededor de ti y las generaciones por venir.

Ocuparse del agotamiento familiar

Ésta es otra área fundamental del estrés para ponerle atención cuando se trabaja con miembros de la familia. El doctor Charles Figley, distinguido investigador del trauma y el estrés, ha escrito sobre las reacciones de tensión que pueden ocurrir en el matrimonio. Cuando las experiencias ingratas reemplazan los sueños de una pareja y sus expectativas, el matrimonio eventualmente sufre y al final sufrirá de agotamiento. El *agotamiento familiar*, como él le llama, es el resultado de los esfuerzos por corregir o tolerar una mala situación en una relación íntima. Dice que hay una mayor probabilidad de agotamiento familiar cuando:[26]

1. Un miembro de la familia tiene un bajo nivel de satisfacción, que ocasiona un mayor nivel de angustia en la familia,
2. el miembro angustiado de la familia interrumpe la rutina familiar durante un largo periodo, y
3. la expectativa del miembro de la familia sobre una calidad de vida familiar es muy diferente de lo que él o ella percibe como disponible.

Sé consciente del estrés y el agotamiento familiar cuando hagas este trabajo. Por ejemplo, si se trata de molestias con tus padres, necesitas recordar que el nivel de tensión en el hogar afectó su comportamiento. Cuando miras a tu familia de origen, es imperativo que salgas de tu propia perspectiva de cuando eras un niño y veas toda la escena familiar como alguien de fuera, como el adulto que eres, con las experiencias que tienes. Debes hacer esto o permanecerás anclado en sus propias reacciones inmaduras. De hecho, es probable que ahora seas mayor de lo que eran tus padres entonces; en consecuencia, puedes ser más objetivo de lo que ellos eran.

---

26 Peeples, 2000.

Asimismo, emplea tu perspectiva objetiva para observar los disgustos en tu lugar de trabajo, para ver cuánto desgaste está presente en las personas con quienes estás molesto. Mira cuánto has sido afectado o cuánto te afecta el agotamiento. Si tu cansancio por estrés era o es alto, seguramente reaccionaste o vas a reaccionar con más malestar de lo normal, creando un trauma por una situación que, por otra parte, podría sólo ser un incidente.

Qué puedes hacer

En el agotamiento y el estrés crónico, una persona nunca ve una buena manera de salir de la situación lamentable. Las demandas implacables y las presiones causan que se renuncie a la búsqueda de soluciones.

Hay muchas razones por las cuales una persona puede reaccionar al estrés de esta manera, por ejemplo, los sistemas de creencias pobres, los patrones de pensamiento distorsionados o un trauma temprano. Sin embargo, la salida requiere un autoexamen activo, a menudo con ayuda profesional o con personas que pueden tener una perspectiva amorosa y objetiva para ti.

La peor parte del estrés crónico es que las personas se acostumbren y no vean en absoluto una salida. Cuando el estrés está en este nivel crónico, sin tregua, aniquila a través del suicidio, la violencia, un ataque cardíaco, un accidente cerebrovascular y cáncer, porque desgasta a las personas. El estrés crónico es difícil de tratar y puede requerir tratamiento médico prolongado, psicoterapia y manejo del estrés.[27]

Si has visto a un amigo, familiar o tienes los síntomas anteriores, por favor ten en cuenta que hay muchas maneras de ayudarse. Aunque no voy repasarlas todas aquí, diré que el *Poder del perdón* permite regresar más fácilmente desde el

---

27 APA 2004.

borde del agobio. En los años de enseñanza de métodos de manejo del estrés, también puedo decir que los métodos de reducción de estrés toman mucho más tiempo para ser eficaces cuando una persona tiene resentimiento y enojo hacia sí misma o hacia otros.

Debes hacer todo lo que puedas para ayudarte a manejar estas tensiones continuas. Un terapeuta podría ayudar. La meditación es efectiva para revertir este ciclo de estrés y enfermedad. Como se mencionó anteriormente, es mejor calmar la mente antes de perdonar.

Eliminar los enfados que han molestado a una persona durante años, quizás desde la infancia, da un resultado positivo obvio. Mi suegra no tenía molestias con la gente. La conocí cuando tenía 96 años de edad. Aún era fuerte mentalmente y hablaba con nostalgia de la rutina con el periódico que tenía en sus ochenta. Todavía se veía atractiva y se conservaba bien. Su presencia, su sonrisa y sus ojos amorosos me dijeron que había encontrado un secreto para vivir: había dejado los resentimientos de sus primeros años y había encontrado la paz.

¿QUÉ NECESITAN SABER LOS SOBREVIVIENTES DE UN TRAUMA?

Los doctores Eve Carlson y Josef Ruzek han escrito una sinopsis cuidadosa para el Centro Nacional para el TEPT sobre lo que necesitan saber los sobrevivientes de un trauma:[28]

- No puedes protegerte completamente a ti mismo o a otros de un trauma, le sucede a mucha gente competente, sana, fuerte y buena.
- Puede haber problemas de larga duración después de un trauma. Hasta 8 % de las personas tiene un TEPT en algún momento de su vida.

---

28 Carlson, 2005.

- Después de un trauma, a veces la gente piensa que se está volviendo loca o débil como persona. Esto no es cierto. Realmente sólo están experimentando los síntomas asociados a una reacción de trauma.
- Las personas físicamente sanas y equilibradas pueden desarrollar TEPT. Si el trauma fue muy severo, probablemente alguien puede desarrollar TEPT.

Comprender los síntomas del trauma permite a una persona manejarlos mejor y posiblemente decidir sobre cómo obtener ayuda. Incluso si una persona no tiene efectos del trauma a largo plazo, aún así hay reacciones alrededor de la hora del incidente.

A veces es muy difícil enfrentar un trauma tú solo. Tal vez encuentres a un terapeuta para ayudarte. Hay muchas agencias que ofrecen ayuda y apoyo para diferentes traumas. Sin embargo, hay que tener en cuenta que hay psiquiatras, psicólogos, psicoterapeutas, trabajadores sociales y terapeutas familiares con licencia que no se especializan necesariamente en el trabajo de traumas.[29]

Manejo del estrés en incidentes críticos (MEIC)

En Estados Unidos de Norteamérica se usa un procedimiento de recuperación de crisis de gran alcance, que se adapta particularmente a las necesidades de las víctimas de eventos traumáticos. En la actualidad, éste ayuda a los servicios médicos de emergencia (EMS), al personal del servicio de policía, a los bomberos y a los médicos de emergencia, a resolver sus reacciones en escenas de traumas particularmente difíciles.

---

29 Puedes contactar la página de la Asociación de Especialistas en Estrés Traumático (ATSS, por sus siglas en ingles) para obtener información y ligas a organizaciones, para encontrar un terapeuta en traumas en tu area local.

El método, llamado manejo de estrés de incidente crítico, lo llevan a cabo equipos capacitados.

Los hombres y mujeres de nuestra policía, bomberos y departamentos de EMS alrededor del mundo tienen mi más alta estima porque son los primeros en llegar a los sitios de la tragedia y el peligro. Mientras se espera que estén ahí y ayuden, esto no significa que son inmunes a lo que sucede. El trauma causa estragos. Cuando fui capellán voluntario de la policía, observé de primera mano por lo que pasa esta gente, y les ayudé en el entrenamiento para el manejo del estrés en incidentes críticos (MEIC).

El MEIC es invaluable, ya que evita las consecuencias del trauma a largo plazo. El equipo de MEIC viene con los primeros en responder durante las primeras horas o los primeros días del incidente crítico para ayudar a calmar los trastornos emocionales. Las estadísticas de la recuperación del personal que ha pasado por el MEIC son impresionantes en comparación con quienes no han tenido esta ayuda.

El MEIC da énfasis a:

1 La intervención temprana.
2 La acción directa.
3 La recolección de datos.
4 La expresión de emociones difíciles.
5 La movilización de recursos necesarios.

Tales intervenciones del MIEC pueden tener un impacto profundo al reducir un problema.[30]

Este proceso actualmente no se usa lo suficiente, incluso con equipos de primera respuesta, pero debe llevarse a cabo para que no perdamos personal de servicio valioso debido a los traumas que han experimentado. Debido a que también ayuda en las necesidades de las víctimas de eventos traumáticos, espero que el MEIC se utilice en el futuro con todas las víc-

---

30 Flannery, 1999.

timas de traumas para aliviar los efectos secundarios de los traumas inmediatos. También espero que se utilice con nuestro personal de servicio militar que se ocupa de los traumas cotidianos en las zonas de combate. Además, las enfermeras, los médicos y otros trabajadores de hospital lo necesitan regularmente.

CONSECUENCIAS A LARGO PLAZO DE UN TRAUMA – TPET

Como se señaló anteriormente, un pequeño porcentaje de personas desarrolla y mantiene reacciones fuertes al recordar un trauma, sobre todo cuando no han tenido un MEIC o ningún otro tratamiento para desactivar el trauma. Cuando una persona tiene intensas reacciones a un trauma durante más de un mes, se llama trastorno por estrés postraumático o TEPT. En las familias de los veteranos estadounidenses, las tasas son altas. En países que experimentan un conflicto violento actual o reciente, índice del TEPT para la población en general pueden ser altas, por ejemplo: Argelia 37 %, Camboya 28 % y Etiopía 16 %.[31] En 2007, la tasa de TEPT para niños en la franja de Gaza fue del 70 %.[32]

El TPET es complejo e intenso. He estudiado y trabajado con él y yo lo padecí durante varios años, lo que finalmente me obligó a perdonar. Me dirijo a él aquí porque he encontrado que el perdón es indispensable para enfrentar situaciones insoportables. ¿Por qué? Porque siempre hay alguien a quien juzgamos responsable de la catástrofe. Esto muchas veces puede incluir al sobreviviente visto desde su propia perspectiva. Las investigaciones han demostrado una correlación definida entre el perdón y una disminución en los síntomas de TEPT.[33]

---

31   No tengo ilustraciones para Itak y Afganistán. Friedman, 2006.
32   ROTA, 2008.
33   Witvliet, et al., 2004.

El TEPT se identificó por primera vez durante la guerra de Vietnam. Los doctores notaron que los soldados que regresaban eran incapacitados debido a las pesadillas y los recuerdos persistentes por las tensiones que habían experimentado. A esta condición en la Segunda Guerra Mundial le llamaron «fatiga de la batalla». En los años 80, los psicólogos comenzaron a utilizar las siglas TEPT como un término. Más tarde, reconocieron que podía ocurrir en cualquier persona que sufre un trauma prolongado, como en el abuso de menores.[34]

El anteriormente mencionado doctor Charles Figley, una de las máximas autoridades sobre los efectos del trauma y el estrés postraumático, toma nota las siguientes características en la persona con TEPT:[35]

- Reexperimenta los aspectos más traumáticos del suceso muchas veces en sueños, recuerdos y memorias.
- Hace esfuerzos para evitar la exposición a los recordatorios.
- Está al borde, es incapaz de relajarse.
- Es incapaz de pensar en el suceso sin estar obsesionado.
- Experimenta síntomas durante más de un mes.

Él o ella puede también exhibe estos síntomas:[36]

- Fobia y ansiedad general (sobre todo entre los ex prisioneros y rehenes y sobrevivientes de desastres naturales).
- Abuso de sustancias.
- Depresión o culpa intensa.
- Quejas psicosomáticas, hospitalización de urgencias.
- Un sentido alterado del tiempo (especialmente entre los niños).

---

34 Friedman, 2006.
35 Figley, 2000, 2002.
36 Figley, 2002.

- Reacciones de dolor y obsesiones con la muerte (especialmente entre los supervivientes de un trauma en el que alguien murió o podría haber muerto).
- Aumento de conflictos interpersonales y arrebatos de ira.
- Abandono de actividades sociales, conducta delictiva y ausentismo.

Si ha habido un trauma familiar, uno o más miembros de la familia pueden presentar estos síntomas, lo que contribuirá al agotamiento familiar.[37]

Si estás sufriendo de estrés postraumático, busca ayuda; si estás ayudando a otros, consígueles ayuda; y sobre todo consigue que se ayuden a sí mismos.

Los estudios de las imágenes del cerebro realizados por el doctor Bessel A. Van der Kolk, especialista internacional destacado en traumas y autor de más de cien artículos y varios libros sobre el tema, nos dicen que durante un evento traumático, la parte del cerebro que no tiene lenguaje muestra la mayor actividad. La parte delantera del cerebro que se asocia con el discurso y el poder hablar sobre lo que ocurre, literalmente se apaga durante un traumatismo.

Cuando una víctima de trauma finalmente «habla», lo hace con la voz de la rabia, algún abuso de sustancias o violencia. Esto significa que la gente no necesariamente necesita hablar acerca del trauma para resolverlo. El doctor Van der Kolk enfatiza el poder del chi kung, el tai chi, el yoga, el baile y la respiración para tranquilizar el cuerpo.[38] En su Centro de Trauma, se enseñan a las personas a autorregularse a través de la retroalimentación biológica y el uso de EMDR.[39]

---

37 Figley 2000, 2002.
38 Starnes 2005.
39 Van der Kolk, 2009. El EMDR es un método poderoso para ayudar a la gente a resolver el miedo y los problemas mediante movimientos oculares. Sólo lo realiza un terapeuta con licencia. Un enfoque similar,

Recomiendo la página web del Centro Nacional para el TEPT si tú o alguien que conoces está tratando con un TEPT. También puedes acudir a la página de la Asociación Norteamericana para el Matrimonio y la Terapia familiar (ANMTF por sus siglas en inglés) para obtener información más detallada sobre el TEPT y una gran cantidad de información sobre los problemas que enfrentan las familias de hoy.[40]

OLVIDAR Y TEPT

El trauma o sus consecuencias a menudo se producen por la acción de otros. Con la falta de aceptación continua de lo sucedido, se crea resentimiento. Perdonar puede detener el diálogo interno y la reproducción mental de abusos o traumas, o ambos. El *Proceso del poder del perdón* funciona bien porque trata la situación de una manera metódica y completa. Debido a la intensidad del trauma y sus efectos a largo plazo, te recomiendo hacer el trabajo del poder del perdón con un asesor experimentado.

Ésta es la carta de una paciente que tuvo un TEPT durante veinte años. Cuando comencé a trabajar con ella, le tenía miedo a los lugares públicos.

> «Gracias por el tiempo que pasamos juntos. La relación entre mi esposo y yo está mucho mejor. Ahora, él empieza las discusiones conmigo con declaraciones como "Ahora que nos estamos comunicando" o "Ahora que somos amigos". Ya hemos tenido varios acercamientos honestos (algo totalmente nuevo en nuestro matrimonio).

pero realizado por cualquiera, se llama EFT. Es fácil de usar y aprender, no tiene efectos secundarios y es fortalecedor. Para mayor información dirigirse a el sitio de EFT: www.emofree.com.

40 <http://aamft.org/families/index_nm.asx_nm.asp>

»En uno de ellos, para tratar de explicar mis reacciones a las cosas que ha dicho y hecho en el pasado, empecé a decirle lo que era ser una niña que crece en casa de mis padres. De la nada vino una descarga violenta de dolor que me asombró incluso mientras me sucedía. En lugar de suprimirla, sólo dejé que fluyera. Duró aproximadamente un minuto y luego todo volvió a la normalidad. Fue TAN visceral. No había llorado así en más de ocho años.

»Obviamente, parte de mí está muy presente y conectada con todos los traumas y dramas de mi infancia, pero mantengo tanta distancia entre esa parte de mí y lo que soy y he sido todos los días durante tanto tiempo, que todavía estoy sorprendida por mi reacción. Durante años he estado muy vigilante a no a permitirme llegar a cualquier lugar cercano a las cosas que me trastornan. Desde el principio de nuestro matrimonio, mi esposo apretó muchos de esos botones de la infancia; mi forma de categorizar todo tan deliberadamente y el distanciamiento del pasado también me aisló de cualquier intimidad con él.

»Aunque ignorar el pasado tiene sus ventajas, no siempre desaparece en realidad. Ahora, después del tiempo relativamente breve que pasaste conmigo, me siento lista para abordar cualquier cosa en dosis pequeñas. Ya no me importa vivir tan totalmente en el exterior.

»Muchas gracias por reencaminarme hacia el rumbo correcto. Esto es sólo el principio, lo sé, pero gracias por guiarme. ¡Me lo facilitaste tanto! ¡Gracias!»

En los meses posteriores desde que se escribió esta carta, ella y su esposo dejaron su departamento de siete años en la ciudad de Nueva York y se mudaron al extranjero. Ahora ella viaja regularmente por sí misma.

Agotamiento de la compasión

Otro aspecto preocupante es el trauma secundario, que puede ocurrir debido a la exposición indirecta al trauma por medio de escuchar de primera mano un evento traumático. Ver en la televisión repetidamente un evento traumático puede generar esto. El médico, o cualquier persona, que escuche del sobreviviente la descripción vívida de un trauma, crea pensamientos o una respuesta emocional a ese suceso que a veces puede resultar en un conjunto de síntomas y reacciones paralelas al TEPT, como volver a experimentar, evitar y estar al límite constantemente. A este resultado secundario del trauma, el doctor Charles Figley le llama *agotamiento de la compasión*, y las doctoras Laurie Pearlman y Karen Saakvitne, *traumatización por sustitución*.[41]

Los sacerdotes, los terapeutas, trabajadores sociales y cualquier persona que dé consejo a otras, necesitan estar conscientes de que tratar con un trauma también tiene un impacto en ellos. Los profesionales que escuchan con frecuencia los traumas de las personas deben renovar regularmente un sentimiento de satisfacción, inspiración y apoyo hacia su trabajo.[42]

Perdonar es eficaz incluso en el trauma de sustitución por ver la televisión. Podemos realizar acciones que ayuden a las víctimas y hacer trabajo de perdón cuando nos encontramos con que estamos disgustados. Si ponemos atención, a veces veremos que de alguna manera tuvimos una situación similar. Las herramientas están aquí.

Cómo y por qué perdonarse a uno mismo ayuda

A menudo sentimos que de alguna manera somos responsables de los sucesos traumáticos que ocurren en nuestras

---

41 Zimering, *et al.*, 2003.
42 Peeples, 2000.

vidas. Tú puedes evitar que esos incidentes te sigan dañando al hallar el perdón por tus errores, ya sean o no racionales. Esto es vital, especialmente si sientes culpa por un trauma y te dices a ti mismo cosas negativas. Todo cambia al abordar tus declaraciones «Si *yo hubiera*» y «*Yo debería*» al encontrar el perdón para ti mismo por lo ocurrido.

En las relaciones que han sufrido algún trauma, perdonarse a sí mismo elimina la culpa y el arrepentimiento para que las personas puedan aprender de sus errores y establecer una nueva forma de enfrentar los errores futuros. Las relaciones construidas en el amor en lugar de en la condena son más satisfactorias y permiten proceder desde nuestro ser superior. Esto es válido para todas nuestras relaciones.

Cuando la gente reacciona mal a una situación de mucha tensión, muchas veces siente culpa, vergüenza, reproche y arrepentimiento. Les parece imperdonable lo mal que actuaron. El perdón entra en el entendido de que ¡*las reacciones ocurren*! Al recordar que el cerebro reactivo no es la persona, tú puedes alejarte de los reproches y de tu propia culpa.

También recuerda que tú no eres esa reacción. La reacción es sólo es un mecanismo poderoso de supervivencia que entra incómodamente en una situación.

El trauma y el perdón

Recuerda que el perdón tiene sus tiempos. Si una persona está en medio de una reacción a un acontecimiento terrible, no funcionará forzar el perdón y probablemente alterará más a la persona. Por principio, una persona que todavía se mantiene reaccionando necesita utilizar otros métodos, que incluyen la terapia. Para la persona que está dispuesta a considerar el perdón, la terapia del *Poder del Perdón* puede ser muy útil cuando se utiliza junto con los otros tratamientos aceptados.

Me gusta la siguiente declaración cómica porque se acerca a la locura de la autocondena:

De la administración:
¡Las palizas continuarán hasta que la moral mejore!

Parte IV

Hasta este momento, hemos sentado las bases para perdonar. En la sección que sigue nos centraremos en qué hacer para lograr fácilmente el proceso del perdón.

«El verdadero perdón aborda el pasado, todo el
pasado, para hacer posible el futuro. No podemos
alimentar los rencores incluso indirectamente
para quienes no pueden hablar más por sí mismos.
Tenemos que aceptar que hacemos lo que hacemos
para las generaciones pasadas, las presentes y las
que aún están por llegar. Eso es lo que hace a una
comunidad una comunidad, o a un pueblo pueblo,
para bien o para mal».

DESMOND TUTU,
No Future Withut Forgiveness
[Sin perdón no hay futuro][1]

---

[1] Ver Tutu, 1999.

CAPÍTULO 13

GRANDES PREPARACIONES PARA EL PODER DEL PERDÓN

Un panorama del Poder del perdón

COMO LO MENCIONÉ en la primera parte del libro, a través de los años me di cuenta de las diferentes partes, etapas y pasos de este trabajo de perdonar. Tú pasarás por todos los niveles con cada situación a la que te dirijas. A veces pasarás por algunas rápidamente mientras que en otras situaciones tardarás más tiempo. Sin embargo, encontrarás que el proceso va en una secuencia natural cuando trabajes en el perdón.

Esto se lleva su tiempo. Cuánto tiempo dependerá por completo de ti. Una vez que tomé la decisión de perdonar y me comprometí conmigo mismo en el proceso, trabajé en él de una sola y larga sentada, hasta que sentí que estaba completo. Otros se encuentran con que les funciona mejor tomar muchas sesiones durante un periodo más largo. Realmente no importa, siempre y cuando sigas el *Proceso del poder del perdón* que se describe aquí.

Éstas son las áreas principales del *Proceso del poder del perdón*:

Parte 1. Identificar todos tus malestares.
Parte 2. Perdonar todos tus trastornos (esto conlleva varias etapas).

- Etapa 1. Abrir el malestar.
- Etapa 2. Ampliar tu comprensión y compasión.

- Etapa 3. Darte cuenta de que ha cambiado tu actitud hacia esa persona.
- Etapa 4. Perdónate a ti mismo por lo que has perdonado en la Etapa 3.
- Etapa 5. Da gracias por la curación, y luego repite las etapas 1 a 4 hasta que todo esté perdonado.

Parte 3. Siente la transformación.

El perdón es un proceso, una serie de acciones, cada una con un conjunto de pasos que trae consigo el observar una mala situación de manera diferente, más flexible. El perdón es la forma artística de mover la mente a ser más abierto, feliz y a la aceptación de los demás y de uno mismo. Con frecuencia perdonar no será efectivo hasta que haya comprensión y compasión. Una vez que éstas llegan, perdonar puede ser automático o una decisión más fácil, para que pueda ocurrir la curación.

Tomar la decisión es difícil sin cavar profundamente en la situación y sin entender cómo la mente está configurada para impedir perdonar.

El poder del perdón

En el libro, seguimos las diferentes áreas del proceso de perdonar por medio de muchas preguntas, ejercicios y sugerencias. A través de los años me han solicitado simplificar el proceso porque la gente puede sentirse abrumada al involucrarse en su nivel. Sin embargo, he encontrado que esto no es necesario porque el proceso se acelera conforme te familiarizas con él. Para la mayoría de la gente perdonar no es sencillo ni rápido. Mientras que el perdón puede llegar a ser más rápido con la práctica, al principio se necesita trabajo. Si llegas hasta este lugar en el libro, entiendes esto y probablemente todavía tienes más trabajo por hacer. Lo que sigue son las preparaciones iniciales para ayudarte a hacer este trabajo con más eficacia.

Para perdonar, necesitas mirar más profundamente en tu pasado con la sabiduría del presente, y cambiar los efectos del pasado. Si puedes añadir humildad a la ecuación con la comprensión de que, de alguna manera, has hecho algo similar, y te perdonas a ti mismo, entonces has perdonado para siempre. Éste es el proceso básico y su objetivo. Esto trae una transformación.

Tuve un terapeuta que decía: «Este *Proceso del poder del perdón* no puede ser eficaz. Se trata de toda una vida de dolor. No puedes dejarlo ir así como así». Esta perspectiva proviene de las escuelas de pensamiento que no reconocen la verdad de lo que somos ni el poder de una fuente divina, que ayuda en todo esto. Las palabras de Einstein son relevantes aquí: «Ningún problema se puede resolver desde el mismo nivel de conciencia que lo creó».

Si estás en la posición de ayudar en el trabajo de alguien más como terapeuta, amigo o consejero, le ayudarás mejor al permanecer en contacto con tu propio poder superior y al tener una mirada completamente positiva por su esfuerzo mientras eres testigo de cómo libera su resentimiento. Es mucho más difícil hacer este trabajo solo. La mirada positiva del terapeuta o consejero hacia la persona que está perdonando hace una gran diferencia.

Con frecuencia, el facilitador o consejero debe mirar los mismos temas. En mi formación de psicoterapia, nos dijeron que el paciente traería problemas del terapeuta al consultorio. Tal vez el paciente no puede o no va a perdonar, pero en el proceso, el consejero ve que algo de su vida se afecta. En muchos sentidos, la persona de apoyo o terapeuta del perdón es un participante en el proceso de perdón. Su papel es sumamente valioso. Creer en esa persona afecta tu proceso de perdonar.

Resumen de secretos y puntos esenciales para perdonar

Pequeños cambios de sentimientos y actitud

El descubrimiento más importante para llevar a cabo el perdón como un proceso consiste en descubrir qué tan rápido puede ocurrir. Esto es así porque hay muchas transformaciones pequeñas en los sentimientos y pensamientos que producen grandes cambios. Con cada uno de estos cambios, recuperamos la energía vital que estaba atada en el trastorno mental y emocional.

Presta atención a tu cuerpo durante este trabajo:

- ◗ Ten cuidado con ese sentimiento de alivio.
- ◗ Advierte los cambios en tu cuerpo, en tus principales grupos músculos.
- ◗ Nota los cambios en la temperatura de tu cuerpo y tu respiración.
- ◗ Pon atención a tu nivel de energía y toma un descanso cuando sientas que lo necesitas.
- ◗ Nota los cambios en la perspectiva y la comprensión, la cual es la respuesta positiva.

Preguntas sobre los sentimientos: Responde a estas preguntas para probar si hay algún cambio en los sentimientos:

1 ¿Sentí alivio o liberación mientras trabajaba en esto?
2 ¿Es hora de tomar un descanso?
3 ¿Sentí que llegaba un poco de amor o comprensión?
4 ¿Ya es todo por ahora?

Mantén los puntos esenciales en la mente

Éstos son los puntos clave que se centran en el proceso. Revísalos y mantenlos en tú mente para ayudarte en tu progreso.

- **Mantén la visión superior**. Enfocarte en tu propósito o visión superiores permitirá que se lleve a cabo el perdón. Céntrate en lo que te inspira a perdonar.
- **Encuentra el significado de perdonar**. Usa un valor o principio fundamental en tu vida, tal como lo hicieron Wild Bill en el campo de concentración y los padres de Amy Biehls en Sudáfrica. Encuentra el significado más profundo de la situación.
- **Comprométete con el proceso**. Disponte a perdonar. Ten la intención de perdonar. Decide perdonar.
- **Percibe las sensaciones**. Mantén los sentimientos a la vista mientras perdonas. Busca los sentimientos bajo la superficie. Evitar los sentimientos difíciles es normal, pero no ayuda en este trabajo. No puedes dejar ir algo que está oculto.
- **Encuentra la verdad**. Sé honesto. La verdad sana. ¡La verdad te hará libre! *Cuando se conoce la verdad, se lleva a cabo la curación.* La honestidad con nosotros mismos es de suma importancia para nuestra salud y bienestar. *La actitud defensiva evitará que la verdad de la situación sea vista y sentida.*
- **Pide ayuda divina** cuando no estés seguro de qué hacer o cómo entender algo en lo que estás trabajando. Guarda silencio y ofrécelo a la ayuda divina en la que crees. Dale la vuelta y escucha. Ten fe en el amor divino.
- **Sé agradecido**. Cada vez que puedas estar agradecido hacia una persona o situación, la transformas. Encuentra gratitud al final de cualquier proceso de perdón. ¿Qué ganaste de la situación? ¿De qué le puedes estar agradecido a esa persona?

Los secretos

Los siguientes sabios consejos son significativos para ayudar a la gente a perdonar. Yo les llamo *secretos* ya que hay pocas personas que los utilizan en terapia.

Los secretos para hacer este trabajo son:

- **Utiliza tu intuición**. Además de la intuición básica, la mayoría de nosotros tenemos un sentido interno que nso indica lo que se debe hacer.
- **Busca apoyo**. La ayuda de otras personas para perdonar te mueve más rápida y fácilmente a través del proceso.
- **Separa la situación**. Analízala pieza por pieza, persona por persona. Separa los grandes malestares y escribe una lista con todo lo que ha hecho la persona. Separa los disgustos oorganizandolos y haz una lista de todas las personas que pertenecen en esa organización. Si piensas en uno, después llegarán otros a tu mente.
- **Observa los eventos anteriores**. Busca en experiencias pasadas las que son iguales o similares a la que estás trabajando ahora. *Ocúpate de las primeras personas y situaciones de tu vida.* Se profundiza en la apreciación de la vida cuando arreglamos los malestares con nuestra familia, religión y cultura de origen.
- **Accede a la humildad**. La humildad permite que nuestra compasión nos ayude a intentar comprender la situación. También aquieta al cerebro reptiliano y nos permite alejarnos de nuestra parte defensiva que necesita culpar y atacar para sentirse protegido.
- **Usa tu imaginación**. Ponte en los zapatos de la persona que estás perdonando para entender verdaderamente la forma en la que ve el mundo.
- **Perdónate a ti mismo**. *El perdón se vuelve permanente cuando te has perdonado a ti mismo por las mismas razones por las que has perdonado a otra persona.* Entonces, ya no necesitas

proyectar tu malestar contigo mismo hacia los demás para protegerte y sentirte bien.

Los principios del poder del perdón

I. **La experiencia de sanación es el resultado de un principio simple de la mente**: *Tus pensamientos no pueden ir en direcciones opuestas al mismo tiempo y llegar a algún lugar.* El resentimiento, la culpa, la ira y el temor toman la mente en la dirección opuesta al amor, la alegría y la paz. Hasta que estés dispuesto a desprenderte de estos miedos y resentimientos, tendrás el cambio profundo que deseas.

II. **La intención del *Poder del perdón* es «soltarlo todo».** Esto significa soltar todos los resentimientos y molestias con todo y con todos. Esto es fundamental para que llegues a tu máximo potencial de la vida tanto espiritual como mental, emocional y físicamente.

III. **La disposición es esencial** porque es el principio del compromiso que te lleva a perdonar. A veces se necesita manejar la resistencia y las objeciones a perdonar, al asegurar que no se interponen en el camino ninguno de los «Mitos del perdón».

IV. **Estar en un ambiente cómodo y no amenazante al hacer este trabajo.** El cerebro hace lo mejor posible cuando nos sentimos seguros. Entonces tus habilidades superiores de pensamiento pueden empezar a trabajar en armonía para manejar la situación estresante que no has perdonado.

V. **Detente y calma tus reacciones de estrés en cualquier momento que sientas que te están dirigiendo.** Somos una mezcla compleja de mente, cuerpo y espíritu, no una antigua reacción programada al estrés. Es normal que la gente identifique incorrectamente estas reacciones como si fueran ellas mismas. ¡Nosotros no somos esas reacciones!

VI. **Perdonar es un movimiento del corazón que nos lleva a ser más compasivos y amorosos.** Realizar actos de bondad o caridad hacia nuestro ser y hacia otros es curativo y transformador. Así es como el perdón obtiene su poder, porque la esencia de nuestro ser es amor.

VII. **Encuentra la metáfora o símbolo del malestar**, porque la mente piensa simbólicamente. La mente trabaja con metáforas y símbolos. Por ejemplo, las palabras son símbolos de acciones complejas o cosas. Al mirar a la gente y las situaciones difíciles, encuentra cómo puede simbolizar algo más en tu vida que sea similar, por ejemplo: un jefe podría ser como tu papá.

VIII. **Perdonarte a ti mismo alivia la culpa, la vergüenza y la necesidad de reproche**. En nuestra propia curación, perdonarse a uno mimos es tan importante como perdonar a otros. La culpa y la vergüenza nos impiden vivir una vida plena y feliz.

IX. **Conoce tus valores y ten cuidado con los juicios**. Condenamos a otros cuando no se adhieren a nuestra propia moral, valores y normas. La culpa y la vergüenza se presentan cuando no están de acuerdo con nuestra propia moral, nuestros valores y nuestras reglas superiores.

X. **Perdonar es revisar nuestro ser y el de otros bajo una luz diferente**. Revaluar las normas con las que juzgamos a los otros y a nosotros mismos es una práctica continua.

XI. **La reacción a nuestro mundo exterior es un reflejo de nuestro mundo interior**. Conforme te familiarizas con este trabajo, reconocerás que el mundo que ves afuera es un reflejo de lo que sucede dentro de ti. Por esta razón la proyección es tan crucial. Muchas veces, las personas sólo te muestran cosas sobre ti y tus juicios y reglas. Cuando ves esto, todo el perdón se convierte en perdón a uno mismo.

XII. **El amor es la clave. El amor es para dar**.

Prepararse para el proceso

A *Ten a la mano una pluma y suficiente papel.*
B *Permítete suficiente tiempo ininterrumpido para este proceso.*
   Dependiendo de la etapa en la que estés trabajando,

necesitas periodos de al menos treinta minutos a dos horas o más. Cuando hice mi proceso, trabajé muchas horas seguidas. Sin embargo, estaba muy familiarizado con el proceso interno.

C *Come, pero no dejes que los alimentos sean una distracción.* Ten en cuenta que cuando se trata de una situación difícil sentirás el deseo de evitar las zonas difíciles. Presta atención a los antojos de alimentos, cigarrillos o cafeína. A veces el deseo de encontrar distracciones puede proporcionar una pista a la presencia de mecanismos de defensa que te impiden perdonar.

D *Trabajar así con otras personas puede ayudarte.* Grupos de personas que trabajan juntos en su propio proceso de perdón han logrado excelentes resultados.

E *Evita drogas y alcohol en tu sistema.* No estoy hablando de medicamentos y drogas recreativas. Éstos y el alcohol amortiguan temporalmente la consecuencia del estrés. En cualquier tipo de trabajo interno, te impedirán, generalmente, entrar a profundidad en una situación.

F *Meditar, irse a un retiro y relajarse.* Comienza con lo más fácil primero.

La doctora Ángeles Arrien, una de mis maestras en el trabajo del perdón, dice: «No puedes ir más allá en tu camino espiritual hasta que hagas trabajo de rectificación en tu familia, país y religión de origen».

Rectifica los medios para hacer el bien. Mi propio trabajo de perdón con mi primera religión me trajo experiencias de la profunda conexión con dios que tuve cuando era joven. No hubiera recuperado esa experiencia y no habría hecho las cosas bien, ni me habría movido hacia una relación reajustada con mi pasado.

Una vez alguien me preguntó: «Si sabes que tu vida no va bien, pero no puedes pensar en cualquier mal que te han hecho, ¿qué haces?». Yo le recomendé que hiciera una lista de todo lo que le molestaba en el mundo. Una vez que anotó los disgustos, obtuvo un avance muy fuerte por situaciones olvidadas. Es como el fumador que sabe que debe dejar el cigarro pero no está listo. Debes estar listo y dispuesto a tratar con lo que está sucediendo dentro de ti mismo para perdonar con eficacia.

Un repaso de los elementos básicos

- Mantén tu motivación alta a través de la inspiración y tu visión superior.
- Escribe ya sea sobre lo que está sucediendo contigo ahora o sobre un tema específico; esta podría ser la herramienta más utilizada.

Anotar todos tus malestares y odios te brindará la materia prima para tu *Proceso del poder del perdón*.

- No tomes primero las situaciones más difíciles. Observa qué *estás dispuesto* a trabajar y libera lo que puedas. Eso te dará la energía y el sentido de lo que necesitas trabajar después.
- Una vez que pasas algunos de los principales malestares y puedas dejarlos ir, notarás que tienes más energía y fuerza interior, lo que te moverá rápidamente a través de la lista. En todo este trabajo *recuperas la energía emocional y espiritual* que antes sostenía la ofensa sin perdonar.
- Con cada acto de perdonar, debes sentir un cambio interior, *el cambio de sentimientos*. Cuando permites que cada una de las personas que perdonas pasen por tu mente, sé consciente de la tensión de tu cuerpo, tu corazón y tus músculos. Sabrás inmediatamente que has perdonado a muchas personas de tu lista porque te sentirás muy bien; pero con los demás, sentirás que hay más por perdonar. A medida que avances, perdonarás más fácilmente, con el mismo resultado amoroso, alegre y pacífico.

- Con el auténtico perdón no habrá ninguna animadversión. Tendrás en tu mente una experiencia positiva o neutral de la persona. Cuando sientas alivio, alegría, amor y paz con cada persona que perdonas, no debe quedar ningún malestar. Realiza lo mismo con cada persona o situación en tu lista.
- A veces ocurre una liberación simplemente porque reconoces que le has hecho algo similar a otra persona.
- Si te encuentras enfrascado, utiliza los secretos, fundamentos y principios.
- Separa el malestar todo lo que puedas.
- Mientras vayas avanzando, verás que el proceso se acelera. Perdonarás más fácilmente pero con el mismo resultado alegre, tranquilo y amoroso, a veces hasta un poco más. Hacia el final, si llevas a cabo el *Proceso del poder del perdón* completo, sólo pensarás en la persona y serás capaz de perdonar porque has recuperado tu poder personal y el amor.

> *«Uno no puede llegar a la verdadera nobleza de espíritu si no está dispuesto a perdonar las imperfecciones de la naturaleza humana. Ya que todos los hombres, ya sean dignos o indignos, necesitan el perdón...»*
>
> INAYAT KHAN, 1882-1927,
> maestro indio sufí

CAPÍTULO 14

EL PROCESO DEL PODER DEL PERDÓN

EL PROCESO DEL PODER *del perdón* tiene tres partes o fases.

- **Parte 1:** Enfrentar a lo que no hemos perdonado en nuestras vidas.
- **Parte 2:** Trabajar en los incidentes.
- **Parte 3:** Ser consciente de la transformación.

En la primera parte buscas a todas las personas y situaciones sin perdonar en tu vida. En lugar de dejar que se recrudezcan bajo la superficie, escribes listas.

En la segunda parte trabajas en una persona, en un momento o una cosa específica de las muchas que hizo la persona. Esta parte aborda los conceptos básicos de perdonar que vimos en los primeros capítulos. Cuando perdonas a todas las personas y ya no hay malestares en tu vida, ocurre una transformación, que se ve en la tercera parte.

Por favor observa que: Debido a que se trata del *Proceso del poder del perdón*, hablamos de lidiar con TODA la gente con la que estás molesto, en lugar de dejarla recrudecer bajo la superficie.

Si apenas comienzas, te recomiendo no anotar todas tus molestias al mismo tiempo a menos que estés en un retiro, con supervisión intensiva o estrecha, en un espacio contenido y con una rutina. Así serás capaz de concentrarse en el proceso y no te distraerás con todos tus malestares.

Al realizar este trabajo solo, si te distraes y te molestas demasiado, probablemente no acabarás el proceso sin ayuda. Si ya leíste el libro completo y no has tenido éxito al tratar de soltar tus enojos, pero te sientes listo, entonces escribe todos tus malestares. Sin embargo, **debes** seguir inmediatamente con el perdón. No esperes.

Si no te sientes cómodo con el proceso, entonces basta con tomar a una persona con las que estás molesto y trabajar en él o ella. Asegúrate de que esa persona no es con la que estás más molesto. Ya llegarás con la persona más «cargada», pero aún no es momento. Primero hay que familiarizarse con el proceso y tener cierto éxito en llevarlo a la práctica.

PARTE 1: ENFRENTAR A LO QUE NO HEMOS PERDONADO EN NUESTRAS VIDAS

Anota a las personas, organizaciones, situaciones o lugares por las que sientes resentimiento, odio, ira, miedo o tienes un juicio crítico. Tal vez encuentres que allí hay muchos actos negativos conectados a una persona o cosa. En esta etapa, simplemente escribes las situaciones que **quieres** tratar. (Sólo trabaja con las personas que prefieras. Si algunas te son demasiado molestas, puedes perdonarlas cuando te sientas más confiado con el proceso. De momento, perdona lo que puedas; esto te dará energía para enfrentar las situaciones más inquietantes.)

Las principales preguntas en esta etapa son:

A ¿Quién o qué me molesta?
B ¿Qué es **todo** lo que hizo cada persona?

Nota: Es necesario separar tus ofensas. Asegúrate de separar cada agresión en todas sus piezas. Una situación podría tener otras veinte situaciones pequeñas diferentes que necesitas perdonar. Asimismo, una persona en un gran suceso podría tener veinte agresiones diferentes. Hazte cargo de cada una de las ofensas antes de trabajar en alguien más. Es más fácil tratar de perdonar veinte actos separados que hacerlo todo de una sola vez.

C Una vez que has separado la situación en sus partes más pequeñas, trabaja en cada pieza hasta que hayas manejado todas.

Estas son preguntas que ayudan a mirar más profundamente lo que se menciona en los puntos A y B.

1 Cuando miro mi entorno familiar, ¿qué necesito liberar?
2 ¿Con quién tengo problemas para perdonar?
3 ¿Existe algo que quiero perdonarme a mí mismo?
4 ¿Existen situaciones que simplemente no tengo la fuerza o el deseo de soltar y perdonar?
5 ¿Hay actos que son totalmente imperdonables?
6 ¿Hay situaciones que me inclino a responder negativamente de manera regular?
7 ¿Hay situaciones que actualmente me maltratan?

Escribe lo suficiente para sacudir tu memoria. Una oración o una frase pueden ser suficientes para todo. Esto es para que tú lo puedas leer, no ninguna otra persona. No necesitas párrafos. En mi caso, hice treinta páginas de escritura de una línea consecutiva. No eran graciosas, pero todas estaban en papel.

La intención es escribir todos tus malestares. Hacerlo todo a la vez puede significar permanecer agitado y molesto en una postura de víctima, si ése es el único estado emocional que te permite incluir todo. Esto muchas veces es demasiado difícil, aunque algunos lo han hecho. Sentir por completo el dolor para poder soltarlo totalmente. A menudo es más fácil tomar secciones de tu vida y contender con ellas antes de continuar.

Después de haber escrito tu malestar y separarlo, el siguiente paso es elegir lo que debes trabajar primero. Yo recomiendo, porque esto puede ser agobiante tomar los pequeños disgustos primero hasta dejarlos fuera del camino. A algunas personas les gusta terminar primero las cosas difíciles. Todos tenemos nuestros estilos y nuestros niveles de confort son diferentes. Pocas personas son capaces de enfrentar todo de una sola vez. Más a menudo, se necesita terapia personal para perdonar o un perdón intensivo con otro u otros para llevarlo todo a cabo. Por lo tanto, toma un área de tu vida y hazte cargo de ella de una sola vez. Pasa por lo menos una hora en cada sesión. Cuando trabajo con la gente, me gusta pasar varias horas a la vez pero eso depende de ti y de la persona que trabaja contigo.

No olvides revisar y utilizar los elementos esenciales y secretos.

PARTE 2: TRABAJAR EN LOS INCIDENTES

Etapa 1. La etapa inicial: Liberar el pasado

Ésta es la etapa preliminar para trabajar en un disgusto. Revisamos esto en los capítulos 1 a 8 del libro. Hay un resumen completo al final de la Parte II del capítulo 9. Esta etapa de apertura puede avanzar rápidamente con el conocimiento de los primeros capítulos.

Por favor toma en cuenta que esta primera etapa en la cual trabajas con una persona que te desagrada, o con la única molestia de una persona, puede ocurrir por momentos. Una vez que has comprendido cada paso, éste se convierte en parte de una lista de verificación para asegurarte que has cubierto cada uno.

Éste es un resumen de la primera etapa (ver el capítulo 9 para entrar en esto más profundamente):

1 **Toma la decisión que te haga sentir bien.**
Separa el malestar y selecciona una ofensa.

2 Mira tu disposición.
Asegúrate de que estás dispuesto a enfrentar ese malestar.

3 Céntrate en lo que te inspira a perdonar.
Cuanto más fuerte sea la inspiración, mayor será la probabilidad de éxito. Esta inspiración mueve tu espíritu hacia adelante en la búsqueda de más comprensión y compasión, lo que te hace pasar a través de los bloqueos emocionales que surjan.

4 Maneja los sentimientos.
Cuando piensas en cada situación, ¿existen otros sentimientos escondidos o mezclados con la emoción principal, como la desesperación, la humillación o la culpa? ¿Qué te asustaba que pudiera pasar en ese entonces?

5 Encuentra tus necesidades y la deuda que te debían.
Es básico imaginar lo que te debe el agresor, junto con la realidad de lo que quieres. ¿Qué te deben? Observa el resumen de necesidades, deseos y deudas en el capítulo 2.

6 Ver el resultado real de aferrarse a este malestar.
¿Cuál es el beneficio para mantener esa molestia?
- ¿Cuáles son las consecuencias negativas de aferrarse a él?

7 Maneja la resistencia y las objeciones que vas a perdonar.
Asegúrate de que no están activos ninguno de los «Mitos del perdón». Si lo necesitas, repasa brevemente la sección «Mitos del perdón» en el capítulo 3 para asegurarte de que no hay algún activo.

8 Observa si puedes perdonar.
- ¿Puedes perdonar ahora por ti mismo?
- A pesar de que no se lo merecía, ¿puedes perdonar a la otra persona y a ti mismo como un acto de compasión?

Tomar la primera etapa con profundidad

La primera etapa del *Proceso del poder del perdón* aborda los conceptos básicos para perdonar. Muchas personas son capaces de obtener alivio con los primeros pasos. Los pasos del 1 al 8 aparecen en los primeros capítulos de este libro.

Las siguientes etapas toman el proceso más profundamente hasta que éste termina al:

- Profundizar más en la situación.
- Cambiar nuestra perspectiva acerca de la persona.
- Mirar los mecanismos internos que tienden a mantener la verdadera razón del malestar escondido.
- Encontrar lo positivo en lo que pasó.
- Perdonarse a uno mismo.

Continúa así hasta que termines con todos tus malestares.

Etapa 2. La etapa de la comprensión: Expandir el entendimiento y la compasión

La comprensión es clave para liberar los sentimientos y un corazón cerrado cuando se trata con el reino de los sentimientos, como sucede cuando perdonas. Después de la etapa de apertura en la que empiezas a mirar la situación inquietante, entras en la segunda etapa, en la que avanzas por métodos y guías para ayudar a profundizar tu comprensión y compasión por otros y por ti mismo. Una de las siguientes categorías puede traer el perdón que buscas. Sólo sigue recorriendo la lista de métodos y sus pasos, hasta que sientas que el cambio de sentimientos funciona.

Al comprender cómo funciona el cerebro y cómo la utilizamos, los estudiantes del perdón se compadecen de nuestra humanidad. La compasión calma los fuegos emocionales del enojo y el resentimiento.

En el crecimiento fisiológico humano, el sistema emocional (sistema límbico) se desarrolla antes que el intelectual. El desarrollo de las células nerviosas no se copletan en los adolescentes no se completa en el área del cerebro que regula el intelecto. Debido al primer desarrollo del sistema emocional, las emociones son capaces de cerrar el lado de nuestro pensamiento lógico. Sin embargo, gracias a los estudios de psicología y del cerebro, sabemos que arrojar la luz del análisis lógico sobre los trastornos emocionales puede ayudar a aliviar el malestar. Esto es debido a que el pensamiento lineal, la parte analítica del cerebro, que es el lóbulo frontal izquierdo del neocórtex, está configurado para manejar nuestro sistema emocional.

Formas de aumentar la comprensión y la compasión

Podemos tomar muchos caminos para profundizar en nuestra comprensión de los otros. Esta profundización a menudo da lugar a cambiar nuestra perspectiva de las situaciones. El arte de la terapia realmente es cambiar el punto de vista, ya sea con un amigo, un ministro, un consejero especialista en procesos de perdón o un psicoterapeuta. Los métodos te permitirán ser tu propio terapeuta para perdonar. Sin embargo, te recomiendo que trabajes con alguien familiarizado en este trabajo para que él o ella pueda guiarte a través del proceso, en lugar de que tú mismo seas el paciente y el terapeuta.

En este punto las habilidades sobre las que has estado leyendo son útiles para ayudarte a profundizar en tu entendimiento de la situación, de otra persona y de ti mismo:

Habilidad 1. Encuentra tus reglas de conducta

En nuestra discusión sobre la justicia, hemos visto que es necesario ser conscientes de nuestros principios, valores y nuestras normas de comportamiento y conducta.

- ¿Cuáles de tus principios no siguió el agresor?
- ¿Cuáles de tus valores fueron rechazados o ignorados?
- ¿Cuáles reglas se rompieron?

Ahora pregúntate, con cada regla, principio y valor:

1 Aunque los demás deben respetar estas reglas, principios y valores, ¿es realista mi expectativa, dada la experiencia de la vida de la otra persona?
2 ¿Siempre he sido capaz de seguir estos principios y reglas yo mismo?
3 ¿He hecho de alguna manera lo mismo a otros o a mí mismo?

Habilidad 2. Cambia tu perspectiva

Cambiar la forma de ver a la persona o situación es como puedes empezar a separar a la persona de sus acciones. Como señala el doctor Terry Hargrave: «Cuando tú, como víctima, puedes empezar a comprender las limitaciones de tu victimario, también puedes empezar a reconocer su humanidad».[2]

A veces necesitamos una perspectiva de dios con el fin de cambiar suficientemente nuestra perspectiva. En situaciones que son aparentemente imperdonables, debemos sostener nuestra visión superior para nosotros mismos. De esta manera, podemos lograr el cambio de perspectiva necesario que nos llevará a soltar el malestar.

- Pregúntate: «¿Es posible que haya otras perspectivas que no sean las mías?»: De nuevo, al principio, sólo es significativa la voluntad de mirar otras perspectivas. Frecuentemente, nuestro deseo de tener la razón domina a nuestro deseo por saber la verdad de la situación y nos ciega para tomar otras perspectivas.

---

2 Foltz-Gray, 2002.

Uno de mis estudiantes se quejaba vehementemente a lo largo de la clase de un contratista que lo había engañado y le había causado problemas familiares. Desde su perspectiva tenía razón, y yo acepté que lo que había hecho el hombre no era decente. No obstante, sé que cuando presencio un exceso de cólera, hay que mirar más allá de ser correcto, si una persona realmente quiere sentirse mejor y curarse.

No fue sino hasta que él escribió su reporte de esa clase, que vio cómo el contratista también había perdido tiempo y dinero. Ese cambio de perspectiva sobre la situación en general y específicamente sobre la perspectiva de la otra persona, le ayudó a sentirse mejor. El cambio en la visión no justifica lo que sucedió, pero aporta una comprensión de por qué el contratista actuó como lo hizo.

A. Ponerse en los zapatos del otro

Anota en tu diario las circunstancias que rodean el evento que deseas perdonar desde el punto de vista de la persona que te lastimó. De lo que sabes de sus antecedentes y primeros años de vida, anota su versión de la situación. Trata de entender cómo es caminar en sus zapatos. Esto puede ser difícil de hacer, particularmente con situaciones muy perturbadoras.

Usa la meditación y posiblemente la oración para completar estos ejercicios si observas una gran resistencia. Repara en tu diario y ve en qué te sientes estancado.

1 Anota cuál crees que es el código moral reinante que vive esta persona y qué debe haber influido en su comportamiento en dicha situación.
2 Anota cuáles crees que fueron sus temores y esperanzas, gustos y disgustos.
3 ¿Cómo fue crecer en su familia?
4 ¿Cómo fue crecer en su cultura o su tiempo?
5 ¿Cuáles son sus problemas?
6 ¿Cuál es su inteligencia emocional?
7 ¿Cuál era su expectativa de ti, de los demás?

Si no tienes suficiente información sobre la persona para hacer este ejercicio, pregunta a alguien que pueda saber. Por ejemplo, Lucy perdonó a su padre cuando su tía le dijo que, cuando era niño, su padre había sufrido un trato cruel por parte de su padre, el abuelo de Lucy.

Al escribir su versión de la situación, busca cambiar de sentimiento. Observa cualquier diferencia al comprender la situación. Escribe cualquier revelación sobre la persona que haya experimentado en este ejercicio. Después te habrás familiarizado con el proceso, lo cual puede tomar sólo unos momentos.

B. ¿Cuál es el panorama?

1 Anota cómo esta situación encaja en tu idea de karma o con un plan divino.
2 ¿Esta persona vino a tu vida para enseñarte una lección valiosa?

C. Otras preguntas sobre perspectivas de cambio

1 ¿De qué otra manera podría ver esta situación?
2 ¿Puedo escuchar a otras personas que tengan un punto de vista diferente?
3 ¿Puedo obtener ayuda de otros?
4 ¿Cómo vería esto un observador imparcial?
5 ¿Qué he dejado fuera? ¿Me he saltado alguna cosa que puedo contribuir a un mal resultado?
6 ¿Qué sentimientos añadí que no debía haber agregar?
7 ¿Mantienes este resentimiento por lealtad a otra persona?

Para completar esta habilidad:
● Asegúrate de que has escrito todas las formas en las que el agresor desde su propia perspectiva esté en lo correcto y justificado.

● Asegúrate de poner atención a los cambios de su perspectiva y de sus sentimientos durante esta etapa.

Habilidad 3. Enfrenta tus defensas

Ahora que has analizado la situación desde la que crees que es la perspectiva del agresor, es momento de mirar más profundo.

La mente está configurada para defender nuestra bondad y rectitud. Así, como comenté en el capítulo 10, muchas veces arrastramos errores que cometimos fuera de nuestro juicio. Entonces, negamos que realizamos esa acción incorrecta. Una manera de defendernos es sentirnos lastimados o indignos. Al culpar a los demás de lo que sucede en nuestro mundo, creemos que mantenemos nuestra autoimagen ideal. Se necesita valor para considerar que nuestras reacciones pueden tener su origen en el mecanismo de defensa específico de proyección: culpar a otro para evitar el dolor de sentir culpa uno mismo.

Si ves que te han hecho algo similar a lo que te molesta de otro, perdonar es más fácil porque ha entrado humildad en tu perspectiva, lo que permite que se produzca la comprensión y la compasión. Por el momento, nuestra defensa acerca de aquelo que está mal está incompleta. Reaparecerá si no se ha completado el perdón hacia uno mismo, razón y por la cual hay una etapa para perdonarse a sí mismo en este trabajo.

Éstas son otras preguntas para ayudarte a buscar signos de proyección:

1 ¿Cómo sería si un observador imparcial viera la situación?
2 ¿Qué sentimientos he agregado que no debí haber añadido?

Resumen de preguntas para enfrentar las defensas

A Sepáralo de todo preguntando: «¿Cómo vería la situación un observador imparcial?»

B Reflexiona si has hecho algo similar tú mismo. Tal vez no en la misma magnitud, pero sí en el mismo contexto. Tal vez no a los demás, pero sí a ti mismo.

C Si lo has hecho, pregúntate a ti mismo:

    a ¿Puedo perdonar a esta persona por hacer lo mismo que yo he hecho o por romper un valor, código moral o regla irreal que tengo?

    b ¿Puedo perdonarme por hacer lo mismo?

En esta situación, has logrado hasta ahora:

- ⊙ Examinar tu propia responsabilidad por mantener tu dolor y resentimiento,
- ⊙ Cambiar tu perspectiva suficientemente para ser capaz de ver la humanidad del agresor.
- ⊙ Ver tus propias expectativas poco realistas.
- ⊙ Encontrar valores inaplicables y reglas poco realistas.
- ⊙ Ganar más compasión y comprensión de otros puntos de vista.

Habilidad 4. Trabajar con formas de sentir más positivas

A. Localiza un significado más profundo

El perdón aumentará tu capacidad de amar porque requiere de un cambio en tu visión del mundo. Con esta nueva perspectiva, es posible buscar un significado más profundo en las situaciones que has liberado a través del perdón.

Formúlate estas preguntas:

1 ¿Qué me ha enseñado esta dolorosa experiencia acerca de mí mismo, del mundo u otras personas?

2 ¿Cómo he madurado con esta experiencia?

3 ¿Qué he aprendido sobre el amor y la compasión como resultado de esta experiencia?

4 ¿Cómo han cambiado mis valores?

B. Aprecia lo que conseguiste. Sé agradecido

La gratitud es un método eficaz para cambiar, que funciona en cualquier momento. En el trabajo del perdón, busca y reconoce formas en que la persona te ha ayudado. Existen diferentes posibilidades y perspectivas sobre esto. Incluso un estereotipo negativo puede haberte enseñado algo positivo. Por ejemplo, Ron estaba en un culto particularmente cruel y despiadado, cuyo líder se oponía al concepto del amor. Al ver la forma terrible en la que las personas se trataban mutuamente en este despiadado culto, decidió que su meta sería vivir la vida tanto como le fuera posible con bondad y amor.

Cuando extiendes el agradecimiento a aquellos que te han enseñado una lección de vida importante, envías amor, que es el efecto sanador más grande. Ese amor, curiosamente, te cura cuando se lo das a otro.

Ser agradecido facilita las cosas. Una contemplación poderosa es preguntarte a ti mismo: «¿De qué estoy agradecido por esta situación?» Lo preguntas una y otra vez hasta que te sientas agradecido. He visto gente empezar este proceso sin tener aparentemente nada que agradecer. Gente que ha tenido que buscar en su conciencia algo que agradecer. Al final, se da cuenta de que estaba agradecida por muchas cosas como consecuencia de esta situación.

C. Da amor

¿Te imaginas abrazar a la persona que intentas perdonar y amarla pase lo que pase? Abrazarla como lo haría una madre o un padre con su hijo, tal vez sin estar de acuerdo con él, pero aún así amarlo. Podrías estar en desacuerdo, pero no con enojo o resentimiento.

Recuerda:

- En cualquier momento mientras trabajas en esto, puedes sentir un *cambio* dentro de ti. Esto podría ser todo lo que necesitas cambiar. Siempre puedes volver a él más adelante si fuera necesario. ¡Te sorprenderá lo que puede hacer un pequeño cambio de perspectiva!
  - **Si** perdonaste, ve al siguiente tratamiento de la situación que ya habías separado.
  - **Si** no puedes perdonar esa parte en la que estabas trabajando:
    - Ve si la puedes separar aún más. Luego continúa conel proceso del perdón en el malestar que separaste en último lugar.

o

    - Busca de nuevo. Formula estas preguntas:

1 ¿Qué de mi pasado me recuerda la situación?
2 ¿Existe una situación anterior en mi vida que podría ser similar a ésta?
3 ¿Qué necesito dejar ir de mi pasado, incluyendo mi familia de origen, para ayudarme conel perdón.

Luego vuelve y realiza los pasos anteriores de la comprensión para estos nuevos elementos.

- Si no hay cambio, toma otro incidente de la Etapa 1, trabaja en él y vuelve a esto más adelante.

Recuerda:

- Si te das cuenta de que no has progresado, pregunta:

1 «¿De qué otra manera podría ver esta situación?»
2 ¿Hay otras personas que tengan una perspectiva diferente con las que podría hablar?

3 ¿Puedo obtener ayuda de otros?

● Guarda silencio y entrégaselo a la ayuda divina en la que creas. Dale la vuelta y escucha. Ten fe en el amor divino. Has hecho todo lo que puedes hacer. ¡Recuerda pedir ayuda divina para ver esto de una manera diferente!

Etapa 3. Etapa de realización

Durante tu trabajo con esta persona, sentirás un cambio en tu perspectiva y actitud. Cuando esto suceda, tómate un tiempo para sentir el cambio por dentro y pensar en la persona para ver si queda cualquier resentimiento o daño. Si los hay, regresa a donde te quedaste en la etapa de entendimiento.

Cuando perdonas a la persona o a alguna acción específica que te hizo, el primer nivel de perdonar está completo. A veces tu trabajo de perdonar será rápido. Es posible pasar por cada etapa en minutos. Mientras sientas un cambio emocional definitivo en cada acción desagradable de las personas, es porque lo estás haciendo bien. Finalmente serás capaz de perdonar a la persona completamente mientras sigues haciendo los pasos del perdón con todos los actos que te ofenden.

Cuando sientas que el perdón para eso específico ya ocurrió, empieza con la etapa de perdonarte a ti mismo con esa misma acción.

Resultado final de la etapa de realización

En algún lugar del camino, si has usado estas habilidades para ampliar la comprensión y la compasión, lograrás:

● Cambiar positivamente tu perspectiva sobre la situación o la persona, y
● Llevar a cabo el perdón para la persona.

Cuando eso sucede, ve a la etapa de perdonarte a ti mismo para continuar el trabajo de perdón y completar esa agresión específica.

Etapa 4. Obtener el perdón para uno mismo

Ya que el mundo que vemos refleja nuestra propia mente y pensamiento, siempre es útil ver qué de lo que estás viendo se refiere a ti mismo. Así, para que el perdón sea permanente, es necesario hacer frente a un segundo nivel de perdón, que se ocupe de tus propias acciones similares.

La primera parte de esta etapa es de responsabilidad personal. Aquí nos fijamos en lo que hizo la persona de la situación que has perdonado sólo para ver si tiene algo que ver contigo. Las siguientes preguntas te pueden ayudar:

1 ¿Esta situación sin perdonar refleja algo sobre mí?
2 ¿He hecho algo similar a los demás? ¿O tal vez sólo a mí mismo? (Puede que la magnitud no sea la misma, pero ¿hay una similitud?)

Nota: Si no te perdonas a ti mismo, existe la posibilidad de que el malestar continúe de otras formas con otras personas.

La segunda parte es para perdonarte a ti por la acción similar que le puedes haber hecho a alguien más o a ti mismo.

No sé lo que sea necesario para que puedas perdonarte a ti mismo. Muchas personas finalmente sólo deciden soltar la carga que llevan. Después de hacer el proceso de perdón, Pedro me dijo: «Vi que cargo mi dolor desde hace bastantes años. Que el dolor era una compensación. Acabo de decidir que ya era suficiente y pude soltar el malestar que tenía conmigo mismo por todo lo que pasaba. Mientras lo hacía, sentí más compasión por mí mismo y pude ver cuánto me había torturado yo mismo. Cada acto de perdonar era un alivio para mi corazón».

Preguntas para perdonarse a sí mismo: Utiliza las siguientes preguntas con la persona con quien estás tratando esta situación. (Aunque podrías haber trabajado en ti mismo antes, esta etapa se centra en asegurar que se ha completado el trabajo de perdonarte.)

1 ¿Estoy dispuesto a perdonarme por las mismas transgresiones que estoy dispuesto a perdonar en otro?
2 ¿Puedo perdonarme por la misma agresión que le he perdonado a otros?
3 ¿Siento alguna culpa en mí por la agresión que hice, por la que necesito perdonarme a mí mismo?
4 ¿Qué me tomará perdonarme a mí mismo por esto? ¿Necesito hacer las paces con alguien?
5 Para aquellos con orientación cristiana, esta pregunta podría ayudar: ¿puedo aceptar el perdón de Dios por esto?

Cuando sientas que te has perdonado a ti mismo, naturalmente pasas a la siguiente etapa para dar por terminada esta situación.

Etapa 5 :Etapa de sanación. Agradecimiento

Con la finalización de ese incidente, has perdonado a los demás y ti mismo. Experimentas un descanso en la intensidad y se produce un movimiento natural hacia dar gracias. Las siguientes preguntas son para ayudate en la conclusión de la ofensa de esa persona. En esta etapa, nos fijamos en lo que has aprendido y cómo te ayudó.

¿Ganaste algo al tener a esta persona en tu vida? Aquí aprecias qué tan lejos has llegado en tu vida y cambiar tu perspectiva de lo sucedido con esa persona.

Otras preguntas de la sección de gratitud para ayudarte son:

1 ¿Qué puedes agradecer de esta situación? ¿Qué te enseñó?

2 ¿Su influencia en tu vida te hace más fuerte, más capaz o te da más éxito?

3 ¿Qué aprendiste?

4 ¿Cómo te ayudaron la o las personas?

5 ¿Cómo le ha servido a otros?

6 ¿Afectó a tu vida para un cambio positivo?

Cuando has perdonado la situación y a ti mismo, siente el final exitoso de esa situación. No debes sentir animadversión y, normalmente, sentirás bondad hacia la persona involucrada.

En situaciones no amenazantes, puedes incluso darle un reconocimiento a la persona. Por ejemplo, cuando Mary Lou trabajó un malestar con un consejero, le envió una carta de agradecimiento por la ayuda que le había dado a través de los años.

Cualquiera de estas maneras puede ser apropiada para dar un reconocimiento:

- Carta de agradecimiento.
- Flores.
- Una carta de reconocimiento.
- Reconocimiento en persona.

Se puede tener incluso un deseo de reconciliación. Por ahora, sólo sigue con el proceso y pasa a la siguiente parte de este paso, que es aclarar la siguiente molestia.

La segunda sección de esta etapa de sanación es tomar otra situación que te moleste. Pasa por el mismo proceso para lograr perdonar a esa persona y para volver a la etapa de curación hasta que finalmente no quede nada por perdonar. Repite las etapas hasta que *todo esté perdonado*.

Cuando sueltes todos tus trastornos, una paz, un amor y una alegría que no habías sentido durante mucho tiempo estará allí para ti. Esto te llevará a la siguiente parte.

Parte 3 : Ser consciente de la transformación

Inicialmente podrías no darte cuenta de todos los cambios que sucederán en tu vida. Algunos serán sutiles, otros grandes. No sólo te afectará, sino que se extenderá a otras personas alrededor tuyo. Esto es similar a la concepción cristiana de la gracia. Por supuesto, esta experiencia no se limita al cristianismo sino que se experimenta en todas las religiones, porque es abandonar nuestros malestares y movernos de acuerdo con nuestro corazón. Lo que realmente sucede es que la mente es capaz de moverse a otro nivel de funcionamiento. El tiempo que dura esta etapa depende de la persona.

Esto no significa que uno está permanentemente iluminado, sólo que la persona que alcanza esta transformación considera las situaciones de manera diferente que antes y funciona de una forma más capaz. Él o ella aprenderá a manejar algunos comportamientos no tan normales, en especial aquellas cualidades que no se trataron con el proceso de perdón. El Proceso del Poder no es el último proceso de la vida, pero le permite a una persona funcionar en un nivel superior, porque le da herramientas eficaces para dejar más fácilmente los enojos y le permite una recuperación y renovación más rápida.

Gracias por persistir. Bendiciones por hacer este trabajo.

Nota: En el Apéndice F encontrarás el resumen del *Proceso del poder del perdón*. Si lo usas, sólo asegúrate de seguir lo que he dicho en este capítulo y en el de las preparaciones, ya que su resumen requiere del conocimiento de los capítulos 13 y 14.

El Proceso del poder del perdón abreviado

Cuando veas que las cosas se están moviendo rápidamente en ti, y: 1) entiendes la proyección, y 2) puedes verla en tu vida, puedes probar esta forma resumida del *Proceso del poder del perdón*.

Mi propia transformación vino de los siguientes pasos. Hay que recordar, sin embargo, que yo había pasado años de formación con lo referente en este libro a los procesos y mecanismos de defensa. Y tuve ayuda espiritual interior. Todo esto me permitió ver adentro de mí y encontrar las respuestas.

Si tú tienes esa habilidad y la experiencia interior puedes intentar los siguientes pasos. Si encuentras que no puedes ver lo que han hecho los mismos hechos en una forma metafórica, este proceso abreviado no funciona. Esa perspectiva es crucial en este proceso específico. Si no se siente la alegría y el aumento de la energía al hacer los siguientes pasos, regresa al proceso más completo en este capítulo y uséla.

El *proceso original*

Estos pasos comienzan después de que tú:

A   Encontraste todas las situaciones y personas inquietantes en tu vida y las has anotado, y
B   elegiste a una persona con la que estás dispuesto a trabajar.

Sobre una de las agresiones que alguna persona ha hecho, pregunta:

1   ¿Qué estoy sintiendo sobre lo que hicieron?
2   ¿De qué tenía miedo?
3   ¿Cuáles de mis valores, leyes, reglas o códigos morales rompieron?
4   ¿Tengo una expectativa irreal para ellos o para mí mismo por mantener esa ley, valor o regla?
5   ¿He hecho de alguna forma lo mismo a otros o a mí mismo?
6   ¿Puedo perdonarlos por hacer lo mismo que he hecho? ¿O por romper un valor, código moral o regla irreales que tengo?

7 ¿Puedo perdonarme por hacer lo mismo? (Un paso esencial.)

8 ¿Qué es todo aquello por lo que puedo estar agradecido?

Luego elige algo más que la persona haya hecho, con lo que quieras trabajar y llevar a cabo los pasos 1 a 8.

La siguiente sección del libro aborda cómo mantener la puerta abierta para transformar y perdonar.

Parte V

Para mantener estos beneficios y fortalecerlos, hay varias acciones claves para recordar:

- Mantener una práctica regular.
- Mantenerse inspirado.
- Encontrar apoyo interno y externo.
- Utilizar herramientas en profundidad para perdonar más.

«La alegría inefable de perdonar y ser perdonados forma un éxtasis que bien podría despertar la envidia de los dioses».

ELBERT HUBBARD G. (1856-1915)
Filósofo, artista y escritor
estadounidense

CAPÍTULO 15

CURACIÓN CONTINUA

Después de un cambio profundo

La transformación de la que he estado hablando es un renacimiento espiritual. El potencial de la vida se abre para nosotros. El sentido de mayor y profunda espiritualidad muchas veces es evidente. El doctor Herbert Benson tiene un libro excelente sobre los efectos de esta máxima experiencia llamado El *principio de la evasión*.

Cuando termines tu trabajo del perdón, encontrarás que tu vida ha mejorado en muchos aspectos. Estos incluyen:

- Liberarte de la prisión emocional.
- Vivir desde el corazón.
- Encontrar un significado más profundo de tu vida.
- Tener posibilidades de reconciliación.

Sin una manera de canalizar esta alegría, ese amor y esa profundización de la vida, puede sobrevenir una crisis de sentido. Si nos fijamos en la experiencia de *renacimiento* de las personas cristianas, que se convierten en activas en sus iglesias o ayudan y tienen actividades para hacer una diferencia en su comunidad. Creo que es natural querer ayudar a los demás. Nos satisface tener un efecto positivo en el mundo. Como seres sociales, necesitamos sentir que nos estamos dirigiendo hacia algo digno de atención, no sólo para nosotros, sino también para la mayoría, tanto social y espiritual–incluso– como nación.

Liberarse de la prisión emocional

En este momento de tu trabajo interno, debes soltar las viejas heridas que te han mantenido prisionero. Una vez que las dejes, te liberarás del ciclo destructivo de revivir la herida cada vez que pienses en ellas. Soltar esas heridas trae mucha energía emocional positiva.

El perdón elimina bloqueos emocionales para que tengas una visión más clara de tu futuro. Cuando te liberas de la prisión emocional del resentimiento, el derivado natural es la alegría. La alegría es tu mejor guía para alinearte con la verdad de quién eres realmente, tu autenticidad. Puedes estar completamente en contacto con la paz o el amor que le da sentido a tu vida.

> «El amor es el ganador en todos los casos.
> El amor rompe los barrotes de hierro
> del pensamiento, conmueve las paredes
> de la creencia material, corta la cadena
> de esclavitud que el pensamiento te ha
> impuesto y libera al esclavo».[1]

ERNEST HOLMES,
teólogo, autor y maestro espiritual

Vivir desde el corazón

Cualquier acción motivada por el resentimiento te llevará lejos de la expansión, el amor y la alegría. Esto incluye la servidumbre, que a veces puede disfrazarse como servicio a los demás; la diferencia es que la motivación subyacente es un resentimiento por sentirse atrapado. El verdadero servicio a los demás lleva una oleada de energía positiva y amor. Esto es vivir desde el corazón.

---

1   Ernest Holmes 1984 p. 331.

El perdón, particularmente cuando se toma como una práctica regular, permite vivir desde el corazón con alegría y paz. Ya sea en tu trabajo o tus relaciones, sé consciente del movimiento del corazón. Vivir desde el amor requiere una forma de liberar estas emociones negativas: una vez que hemos escuchado lo que tienen que decirnos. Aferrarse a ellas y volverlos a sentir es lo que daña nuestra capacidad de amar.

Desde mi propia experiencia, recomiendo encontrar ayuda para corregir tus pensamientos de desamor, si no eres capaz de hacerlo tú mismo.

Un significado más profundo

No sólo aumentará tu capacidad de amar sino también tu visión del mundo, de ti mismo, y las demás personas también cambiarán. Con esta nueva perspectiva, descubrirás un significado más profundo en tu vida debido a lo que ha sucedido. Incluso puedes tener una visión de dios en tu vida en vez de la restringida visión egocéntrica que tenías antes.

Un ejemplo de esta perspectiva es la del sueño de un policía local, que tenía este tipo de efecto sobre mí. Jack lleva veinte años en la aplicación de la ley y ha llevado una vida intensa. Una noche, en un sueño, Jack estaba surfeando, el cual era su deporte favorito. Cuando se deslizaba por una ola enorme, un ángel voló junto a él y dijo: «¡Ahora!». Él entendió que el sueño significaba que éste era el final de su vida, y le dijo: «Bueno, ésta ha sido una gran vida, muchas gracias. He vivido esta vida al máximo. Gracias».

Cuando he transmitido esta historia a otros, todos han tenido la misma reacción que él. Se sentían mucho mejor sobre sus vidas, sobre lo que les estaba pasando y sobre en quiénes se habían convertido.

¿Perdonar nos afecta después de la muerte?

El connotado médico e investigador que ha estado cerca de la muerte, el doctor Raymond Moody, escribió un libro con Dannion Brinkley, *Saved by the Light* [*Salvado por la luz*], acerca de las experiencias de Brinkley cercanas a la muerte (ECM). Si las ECM son verdaderas o no, realmente nunca lo sabremos; voy a centrarme en lo que este conocido psiquiatra, el doctor Moody, informó.

Mientras estaba clínicamente muerto, Brinkley repasó su vida desde todos los ángulos, mirando con horror todo el daño que había hecho a los demás y cómo estas malas situaciones contribuyeron para crear sucesos aún peores. Después de que lo revivieron, Brinkley se comprometió a reformar su comportamiento y ayudar a otras personas. Debido a los daños en su cuerpo por la primera experiencia cercana a la muerte y su pesada carga de trabajo, algún tiempo después volvió experimentar la muerte. Esta vez *la revisión* incluyó todo lo bueno que había hecho en su vida posterior. Vio cómo la gente a la que había ayudado ayudaba a los demás. Entonces oyó una voz clara, potente y amorosa, que dijo: «No puedes llegar al siguiente nivel sin perdonar». En ese momento decidió que debía dejar ir todos sus trastornos y perdonar. De repente, ya era parte de la luz del cielo. Había aprendido que el perdón es una parte esencial de estar en la luz. Entonces le pidieron que regresara y diera este mensaje a la gente.[2]

Posibilidades de reconciliación

Si la reconciliación sucede en una relación, puede vivirse como un privilegio, pero el perdón no siempre ocurre allí. La persona con quien estás enfadado puede haber fallecido, ya no estar en tu vida, o simplemente no estar abierto a tener

---

2   Brinkley, 1994.

una relación contigo. En tales casos, la reconciliación no será posible, pero el perdón no depende de eso. Te reconcilies o no con esa persona, es mejor dejar que tu malestar se vaya.

Después de hacer tu trabajo de perdón, si deseas reconciliarte, te recomiendo los siguientes libros:

- *Forgive for Love: The Missing Ingredient for a Healthy and Lasting Relationship* del doctor Fredric Luskin,
- **Para los cristianos**, la tercera parte de *Forgiving and Reconciling: Bridges to Wholeness and Hope*, del doctor Worthington.

Además de ayudarte a sentirte mejor, a veces la reconciliación es posible por el bien de la persona que has perdonado. Después de que Kirk y Nate habían llegado a un acuerdo económico, Kirk no lo respetó y Nate salió perdiendo. Sin embargo, Nate perdonó a Kirk y dejó el asunto pero no tuvo nada más que ver con él. Más tarde, un amigo le dijo a Nate que a Kirk lo había devastado la situación y lamentó perder su amistad. Nate llamó a Kirk y se disculpó por no permanecer en contacto. Entonces, Kirk dijo: «Me quedé estancado durante seis meses. Simplemente no puedo seguir con mi vida y no puedo cambiar nada acerca de esa situación. Te pido perdón». Para Nate, el asunto había terminado cuando perdonó a Kirk. Para Kirk era importante que se reconciliaran. Nate dijo más adelante: «Si no me hubiera querido reconciliar, Kirk no habría vuelto a mi vida y no la hubiera enriquecido y él habría permanecido estancado con la pérdida de nuestra amistad, y yo también».

Esta capacidad de dejar ir y reconciliarse no es exclusivamente humana. En el libro *Natural Conflict Resolution*, Filippo Aureli de la Universidad John Moores en el Reino Unido, y Frans de Waal, del Centro de Primates de Yerkes de la Universidad de Emory, documentaron la reconciliación de no menos de 27 especies de primates, así como de delfines y cabras.[3]

---

3   Dugatkin, 2005.

El ideal del movimiento espiritual Seicho-NO-IE es reconciliarse con todo el mundo. Como dijo su fundador:

> «La verdadera reconciliación no puede lograrse por la paciencia o tolerancia de unos con otros. Ser paciente o permisivo no es reconciliarse desde el fondo de tu corazón. Cuando se está agradecido el uno con el otro, se consigue la verdadera reconciliación».[4]

He encontrado que esta idea y el proceso son muy útiles, no sólo para la reconciliación, sino también para perdonarse a uno mismo. Aún más, realmente estamos hablando de una reconciliación con la vida misma: ser agradecido por todo y con todos en nuestra vida. Esta idea ha sido valiosa para mí a través de los años, especialmente cuando estoy molesto por los acontecimientos que suceden a mi alrededor. Cuando veo la situación o a la persona con gratitud, me siento reconciliado. Entonces puedo llegar más fácilmente a una solución eficaz para el problema que percibo.

Dar una disculpa significativa

Cuando vemos la importancia de perdonar, nace un deseo de ayudar a la gente a perdonar, sobre todo cuando hemos sido ofensivos con otra persona. Disculparse es una forma especialmente efectiva para ayudar a arreglar la situación. El libro de Beverly Engel, *The Power of Apology: Healing Steps to Transform All Your Relationships,*, es un recurso útil.

---

4 SNI.

Mantener una práctica regular

Mantener una práctica regular de perdonar es la forma más efectiva para mantener tu éxito en este trabajo y para liberar rápidamente los malestares que surjan. Aunque estés sorprendentemente molesto por algo, serás capaz de recuperar tu equilibrio y tranquilidad con más facilidad, y de manejar los enojos con mayor facilidad.

La mejor manera que he encontrado para mantener una práctica regular es por medio de una *revisión nocturna*. Al final de cada día, ponte como práctica perdonar los disgustos que ocurrieron. Para mí, el mejor momento para revisar el día es en la noche cuando encuentro un tiempo tranquilo y sin interrupciones.

1 Mentalmente, repasa tu día y hazte cargo de cualquier disgusto que se haya acumulado, aquellos que no dejaste ir en su momento.
2 Libéralos.

Si encuentras que estás teniendo un malestar constante, puedes estar seguro de que es necesario perdonar.

¿Volver a perdonar?

Sólo porque te liberaste de todos los malestares que te ocurren, no significa que no aparecerán más de los que tengas que ocuparte. Con el tiempo podrían surgir más acontecimientos y recuerdos inquietantes. Ahora tienes las herramientas para resolverlos. Si mantienes una práctica regular de perdonar, no estarás agobiado con lo nuevo que pueda ocurrir.

Si surge una situación importante que pensaste que habías perdonado, sabrás que hay más trabajo por hacer. Cuando mires con atención, verás que lo que ha llegado ahora es un aspecto diferente de esa situación. Asimismo, algunas personas que pensabas que habías perdonado podrían aparecer otra vez. Ya que ese aspecto diferente de ellos no fue perdonado originalmente.

Arnie terminó el *Proceso del poder del perdón* y se sintió muy bien durante meses. Una noche, una antigua novia lo contactó y discutieron. Él se sintió intimidado porque pensaba que ya había terminado de analizar sus trastornos con ella.

Por favor ten en cuenta que: Llevar a cabo tu proceso no garantiza que los malestares no ocurrirán otra vez. ¡Sí lo harán! Esto se debe a que nuestros mecanismos de defensa todavía están presentes, al igual que el cerebro reptiliano. A veces nos olvidamos de nuestro compromiso con nuestro potencial superior y nos vamos en automático y nos sorprendemos. Esto probablemente sucederá. Sin embargo, lograrás aclarar lo que ocurrió más pronto y perdonar más fácilmente, y sentirte otra vez en lo más alto con mayor rapidez que nunca.

Humor

Incluso, tal vez encuentres que te ríes más al reaccionar cuando te condenas a ti mismo. Con esa risa llegarán todos los aspectos del perdón.

> *«La risa es la distancia más corta entre dos personas».*
>
> VÍCTOR BORGE

El médico indio, el doctor M. Kataria, inició un nuevo fenómeno llamado Club de la risa. Hoy, el movimiento de la risa se ha convertido en un fenómeno mundial con más de 6,000 clubes en 60 países. Ya que los clubes de la risa dan cuenta del gran poder de la risa y su eficacia como la mejor receta para la salud, han traído alegría a las vidas de muchas personas que sufren trastornos físicos, mentales y emocionales. ¡Incluso tienen una risa para perdonar![5]

Cuidado con los viejos hábitos de tu mente[CABEZA 3]

A pesar de que has transformado tu mente, todavía pueden mostrarse viejos patrones neuronales del cerebro. Todavía eres humano. Habrá reacciones pero se disiparán más rápidamente.

El día después de mi propia transformación, me desperté con la misma reacción temprana que había tenido durante meses: «¡Oh no, otro día no!». Luego volví a mis sentidos, y recordé que el día anterior había sido increíble. Entendí que mi reacción sólo era un hábito viejo que se marchó inmediatamente. Escuché la reacción de «¡Oh no!» al despertar durante un par de semanas más, con una fuerza que fue disminuyendo cada mañana. Al final, me reí de ella. La risa y la alegría permanecieron durante años al despertar.

Aliméntate con lo bueno y lo positivo

En la religión, como en la psicología tradicional, está la cuestión de cómo tratar con los malestares. En psicología, analizamos lo que está sucediendo y lo que ha sucedido en el pasado. Podemos intentar cambiar comportamientos presentes u obtener un entendimiento de los hechos del pasado que pudieron causar el malestar. Hemos hecho mucho de eso en este libro. Manejar un problema en su propio nivel puede tomar mucho tiempo para resolverlo, pero funciona.

Es más eficaz atender el problema desde un nivel mayor de magnitud: desde el estado espiritual de la mente. Desde este nivel, los cambios ocurren más fácilmente. Para llegar a este nivel mental, hay que preguntarse: «¿Dónde pones tu atención, en tu mente consciente?». El método consiste en

---

5   Kataria, M. 2009.

avanzar hacia los aspectos positivos de la vida y hacia lo divino. El único problema con esta ubicación de la mente es que una mente agitada tiene dificultades para encontrar lo positivo. Las situaciones sin perdonar siempre seguirán creando confusión hasta que trabajes con ellos.

Incluso después del perdón, o sin él, a menudo existe el asunto de cómo encontrar lo positivo. Se trata de una cuestión de voluntad. Para sentirte mejor con más frecuencia, *alimenta* más tu mente con lo que necesita.

¿Cuál es el mejor alimento para tu mente? Si quieres la paz, entonces siente paz, sé más pacífico. El problema no siempre es lo que está en tu mente, sino con qué la sigues alimentando.

Gene, una paciente y sobreviviente de un culto, pasó años en recuperarse de las atrocidades de ser controlada mentalmente por un culto particularmente abusivo. Cada día él reproducía las molestias, heridas y traiciones. «Con el tiempo, llegué a estar tan deprimido que no veía ninguna razón para seguir», confió. A través de la ayuda de amigos, comenzó a soltar y a perdonar. Sin embargo, eso no fue lo único que hizo. Empezó a ir a una iglesia que era encantadora. Meditó. Leyó libros de inspiración con regularidad. Dejó de ver las noticias y comentaristas de televisión. Empezó a salir con personas que proporcionaron una influencia más positiva para él. Comenzó a alimentarse mejor, mente, alma, corazón y alimentos. Su depresión se fue, y fue capaz de mantener una buena sensación al mantenerse inspirado y positivo frente a sí mismo eliminando los ataques diarios de noticias negativas y puntos de vista.

María, una psicoterapeuta, dijo que la práctica de la terapia cambió al ver que no es suficiente con detener los patrones de pensamiento negativo. «Hay que plantarse en lo positivo. Al igual que en una buena dieta, tenemos que aumentar la buena comida, no sólo para detener el mal.»

Valores y fortalezas

Al poner atención en nuestros valores y fortalezas superiores, funcionamos mejor. El doctor Seligman, el padre de la Psicología Positiva, tiene una organización sin fines de lucro: Valores en Acción (VIA).[6]

Esta organización de investigación está revolucionando la ciencia de la psicología positiva por medio de realizar una clasificación sistemática y la medición de rasgos positivos ampliamente valorados, que llaman fortalezas de carácter; algunos ejemplos son la autenticidad, la persistencia, la bondad, la gratitud, la esperanza, el humor, el perdón y otros, que existen en nosotros en grados. El perdón es sólo una de las fortalezas.

La idea es encontrar tus principales fortalezas para aprovecharlas y hacer más vigorosas las que quieres fortalecer.[7] Para mayor información sobre estas fortalezas y cómo desarrollarlas, recomiendo el libro del doctor Seligman: *Authentic Happiness: Using the New Positive Psychology to Realize Your Potential for Lasting Fulfillment*.

La mentalidad de perdonar nos permite enfrentar nuestras tragedias y traumas en un nivel superior para que pueda ocurrir la curación. Para mí, el trabajo final es el que nos permite conocer lo divino y lo sagrado de la vida. Mientras que el *Poder del perdón* definitivamente abre la puerta para esto, hay muchas otras cualidades además del perdón que necesitan desarrollarse después de abrir la puerta para perdonar.

---

6   VIA, 2005. Puedes responder un cuestionario gratis para saber las principales fortalezas de tu carácter en <www.authentichappiness.com>

7   Seligman, 2002.

Herramientas profundas para perdonar

CPR. Hay tres conceptos: comunicación, perspectiva y responsabilidad, que están en el corazón del perdón exitoso.

- Comunicar lo que está sucediendo,
- cambiar tu perspectiva o punto de vista, y
- hacerse responsable.

Estos conceptos funcionan como prácticas individuales en el proceso de perdón general. Piensa en estas tres actividades como tres categorías de utensilios en tu caja de herramientas.

Vas a utilizar estas herramientas continuamente durante tu trabajo de perdón. Las reconocerás en la mayoría de los capítulos anteriores. Las he reunido aquí para que puedas localizarlas rápidamente y utilizar lo que podría funcionarte en el momento, en lugar de pasar por todo el *Proceso del poder del perdón*.

Lo siguiente es un resumen. (Para un trabajo más profundo sobre estos conceptos, consulta el Apéndice B.)

Comunicación

- Habla sobre la situación contigo y con otros. Usa la escritura de un diario y dialogar, conversar con otros para comunicar el daño y tu deseo de perdonar.
- Reza, como un método de comunicación.
- En tu imaginación, comunica pensamientos de amor que fluyan de tu corazón al agresor, hasta que sientas un cambio de actitud y energía.

Perspectiva

- Ponte en los zapatos de la otra persona. Tener empatía con quien te ha lastimado puede ser la clave para liberarte.

- Adopta una perspectiva más amplia: mira el panorama general, con la visión de Dios.
- Observa la consecuencia negativa de aferrarse a este malestar.

Responsabilidad

- Reconoce tu responsabilidad en mantener el malestar vivo. Mira cómo has participado.
- Sé consciente de los mecanismos de defensa que te impiden soltar. Sé honesto contigo mismo. ¿Le has hecho lo mismo a otros o a ti mismo?
- Busca las reglas que sientes que se han roto. ¿Son válidas? ¿De quién son esas reglas? ¿Siempre sigues estas reglas?
- Observa cómo puede beneficiarte el hecho de no perdonar; ¿cuáles son los *beneficios*?

Mantente inspirado

Asegúrate de que parte de tu práctica diaria sea leer materiales inspiradores que te mantengan alineado con tu visión superior. Reúnete con personas de ideas afines.

Con la mente activa dispuesta a perdonar en tu vida, se profundiza en la comprensión espiritual. Por el contrario, aquellos que no pueden perdonar se condenan a vidas estrechas por el miedo y la rabia, que requieren para desarrollar protección y defensas.

Así que ahora observa y mira si hay escritos inspiradores, una iglesia u organización que puedan ayudarte a continuar con el perdón.

Brinda soporte. Ayuda a la gente a perdonar

El medio más poderoso para mantener tu actitud de perdón es instruyéndola. Algunas personas también han formado grupos de *Poder del perdón* para ayudar a otros a perdonar. Se trata de la visión original que tuve de la Tierra cada vez más armoniosa y pacífica: personas que ayudan a otras a perdonar. Así, yo mismo me fui extendiendo en el mundo. Tenemos las herramientas para hacerlo. La Fundación del Perdón está aquí para ayudarte.

Imparte talleres de perdón en tu iglesia, centro comunitario o universidad local. Utiliza este libro como guía.

> «Como una meta comúnmente que todas las religiones del mundo defienden, el perdón puede ser una experiencia verdaderamente transformadora que nos permite movernos más allá de nuestros deseos y necesidades generalmente egoístas».
>
> HUSTON SMITH, editor de
> *Religiones del mundo*, 1989

CAPÍTULO 16

EL RESULTADO FINAL

EL PERDÓN ES UN ACTO de inclusión, que es lo que significa el amor. Es incluyente. Eso es lo que significa lo divino. Nuestro gozo en el nivel más profundo de nosotros mismos es ir más allá de nuestro pequeño ser de estímulo y respuesta. En el nivel más alto, queremos una alineación con la integridad: dios en sus muchos aspectos.

He visto personas entusiastas sobre el perdón que salen a enseñar en su iglesia o en otros lugares. Algunos, como yo, han tenido visiones internas de lo que pueden hacer para ayudar. Por esta razón creé la *Fundación del Perdón* de la que hablé en el capítulo 1. Esta fundación provino de una visión de la posibilidad de un mundo de perdón y de una plegaria para pedir orientación sobre lo que debía hacer con mi vida. Mi mente se abrió y vi gente de todo el mundo ayudando a otros a perdonar. Yo seguí escuchando las palabras «Fundación del Perdón». Un año más tarde, ya era una asociación sin fines de lucro legal y aprobada.

Lo que puedes hacer

Cualquier movimiento que haya dentro de ti que le dé más sentido a tu vida es esencial. Empieza desde donde estés, no desde donde crees que debes estar. La meditación es una gran herramienta para alinearte con nuestro poder superior, que siempre está ahí para ayudar. Contamos con la ayuda interna para realinear nuestra mente y nuestro corazón, lo que nos ayudará a través de las infinitas posibilidades de nuestra vida. El paso central es alinear nuestro pensamiento con la mente divina. Mientras que siempre habrá errores y decepciones, la herramienta del perdón y de alineación con nuestro poder superior traerá alegría, así como amor. Con el perdón, es más fácil alinearse con el tabernáculo sagrado interno, la fuente de vida y amor. Luego, la paz y el entendimiento vendrán naturalmente.

«Ve con confianza en la dirección de tus sueños. Vive la vida que has imaginado».

HENRY DAVID THOREAU

Aumentar la confianza

Conectarse con el mayor potencial de vida requiere de confianza.

La confianza lleva tiempo. No estamos acostumbrados a ella. Nuestro cerebro reptiliano todavía está allí y quiere protegernos. Nos advierte de los peligros y nos muestra los aspectos negativos. Esto es natural. Aún aparecerán algunos miedos, pero ahora tratamos con ellos más fácilmente. Tener confianza en la vida, así como en el amor, requiere una práctica interna de volver continuamente a la paz y al amor. Entonces la ayuda interna estará más disponible de lo que nunca creímos posible para manifestar lo que queremos en nuestras vidas.

El secreto de la confianza está en obtener el perdón para uno mismo. No puedes confiar en la vida si sientes que eres indigno de los regalos de ésta. Recuerdo la historia del taller de Doris Donnelly, llamado *Setenta veces siete*, en un hombre perdió todo el dinero invertido de su hermano y su hermana . Por supuesto, se sentía terrible. Fue un grave error. Cada miembro de la familia se lo perdonó. Sin embargo, él no pudo aceptar su perdón y se apartó de toda la familia. Esto fue una pérdida terrible para él y para ellos.

Creo que la mayor fuente de infelicidad a largo plazo es estar lejos de nuestra conexión con nuestra naturaleza más alta o el aspecto divino de la vida, como prefieras llamarlo. El mayor motivo de nuestra separación de esta verdadera fuente de vida son el resentimiento y los rencores. Eliminarlos es un paso esencial para una vida plena. Por supuesto, perdonar es un paso vital, como excavar para preparar una base y añadirle el concreto. Sin embargo, el desarrollo de nuestra naturaleza espiritual está fuera del alcance de este libro.

El perdón constante

A través de nuevas experiencias de vida, continuamente nos volvemos conscientes de los incidentes pasados que podrían provocar resentimientos. Si no te haces cargo de ellos, se acumularán, lo que provocará un descontento con la vida. Lo que has perdonado en el pasado era válido para aquellas cosas que perdonaste. Ahora necesitas perdonar a los problemas que se presentan hoy en día. Para muchos, el segundo nivel del perdón es mucho más fácil que el primero. Para otros, las áreas nuevas por perdonar pueden ser las más profundas, pues fueron reprimidas y estaban ocultas a la vista. Éstas podrían ser las más difíciles.

Jeremy se sentía muy bien por haber perdonado a sus padres y tenía una relación agradable con ellos cuando vivía en un extremo de su estado y ellos, en el otro. Cuando se mudó a la misma ciudad y los vio más seguido, reaparecieron viejos temas con ellos que ya había olvidado. Éstos causaron un distanciamiento con sus padres hasta que finalmente se sentó e hizo un «mini» proceso intensivo de perdón en específico sobre los viejos temas de los cuales se había olvidado.

Mientras perdonamos cada vez más, nos convertimos en una persona «que perdona» en lugar de una persona que sólo utiliza el perdón.

Declaración final

Ni el campo de la psicología ni el de la religión entienden bien la salud mental y emocional. Usar continuamente el perdón puede cambiar el rostro de la salud mental, ya que pone el bienestar de nuestra mente en nuestras propias manos, abriéndonos a un potencial que es mucho mayor que el previsto por nuestros mecanismos de supervivencia.

El campo de la salud mental debe cambiar. Aunque hay buenos métodos en la psicología que ayudan a dejar ir a una persona molesta y sanar las relaciones, creo que no ha sido suficientemente eficaz para brindar salud mental y emocional a nuestra sociedad, debido al rechazo del concepto de perdón y a la importancia de dejar ir todos los malestares. Así, el perdón sigue sin comprenderse porque se asocia con la anuencia, la reconciliación y el volver a ser herido.

Para la salud de nuestra sociedad y las comunidades de todo el mundo, ya no podemos permitir que se siga difamando al perdón. No podemos permitirnos el deterioro de la salud mental y el aumento de los actos de violencia. Los sistemas legales y penitenciarios de Estados Unidos y el resto del mundo operan principalmente con la retribución, la venganza y el castigo, involucrando muy poco la mediación y la rehabilitación. Esto puede cambiar. Podemos empezar a usar el perdón en nuestras vidas para cuidar nuestra propia salud mental y establecer límites en beneficio de otros y de nosotros mismos.

Como he demostrado a lo largo de este libro, hay una razón para la inaceptabilidad de perdonar incluso más allá de la brecha entre la psicología y la religión, que es también la ruptura en nuestras mentes. Es la división entre nuestro ser superior y verdadero frente a nuestro ser de supervivencia básica. Ambos son parte de nosotros. Uno nos da nuestra visión superior y nuestro objetivo de comunidad, paz y bondad. El otro nos protege al señalar las limitaciones y los problemas, pero también puede mantenernos pequeños, temerosos y en busca de venganza.

El perdón aumenta nuestra capacidad para permanecer en control de nuestro pensamiento, apuntando hacia lo más alto dentro de nosotros para llevar la alegría, la paz y el amor mucho más lejos de lo que ha estado antes.

Perdonar es esencial para nuestra salud mental, nuestro bienestar emocional y nuestra satisfacción espiritual.

El resultado

He conocido a gente a través de los años que no entiende por qué muchas personas enfatizan el hecho de perdonar. No es que sean implacables, todo lo contrario. No se enojan con la gente. Tienen la humildad interior para no ofenderse con las personas o con dios cuando suceden cosas malas. Conservan un amor por la vida y el espíritu. Esto requiere de un estado de ánimo de una gran compasión y comprensión para el otro y para sí mismo. Creo que esta capacidad está en cada uno de nosotros porque lo divino está disponible para todos.

El resultado final de este trabajo es la profundización de nuestra conexión con otros, con la vida y con la presencia divina y lo sagrado de nuestras vidas. Con las herramientas del perdón, podemos:

- Tener amor, paz y bondad entre nosotros,
- ser genuinos con nosotros mismos, vivir la alegría que nos merecemos y
- tener un vínculo consciente con la fuente de la vida y el amor.

Una visión del acto de perdonar

Debido a que ahora ya tenemos suficientes métodos del perdón para transformar nuestras vidas por otras con amor, paz y alegría:

- Promoveremos lo suficiente el perdón para que las personas no duden del poder de perdonar.
- Elegiremos ser felices en lugar de tener razón.
- Decidiremos ser amorosos en las relaciones, porque sabemos que es más gratificante que ser resentidos.
- Reconoceremos que somos los primeros en sanar con el perdón. Nunca sabremos cómo esto afectará a los demás.
- Entenderemos que si no perdonamos primero, no hay una verdadera reconciliación.
- Enseñaremos a nuestros hijos cómo perdonar y a crecer dispuestos a perdonar para que tengan vidas más felices con muchos menos conflictos.
- Nuestros corazones aceptarán que haya diferencias con otras personas sin culpar a nadie por esas diferencias.
- Los amigos aconsejarán a sus amigos para que perdonen, en lugar de simplemente estar de acuerdo con que estén mal las cosas.
- Las terapias individuales y de pareja utilizarán los muchos métodos para perdonar a fin de ayudar a la gente a abandonar sus malestares con ellos mismos y con otros.
- Las escuelas esperarán una competencia social a través de la enseñanza de habilidades de comunicación, de perdón y de manejo de conflictos y enojo para que las mentes de los estudiantes estén abiertas a soluciones creativas de ganar-ganar en los conflictos.
- El clero no sólo predicará que perdonar es importante, sino que enseñará a la gente cómo hacerlo. Impartirá cursos intensivos de perdón y talleres para permitir a sus feligreses despejar sus mentes y corazones y vivir una vida espiritual más profunda: experimentar a dios.
- Los programas de resolución de conflictos en todo el mundo utilizarán regularmente el perdón. No hay una verdadera resolución de conflictos sin el movimiento del corazón que brinda el perdón. Perdonar conlleva la

capacidad de escuchar lo que la otra persona realmente dice o quiere decir.

- Los grupos de control del enojo utilizarán el perdón como una herramienta importante para la curación.
- Las conferencias sobre salud abordarán el perdón como un poderoso agente para la salud en el lugar de apenas mencionarlo.
- El TEPT ya no va ser tan discapacitante ya que perdonarse a sí mismo y a otros será parte del proceso de curación.
- La psicología llevará la antorcha del perdón como un precursor para la salud mental.
- Les enseñarán a los estudiantes de medicina y de derecho el poder de perdonar como una materia regular de estudio en sus escuelas.
- Los jueces requerirán que los acusados vayan a terapias o grupos de perdón cuando sea apropiado.
- Las naciones se asegurarán de que sus representantes y negociadores más valiosos también tengan preparación en el proceso de perdonar.
- Las naciones establecerán y promoverán sus propios programas de verdad y reconciliación para lograr la sanación entre razas, etnias y religiones.
- La Fundación del Perdón ya no será necesaria porque las iglesias, escuelas, universidades, gobiernos y hogares habrán tomado la causa del perdón.
- El proceso de sanación entre religiones y naciones nos llevará a una nueva era de la comunicación no violenta, compasiva y a una nueva interacción.

Gracias por desarrollar las habilidades para perdonar.

Apéndices

«El perdón es la respuesta al infantilsueño del niño
de un milagro en el cual lo que se rompe se rehace de
nuevo, lo que está sucio se purifica otra vez».

DAG HAMMARSKJOLD,
exSecretario General de las
Naciones Unidas

LOS 12 PASOS DE CODEPENDIENTES ANÓNIMOS

1 Admitimos que nos sentíamos impotentes con los demás y que habíamos perdido el control de nuestras vidas.

2 Llegamos a la conclusión de que un poder superior a nosotros mismos podía devolvernos al sano juicio.

3 Decidimos poner nuestra voluntad y nuestras vidas en manos de Dios o nuestro Poder Superior, tal como cada uno de nosotros lo concibe.

4 Sin miedo hicimos una búsqueda y un minucioso inventario moral de nosotros mismos.

5 Admitimos ante Dios, ante nosotros mismos y ante otro ser humano, la naturaleza exacta de nuestros errores.

6 Estuvimos completamente dispuestos a dejar que Dios nos liberara de nuestros defectos.

7 Humildemente le pedimos a nuestro Poder Superior que nos liberase de nuestros defectos.

8 Hicimos una lista de todas aquellas personas a quienes habíamos herido y estuvimos dispuestos a reparar el daño que les habíamos causado.

9 Reparamos directamente el daño causado a los demás, siempre que nos fue posible, excepto cuando el hacerlo implicaba perjuicio para ellos o para otras personas.

10 Continuamos haciendo un inventario personal y cuando nos equivocamos, lo admitimos inmediatamente.

11 Buscamos a través de la oración y la meditación mejorar nuestra relación con Dios, tal como nosotros lo con-

cebimos, pidiéndole solamente que nos dejara conocer su voluntad para con nosotros y nos diera la fortaleza para cumplirla.

12 Al lograr un despertar espiritual como resultado de estos pasos, tratamos de llevar el mensaje a otros codependientes y de practicar estos principios en todas las áreas de nuestras vidas.

TRABAJAR A FONDO CON LOS MÉTODOS PARA PERDONAR

24 MÉTODOS PARA PERDONAR.
CPR PARA PERDONAR.
FORMAS DE RESPIRAR SALUD EN TU VIDA

Comunicación

CON FRECUENCIA, la comunicación nos permite salir de un malestar y lograr una mejor comprensión de una situación. Comunicarse con personas que están de acuerdo con nuestras quejas y resentimientos mantiene nuestros enojos en su lugar. El alivio se produce mediante la comunicación con los demás, nuestro ser y más allá de nuestro ser, con la intención de aumentar la comprensión. Éstos son algunos métodos de comunicación que puedes utilizar.

Cartas de dolor, respuesta y agradecimiento

Regresa al ejercicio de las cartas en el capítulo 6 y 8. No envíes las dos primeras, pero considera enviar la carta de agradecimiento.

Proceso de diálogo

Escribir en tu diario un proceso de diálogo sobre la situación es algo poderoso. Comprométete honestamente por completo. Para ello, escribe sobre tu malestar y luego pregunta lo que venga a la mente acerca de la situación. Cuando escribas, comienza con una de las preguntas. Entonces podrías preguntarte: «¿Cómo pueden haber hecho esto?». Luego busca en tu mente una respuesta posible. Una vez contestada, plantea la siguiente pregunta que te venga a la mente. A menudo hacemos esto con amigos cuando intentamos entender algo, lo cual puede permitir que se presente la intuición. Entonces realiza la siguiente pregunta *prioritaria* que venga a tu mente.

Otra versión de este proceso es responder a la pregunta como si la otra persona lo estuviera realmente contestando.

Para empezar, pregúntate a ti mismo lo que más deseas saber acerca de la situación que enfrontan. Cualquiera de estas preguntas te ayudará a iniciar el proceso.

- En el fondo, ¿qué es lo que ocasiona este malestar?
- ¿Cómo puedo tomar control de mi rabia, venganza y mis pensamientos de ataque?
- ¿Cómo puedo ver un punto de vista diferente en esta situación?

Enviar amor

Deja que el amor fluya desde tu corazón hacia la persona con la que estás disgustada hasta que sientas un cambio de actitud. En tu mente, realmente imagínate a él o a ella delante de ti y abrázalos, enviándoles amor desde tu corazón. Haz esto hasta que sientas una conexión sincera con ellos. ¿Puedes amarlos sin importar qué? ¿Puedes sostenerlos como lo haría una madre o un padre con su hijo, sin estar tal vez de acuerdo, pero amándolo como es? Eso sería suficiente para que el malestar desapareciera. Podrías estar en desacuerdo toda-vía, pero no con odio, enojo o resentimiento. El perdón es un movimiento del corazón. Toma a la persona y siente cómo el amor disuelve el enojo hasta que se haya ido.

Comunicarse con otros para compartir información

- ¿Hay alguien que pudiera dar otro punto de vista y no sólo estar de acuerdo contigo?
- ¿Hay alguien de quien puedas obtener más información sobre la persona que intentas perdonar?

Quizás podrías hablar con un hermano o hermana de la per-sona, un amigo u otros que podrían darte una mejor perspec-tiva de la persona. Un paciente obtuvo compasión y perdonó a su padre cuando se enteró por su tía que el padre de su padre había sido un hombre vicioso.

Plegaria

La oración es un vehículo muy poderoso para ayuda a perdo-nar. Los siguientes tipos de oraciones sinceras son métodos efectivos para el consuelo.

- Reza: para que te ayude a verlo de manera diferente, re-pite una y otra vez: «Por favor ayúdame a verlo de otra manera».
- Reza: para aliviarte del malestar en conjunto.
- Reza: para reconciliarte si eso es lo que quieres.
- Dilo una y otra vez hasta que se note un cambio. «Te perdono, me perdonas, nos perdonamos mutuamen-te». La clave es sentir que sucede cada vez.

Pide que recen por ti. Hay grupos de oración en la mayoría de las iglesias que rezan por otras personas. Han rezado por mí con resultados significativos, aunque no lo sabía en el momento en que se estaba rezando por mí.

Los resultados de las investigaciones de los últimos años muestran que la oración tiene efectos curativos. Esto se conoce en la comunidad religiosa desde hace mucho tiempo, pero ahora la investigación actual en los hospitales lo está comprobando. La gente por la que se pedía oración se recuperaba más rápido de padecimientos graves, incluso cuando no sabía que se estaba rezando por ella.[8]

Repite constantemente «Te perdono» con toda la intención, pensando en todos los aspectos de la situación. Revisa la meditación del Ángel del Perdón en el capítulo 4 en *La práctica más simple para perdonar.*

Sentimientos

Es importante comunicar lo que sientes acerca de una situación. Sin tener en cuenta los sentimientos, una situación generalmente no se liberará. Tienes que ser consciente de lo que está ahí para poder liberarlo.

Escribir o hablar con otra persona sobre cualquiera de los sentimientos que te afectan en una situación. Pueden ser tristeza, furia, dolor, depresión, apatía, culpa, vergüenza, humillación, pesar, culpa o vergüenza, por nombrar algunos. Todos los diferentes sentimientos necesitan mirarse. Puedes preguntarte:

- ¿Qué sintiendo sobre lo que hicieron?
- ¿De qué tenía miedo?

---

8   Dossey, 1993.

Llevar un diario

En tu diario, lleva un registro de:

- Durante el día con qué frecuencia viene a tu mente el malestar.
- Las situaciones que lo desencadenan.
- Épocas anteriores en las que ha ocurrido.
- Escribe sobre cómo el perdón puede cambiar esos sucesos.

Agradecimiento

En el trabajo de perdón, es muy poderoso buscar y reconocer las formas en las que la persona te ha ayudado. Existen diferentes posibilidades y perspectivas sobre esto. Incluso como un modelo negativo, alguien te pudo haber enseñado algo positivo. Cuando les extiendes las gracias, les estás enviando amor, que es el mayor sanador.

- ¿Qué aprendiste de ellos?
- ¿Cómo te ayudaron?
- ¿Cómo le han ayudado a otros?
- ¿Cómo efectúan un cambio positivo en tu vida?

En general, ser agradecido hace más fácil la vida de una persona. Meditar o entrar en contemplación sirve para preguntarte: «¿Qué debo agradecer?». Te lo preguntas varias veces hasta que te sientas bien. He visto que gente que empieza con esto necesita buscar algo por lo cual estar agradecida. Al final, está agradecida de muchas cosas en su vida.

Reconocimiento

Cualquiera de estas formas puede ser apropiada para dar reconocimiento:

- Una carta de agradecimiento o flores.
- Una carta de reconocimiento.
- Reconocer a la persona cuando estás con ella.

Hablar directamente con la persona

- ¿Hay alguna forma de hablar con la persona para llegar a una mejor comprensión de lo que sucedió?
- ¿Puedes hacer esto sin que se convierta en algo abusivo o dañino para cualquiera de ustedes?
- Si puedes, deja de intentar transmitir tu punto ayuda. Simplemente trata de entender cuál era su forma de pensar. Puede que te sorprenda.

Perspectiva. Diferentes manera de observar la situación

La perspectiva o el punto de vista fijo o inmóvil crea resentimientos y rencores, y no permite que ocurra el perdón. Por lo tanto, cualquier manera que se puede utilizar para suavizar esa perspectiva inmóvil ayudará a soltar sus efectos negativos. Aquí hay diferentes maneras para trabajar en ver la situación de una manera diferente.

Proyección

Voltea la situación en la que estás y pregúntate:

- ¿He hecho lo mismo a otro? ¿O a mí mismo?

- ¿Esto se parece de alguna manera a algo que me he hecho a mí mismo o a otra persona?
- ¿Esto es similar a un patrón familiar o a las acciones de alguien más en mi familia?

Ponerse en los zapatos del otro

- ¿Cómo ven el mundo? ¿Qué temen? ¿Qué aman?
- ¿Cuáles son sus gustos y disgustos?
- ¿Cómo fue crecer en su familia?
- ¿Cómo fue su tiempo o su cultura?
- ¿Cuál es su inteligencia emocional?
- ¿Cuál era su expectativa de ti, de los demás?

Si no puedes responder estas preguntas, entonces no sabes nada acerca de esta persona.

Quién es quién

Muchas veces detrás de los grandes temas mundiales que no te gustan, el racismo, por ejemplo , hay una o varias personas que representan esa situación en tu mente.

- ¿Quiénes son las personas en las que piensas cuando ves esta situación inquietante?
- ¿Qué hay en su comportamiento que me molesta?
- ¿Cómo son sus rostros? ¿Qué hicieron específicamente?
- ¿Cada persona era como ellos y hacía lo mismo?
- En tu experiencia, ¿todos ellos han sido de la misma manera?

Reto

- ¿Puedes verlo como un reto a superar en lugar de como un castigo o ataque? ¿Cuál sería la solución desafiante?
- ¿Cómo vería esto un observador imparcial?
- ¿Hay algo más sucediendo sobre lo que tengas una corazonada?

El panorama completo

- ¿Estás seguro de que ellos no están en tu vida para enseñarte algo?
- ¿Esto podría ser parte de un plan divino o un karma? ¿O podría suceder sólo para mostrarte una mejor forma de ser más eficaz y feliz?

Dale la vuelta

- Anota todas las formas en las que ellos tienen razón y se justifican desde su perspectiva.

Perspectiva superior. Observa el amor

- ¿Qué haría la parte superior de ti mismo? ¿Por qué?
- ¿Cómo los verías con ojos de amor? (Para los cristianos también podría ser, ¿qué haría Jesús en este caso?)

Responsabilidad

Independientemente de lo que la persona te diga o te haga, tu respuesta es tu responsabilidad, no la de otra persona. Estos métodos te pueden ayudar:

Validez y realidad de romper reglas

- Enlista todos tus valores, leyes, normas o códigos morales que rompieron.
- Observa cada uno, y pregúntate: 1. ¿De dónde viene esta regla?; 2. ¿Es válida esa regla, código, etcétera, o necesito revaluarlos?
- Luego pregúntate: 1. ¿Tengo una expectativa realista de ellos para mantener ese derecho, valor o regla, sobre todo si de alguna manera he hecho lo mismo a otros o a mí mismo?; 2. ¿Tengo una expectativa realista al seguir esa ley, valor o regla?

Cambiar y pedir perdón a alguien más

- ¿Necesitas reparar el daño que has causado?
- ¿Qué necesito hacer para corregir las cosas?

Beneficios

- ¿Qué obtengo al mantener el malestar? Anota cualquier beneficio.
- ¿Quién se beneficia y cómo? ¿Es más importante que ser feliz?

Ser la víctima

- ¿Cuánto tiempo te has victimizado por lo que te hicieron? ¿Cuánto es conveniente dejarlos tener el control de tu felicidad?
- ¿Te percibes a ti mismo como posible colaborador del problema y no sólo como la víctima?

Consecuencias negativas de aferrarse al malestar

A veces la gente no percibe el efecto negativo de aferrarse a su situación imperdonable causa en sus vidas. Aquí hay algunas preguntas para mirar alrededor de esto:

- ¿Qué estás haciendo realmente para salir de este malestar? Lista los puntos negativos.
- ¿ Qué le está sucediendo a tu familia por aferrarse a éste?
- ¿Qué tan fuertes son el amor, paz y gozo en tu vida? ¿Podrías recibir al terminar con esta situación aumentar el amor, la paz y el gozo en tu vida?

Responsabilidad personal

- ¿Quiero mantener viva esta situación?
- Incluso si «ellos» parecen ser la única causa del problema, ¿cómo es que yo lo mantengo presente?
- ¿Mi lógica está en el camino de lo que se debe hacer en esta situación?
- ¿Mis emociones están en el camino de lo que se debe hacer en esta situación?
- ¿Convenzo a las personas para justificar mi posición?
- ¿Cuál fue mi parte en todo esto? ¿Empeoré el asunto?
- ¿Cómo puedo cuidar mejor de mí mismo?

Gratitud

La gratitud es un método eficaz para cambiar, que funciona en cualquier momento.

- ¿Qué le puedo estar agradecido la situación? ¿Qué me ha enseñado?

- ¿Su influencia en mi vida me hacen más fuerte, más capaz o exitoso?
- ¿Al final qué aprendí de ellos por lo cual les agradezco?

APÉNDICE C

ORACIÓN DE RECONCILIACIÓN POR EL DOCTOR MASAHARU TANIGUCHI

(Algunas frases fueron removidas, para simplificar, por el doctor Dincalci)

¿QUÉ ES LA ORACIÓN de la reconciliación? Como su nombre lo indica, es una oración en la que uno llega a reconciliarse con cualquiera y con todas las personas con quienes ha habido discordia o desarmonía de algún tipo. ¿Por qué debemos reconciliarnos? Para que podamos vivir en paz con todas las personas y cosas que nos rodean...

«...No puede alcanzarse una verdadera reconciliación por la paciencia o tolerancia hacia el otro. Ser paciente o tolerante no significa reconciliarse desde el fondo de tu corazón...»

Para llevar a cabo la oración de la reconciliación, escoge un lugar tranquilo, asume una actitud humilde y menciona los nombres de las personas con quienes deseas reconciliarte. Las personas que nombres vendrán a ti aunque no sean conscientes de ello. Créelo. Visualiza sus caras en tu mente y recita la siguiente oración en voz alta, si es posible. Repite cada pasaje una y otra vez. No hay ningún límite en el número de veces que debes repetirlos. Di la oración para que tu corazón esté contento. Repítela al día siguiente y los días que se necesites para que la reconciliación tenga efecto. Cuando seas capaz de ver las caras frente a ti con una hermosa sonrisa, has logrado la reconciliación.

Oración de la reconciliación

«Te he perdonado. Me has perdonado.
Te he perdonado. Me has perdonado.
Tú y yo somos uno en dios.
Te quiero. Me quieres.
Te quiero. Me quieres.
Tú y yo somos uno en dios.
Te agradezco. Me agradeces.
Te agradezco. Me agradeces.
Tú y yo uno en dios.
Ya no hay la más mínima indisposición entre tú y yo.
Pido por tu felicidad desde el fondo de mi corazón.
Que seas bendecida con una felicidad interminable.
¡Muchas gracias! ¡Muchas gracias!

CÓMO ESTAMOS PROPENSOS A SENTIRNOS CUANDO NUESTRAS NECESIDADES NO ESTÁN SATISFECHAS:

abatido
abrumado
aburrido
agitado
agotado
agraviado
aletargado
amargado
angustiado
apático
apenado
apesadumbrado
apocado
asustado
atemorizado
aterrado
aterrorizado
avergonzado
celoso
confundido

culpable
dejado
deprimido
desalentado
desconsolado
descorazonado
desesperado,
desolado,
desorientado
desilusionado
devaluado
disconforme
disgustado
enfadado
enloquecido
enojado
encrespado
enfurecido
entristecido
escéptico

exhausto
fatigado
frío
frustrado
furioso
herido
horrible
horrorizado
hostil
impaciente
impactado
indefenso
indiferente
indolente
infeliz
inseguro
iracundo
irritable
lamentable
mal

malvado
miserable
molesto
nervioso
odioso
pasivo
perplejo
pesado
preocupado
preocupado
problematizado
reacio
resentido
solitario
sorprendido
suspicaz
tembloroso
temeroso
triste
vacilante

Sentimientos propensos a estar presentes cuando nuestras necesidades están satisfechas:

agradecimiento	dicha	libertad
afectividad	entusiasmo	optimismo
alborozo	espera	orgullo
alegría	esperanza	paz
amabilidad	euforia	placer
amistad	excitación	regocijo
ánimo	expansión	satisfacción
aprecio	éxtasis	seguridad
asombro	exuberancia	sensibilidad
bienestar	felicidad	sinceridad
calma	fortuna	sorpresa
candidez	gloria	ternura
cariño	gozo	tranquilidad
complacencia	gratitud	ventura
confianza	gusto	voluntad
contento	ilusión	voluptuosidad
deleite	inspiración	
delicadeza	júbilo	

Tomado de *Comunicación no violenta. Un lenguaje para la vida*, del doctor Marshall Rosenberg, www.NonviolentCommunication.com

LOS PRINCIPIOS DE SANACIÓN DE LA ACTITUD

El doctor Jerry Jampolsky esbozó un marco o conjunto de principios de sanación de la actitud para ayudar a la gente a abandonar el miedo, desechar los pensamientos negativos e hirientes del pasado y los obstáculos internos para la paz. Éstos incluyen los siguientes:

1 La esencia del ser es amor.
2 La salud es la paz interior.
3 Dar y recibir son lo mismos.
4 Podemos dejar ir el pasado y el futuro.
5 El ahora es la única vez que existe.
6 Aprender a amar a nosotros mismos y a perdonar a otros, en lugar de juzgar.
7 Podemos ser buscadores de amor en lugar de la buscadores de errores.
8 Podemos tener paz interior independientemente de lo que está sucediendo afuera.
9 Somos estudiantes y maestros entre los unos y los otros.
10 Podemos centramos en el conjunto de nuestras vidas, en lugar de los fragmentos.
11 Porque el amor es eterno, no necesitamos temer a la muerte.
12 Podemos vernos a nosotros mismos y a otros extendiendo siempre amor o haciendo una llamada para pedir ayuda.

Del libro: *Teach Only Love: The Twelve Principles of Attitudinal Healing* [*Enseña sólo amor: Los doce principios de la sanción actitudinal*], Jampolsky (2000). Editorial Beyond Words Inc, Hillsborough, Oregon.

RESUMEN DEL PROCESO DEL PODER DEL PERDÓN

HAY TRES PARTES principales en el proceso del poder del perdón:

1 Localizar tus malestares.
2 Perdonar todos sus trastornos (contiene cinco etapas con varias acciones).
3 Sentir la transformación.

Primera Parte. Encontrar todos tus malestares

A ¿Quién me enfada?
B ¿Cuáles son *todas* las cosas que hicieron? Asegúrate de separar el evento en partes pequeñas.

Segunda Parte. Perdonar. Lidiar con tus malestares

En esta parte, tomas cada uno de tus malestares y trabajas totalmente con ellos. Esta parte se divide en cinco etapas, cada una con varias acciones para llevar a cabo.

La etapa 1 es para abrirse a la persona, al malestar o a una parte de él.
La etapa 2 es para ampliar tu comprensión y compasión.

La etapa 3 es para darte cuenta del perdón.

La etapa 4 es para perdonarte a ti mismo por lo que perdonaste en la Etapa 2.

La etapa 5 es para dar gracias por la curación.

Etapa 1. Etapa inicial. Liberar el malestar

Sigue estos pasos o acciones. Una vez que localices el patrón, puedes avanzar bastante rápido.

1. Toma una persona específica en el incidente que vas a trabajar.
2. Pregúntate: «¿Estoy *dispuesto* a trabajar en este malestar y esta persona?»
3. Observa lo que te *inspira* a trabajar en esto.
4. Percibe los *sentimientos*:
   a. ¿Cómo me siento cuando pienso en la persona involucrada en esta situación? Por ejemplo, triste, deprimido, enojado, herido, ansioso.
   b. Aparte de la emoción principal que sientes cuando piensas en la persona, ¿existen otros sentimientos debajo o mezclados con el principal, como desesperación, culpa, humillación o vergüenza?
   c. ¿Qué temías que pasara en ese momento?

5. Encuentra tus *necesidades* y aquello que te deben.
   a. ¿Qué te deben por tener que sentir lo que se has sentido?
   b. ¿Qué necesitas para salir de la situación?
   c. ¿Qué te satisfaría?
   d. ¿Es realista conseguirlo?

6. Observa la *consecuencia* de aferrarte a este malestar.
   a. ¿Qué beneficios obtengo al mantener vivo el malestar?
   b. ¿Mantienes este resentimiento por lealtad a otra persona?

c ¿Tener la razón es más importante que ser feliz?

d ¿Qué obtienes realmente de este malestar? Enlista los aspectos negativos.

e ¿Qué le sucede a la gente más cercana a ti por aferrarte al malestar?

f ¿Terminar con esta situación podría aumentar el amor, la paz y el gozo en tu vida?

g ¿Cuánto tiempo has sido una víctima?

h ¿Cuánto tiempo está bien permitirles estar en control de tu felicidad?

7 ¿Puedes percibirte a ti mismo como un posible colaborador del problema y no sólo como víctima?

8 Asegúrate de no tener ninguna *resistencia* para perdonar. Lee «Los mitos».

Recuerda

▶ Toma un tiempo para relajarte, meditar o contemplar el aspecto superior en ti mientras haces este trabajo interno.

▶ Escucha ese aspecto superior.

▶ Observa la meta superior que tienes para ti, que esta situación puede estar deteniendo ya sea en tu existencia o en tu propia actitud.

▶ La pregunta que siempre debes hacerte es:

a ¿Puedo decidir perdonar ahora por mí misma?

b ¿Puedo decidir perdonar como un acto de compasión hacia la otra persona?

Ahora sigue adelante.

Etapa 2. Etapa de comprensión. Aumentar la comprensión y la compasión

Habilidad 1. Busca los principios, los valores y las normas que se han roto.

    a ¿Qué principios tuyos no siguió el agresor?
    b ¿Cuáles de tus valores fueron ignorados?
    c ¿Cuáles reglas se rompieron?

Ahora toma cada regla, principio y valor y pregúntate:

    d Aunque otros deben observar estos principios, valores y reglas, ¿es realista mi expectativa, dada la experiencia de vida de esta persona?
    e ¿Siempre he sido capaz de seguir estos principios y reglas yo mismo?
    f ¿He hecho de alguna manera lo mismo a otros o a mí mismo?

Habilidad 2. Encuentra otros puntos de vista por ti mismo.

A. Ponte en los zapatos del otro

    1 Anota cuál crees que es el código moral reinante que vive esta persona y que podría haber influido en su comportamiento en la situación.
    2 ¿Cuál era su miedo?
    3 ¿Cuál era su expectativa de ti, de los demás?
    4 Anota todas las formas que están bien y se justifican desde su perspectiva.

Preguntas generales

    5 ¿Cómo fue crecer en su familia?
    6 ¿Cómo ha sido venir de su cultura o su tiempo?
    7 ¿Cuáles son sus problemas?

8   ¿Cuál es su inteligencia emocional?

B. ¿Cuál es el panorama?

1   ¿Esta persona vino a tu vida para enseñarte alguna lección importante?
2   ¿Cómo podría caber esa situación o persona en tu idea de karma o plan divino?

C ¿De qué otra forma podrías ver esta situación?

1   ¿Puedes obtener ayuda de otros?
2   ¿Puedes escuchar a otras personas que tengan una perspectiva diferente?

Habilidad 3. Enfrenta las defensas que te impiden perdonar.

A *Desconéctate de todo al preguntarte:* «¿Cómo vería esto un observador imparcial?»
B *Mira si te has hecho algo similar a ti mismo.* Tal vez no con la misma intensidad, pero en el mismo contexto. Tal vez no a los demás, pero a ti mismo.
Si lo has hecho, pregúntate a ti mismo:
1   ¿Puedo perdonarlos a él o a ella por hacer lo mismo que yo he hecho? ¿O por romper un valor, código moral o regla irreales que tengo?
2   ¿Puedo perdonarme por hacer lo mismo?

Habilidad 4. Desarrolla una actitud positiva.
Encuéntrale un significado a lo ocurrido.

1   ¿Qué me ha enseñado esta dolorosa experiencia acerca de mí mismo, el mundo u otras personas?
2   ¿Cómo he madurado debido la esta experiencia?
3   ¿Qué he aprendido sobre el amor y la compasión, como resultado de esta experiencia?

4) ¿Cómo han cambiado mis valores?

B. Sé agradecido.

1 ¿De qué estoy agradecido?

C. Da amor

1 ¿Te imaginas contener a la persona que intentas perdonar y amarla pase lo que pase? Contenerla como lo haría una madre o un padre con su hijo, tal vez sin estar de acuerdo con él, pero aun así amarlo. Podrías estar en desacuerdo, pero no con enojo o resentimiento.

- ▶ Si perdonaste, ve a la siguiente persona de la lista para esta situación.
- ▶ Si no has podido perdonar lo que estabas trabajando:

    - ▶ Ve si se puede separar más la situación. Luego sigue el proceso para abrir el malestar que acabas de separar.

Busca nuevamente. Formula estas preguntas:

1 ¿Qué de mi pasado me recuerda esto?
2 ¿Existe una situación anterior en mi vida que podría ser similar a ésta?
3 ¿Qué necesito dejar ir sobre mi pasado, incluyendo mi familia de origen, para ayudarme en esto?

Luego regresa y lleva a cabo los pasos anteriores para la comprensión de estos nuevos elementos.

- ▶ Si no hay ningún cambio, toma otro incidente de la etapa 1, trabaja con él y regresa a esta parte más adelante.

Etapa 3. Etapa de realización

Cuando percibas un cambio de perspectiva y actitud, tómate un tiempo para sentir el cambio dentro de ti. Piensa en la persona otra vez para ver si queda cualquier resentimiento o herida. Si aún está ahí, vuelve a donde te quedaste en la etapa de comprensión.

Cuando sientas que has perdonado la situación específica que llevó a cabo esta persona, perdónate a ti mismo en relación a esta acción específica.

Etapa 4: Etapa de perdonarse uno mismo. Responsabilidad personal.

Teniendo en cuenta que el mundo que vemos refleja nuestra propia mente y pensamiento, pregúntate:

1. ¿Esta situación sin resolver refleja algo sobre mí?
2. ¿He hecho algo similar yo mismo a los demás? O tal vez sólo a mí mismo? (Puede ser que la magnitud no sea la misma, pero hay cierta similitud).
3. ¿Siento culpa por mi propia transgresión, por la cual necesito pedir perdón?
4. ¿Puedo perdonarme por lo mismo que yo he perdonado?
5. ¿Qué será necesario para que me perdone por esto? ¿Necesito hacer las paces con alguien?
6. Para aquellos con una orientación cristiana, esta pregunta podría ayudar: ¿Puedo aceptar el perdón de dios para mí en esto?

Etapa 5. Etapa de sanación. Agradecimiento

Éstas son algunas preguntas que pueden ayudarte en la conclusión de la ofensa:

1 ¿Qué puedo agradecer de esta situación? ¿Qué me ha enseñado? Tal vez me hizo más fuerte, más capaz o con mayor éxito.

2 ¿Qué aprendí a largo plazo de lo que puedo estar agradecido?

3 ¿Cómo me ayudó la persona o ayudó a otros?

4 ¿Cómo efectúo un cambio positivo en mi vida?

Continúa con la segunda parte del Proceso
del poder del perdón

Repite las acciones de esta parte hasta que todo esté perdonado.

Tercera parte. Transformación

Inicialmente podrías no darte cuenta de todos los cambios que sucederán en tu vida cuando termines tu proceso de perdonar, ya que tu mente realmente cambiará a otro nivel de funcionamiento.

BIBLIOGRAFÍA

————, The Big Book [El gran libro], Servicios Mundiales de Alcohólicos Anónimos, Inc., 1976.

————, The Anatomy of Peace: Resolving the Heart of Conflict [La anatomía de la paz: Resolver el centro del conflicto], Berrett-Kohler: San Francisco, 2006.

BENSON, Herbert, The Relaxation Response [La respuesta de la relajación], HarperTorch: Nueva York, 1976.

BORYSENKO, Joan, Fire in the Soul: A New Psychology of Spiritual Optimism [Fuego en el alma:...], Warner Books: Nueva York, 1993.

BRINKLEY, Dannion, Paul Perry, Raymond A. Moody, Saved by the Light [Salvado por la luz], Villard Books: Nueva York, 1994.

BYRON, Katie, Loving What Is: Four Questions That Can Change Your Life [Amar lo que es: Cuatro asuntos que pueden cambiar tu vida], Three Rivers Press: Nueva York, 2003.

CLOTTEY, Kokomon, Aeeshah Abadio-Clottey, Beyond Fear-Twelve Spiritual Keys to Racial Healing [Más allá del miedo. Doce reglas espirituales para la curación racial], H.J. Kramer, Tiburon: California, 1999.

COELHO, Paulo, (1996) By The River Piedra I Sat Down and Wept: A Novel Of Forgiveness [A orillas del Río Piedra me senté y lloré: Una novela sobre el perdón], de la sección «About the book» [«Sobre el libro»], Ed. Trad. Harper, Perennial, 1996.

DONNELLY, Doris, Seventy Times Seven. Forgiveness and Peacemaking [Setenta veces siete. Perdonar y reconciliarse], Pax Christi, Benet Press, Pensilvania, 1993.

Dossey, Larry, Healing Words. The Power of Prayer and the Practice of Medicine [Palabras curativas. El poder de la oración y la práctica de la medicina], Harper Collins: Nueva York, 1993.

Dugatkin, Lee.(2005. «Why don't we just kiss and make up?» [«¿Por qué no nos besamos y arreglamos esto?»], New Scientist, 2005.

Engel, Beverly, (2001) The Power of Apology: Healing steps to Transform All Your Relationships [El poder de la disculpa: Pasos para curar y transformar tus relaciones], John Wiley & Sons, Inc.: Nueva York, 2001.

Enright, Rocert D., Richard P. Fitzgibbons, Helping Clients Forgive: An Empirical Guide For Resolving Anger And Restoring Hope [Ayudar a los pacientes a perdonar: Una guía empírica para resolver la rabia y restaurar la esperanza], American Psychological Association [Asociación Psicológica Americana]: Washington DC, 2002.

Guyton, Richard, The Forgiving Place [El lugar del perdón] WRS Publishing: Waco, 1995.

Gendlin, Eugene, Focusing [Focusing: Enfoque], Bantam: Nueva York, 1981.

Goldsmith, Joel, Living by Grace [Vivir de la gracia], Harper Collins: Nueva York, 1984.

Gordon, Keith C., Donald H. Baucom & D.K Snyder (2000). «The Use Of Forgiveness In Marital Therapy» [«Usar el perdón en terapia familiar»], en M. C. McCullough, K. I. Pargament, & C. E. Thoresen (Eds.), Forgiveness: Theory, Research, and Practice [Perdonar: Teoría, investigación y práctica], pp. 203–227, NY: Guilford Press.

Holmes, Ernest, Living the Science of Mind [Vivir la ciencia de la mente], DeVorss and Co: Marina del Rey, 1984.

Jampolsky, Gerald, Out of the Darkness into the Light: A Journey of Inner Healing [Salir de laoscuridad hacia la luz: Un viaje de salud interna], Bantam: Nueva York, 1990.

———————, Teach Only Love: The Twelve Principles of Attitudinal Healing, Hillsborough: Beyond Words Publishing, Inc., 2000.

Le Doux, Joseph E., The Emotional Brain: The Mysterious Underpinnings of Emotional Life [El cerebro emocional: Apuntalamientos misteriosos de la vida emocional], Simon & Schuster: Nueva York, 1996.

LEWIS, Thomas, Fari Amini & Richard M.D. Lannon, A General Theory of Love [Una teoría general del amor], Random House: Nueva York, 2000.

LOUKAS, Chris, Faith, forgiveness help crash victim heal [Fé. Perdonar ayuda para sanar a la víctima de un trauma], The Press Democrat, Diciembre 25, Santa Rosa, 1995.

LUSKIN, Ferd, Forgive For Good : A Proven Prescription for Health and Happiness Happiness [Perdona para sanar. Una receta infalible para la salud y la felicidad] pp. 77-93, Harper:.San Francisco, 2000.

————, Forgive for Love: The Missing Ingredient for a Healthy and Lasting Relationship [Perdona por amor: El ingrediente que falta para una relación duradera y saludable], HarperOne.: Nueva York, 2007.

LYNCH, Michel J., Big Prisons, Big Dreams: Crime and the Failure of America's Penal System , [Grandes prisiones, grandes sueños: La delincuencia y la falla del Sistema Penal en Estados Unidos de Norteamérica], Rutgers University Press: Nueva Jersey, 2007.

MacLEAN, Paul D., The Triune Brain in Evolution: Role in Paleocerebral Functions [El cerebro triuno en a evolución: Su papel en las funciones paleocerebrales], Plenum: Nueva York, 1990.

McKAY, Matthew, Martha Ph.D. Davis & Patrick Fanning, Thoughts & Feelings: The Art Of Cognitive Stress Intervention [Pensamientos y sentimientos: El arte de la intervención cognitiva para el estrés], New Harbinger: Oakland, 1981.

MYSS, Caroline, Anatomy of the Spirit: The Seven Stages of Power and Healing [La anatomía del espíritu: Las siete etapas del poder y la curación], Three Rivers Press: Nueva York, 1996.

PERT, Candace B., Molecules of Emotion: Why You Feel the Way You Do [Moléculas de emoción: La ciencia detrás de la medicina de la mente y el cuerpo], Scribner: Nueva York, 1997.

RITCHIE, George G., M.D. (1978). Return From Tomorrow [Regresar del mañana], Fleming H. Revell, de la Baker Book House Company: Nueva Jersey,1978.

Rosenberg, M., *Nonviolent Communication- A Language of Compassion* [Comunicación no violenta. Un lenguaje compasivo]. PuddleDancer Press: California, 1999.

Siegel, Bernie, *Prescriptions for Living: Inspirational Lessons for a Joyful, Loving Life* [Recetas para la vida: Enseñanzas inspiracionales para una vida feliz y amorosa], Harper Paperbacks: Nueva York, 1999.

Seligman, Martín E. P., *Authentic Happiness: Using the New Positive Psychology to Realize Your Potential for Lasting Fulfillment* [La felicidad auténtica: Usar la nueva psicología positiva para lograr tu potencial de forma duradera], Free Press: Nueva York, 2002.

Sevrens, J., *Learning to Forgive* [Aprender a perdonar], San Jose Mercury News, 1999.

Smalley, Gary, *Food and Love: The Amazing Connection* [Comida y amor: El vínculo sorprendente], p. 91, Tyndale House Publishers: Illinois, 2001.

Smedes, Lewis, *Forgive and Forget: Healing the Hurts We Don't Deserve*, Pocket Books: Nueva York, 1988.

Taniguchi, Masaharu, *Holy Sutra* [El bendito sutra], Edition especial maui, 1987, Seicho-No-IE: Hawaii, 1931.

Toussaint, Loren, David R. Williams, Marc Musick & Susan A. Everson-Rose., «Why forgiveness may protect against depression: Hopelessness as an explanatory mechanism» [«Por qué perdonar puede proteger contra la depresión: La desesperanza como un mecanismo explicativo»], *Personality and Mental Health* [Personalidad y Salud Mental] 2, 89-103, 2008.

Tutu, Desmond M., *No Future without Forgiveness* [Sin perdón no hay futuro], Doubleday: Nueva York, 199.

Williamson, Marianne, *Illuminata: A Return to Prayer* [Illuminata: Regreso a la oración], Riverhead Books: Nueva York, 1995.

Witvliet, C.V.O., K.A. Phipps, M.E. Feldman, & J.C. Beckham, «Posttraumatic Mental and Physical Health Correlates of Forgiveness and Religious Coping in Military Veterans» [La salud mental y física postraumática y su correlación con el perdón y el manejo religioso entre los veteranos miltares]. *Journal of Traumatic Stress* [*Revista de Estrés Traumático*] 17, 269-273, EDITORIAL: LUGAR, 2004.

WORTHINGTON, Eeverett L., *Five Steps to Forgiveness* [*Cinco pasos para perdonar*], Crown Publishers: Nueva York, 2001.

————, *Forgiving and Reconciling: Bridges to Wholeness and Hope* [*Perdonar y reconciliarse: Puentes hacia la plenitud y la esperanza*], InterVarsity Press: Illinios; Edición revisada, 2003.

ÍNDICE

Cómo perdonar cuando no puedes,
de Dr. Jim Dincalci
se terminó de imprimir y encuadernar
en septiembre de 2013
en Quad/Graphics Querétaro, S. A. de C. V.
lote 37, fraccionamiento Agro-Industrial
La Cruz Villa del Marqués QT-76240